고려사와
고려사절요의
사료적 특성

해석 방향의 정립과 관련하여

노명호盧明鎬

서울대학교 대학원 국사학과 문학석사(1979), 문학박사(1988). 전남대학교(1980~1982), 중앙대학교(1982~1990)를 거쳐, 서울대학교 국사학과(1990~2017) 교수로 재임했다. 역사학회 회장, 서울대학교 역사연구소 소장 등 역임. 현재 서울대학교 국사학과 명예교수.

주요 저서로는 《고려 태조왕건의 동상 – 황제제도·고구려 문화 전통의 형상화》(2012), 《고려국가와 집단의식: 자위공동체, 삼국유민, 삼한일통, 해동천자의 천하》(2009), 공저로는 《고려역사상의 탐색 – 국가체계에서 가족과 삶의 문제까지》(2017), 《교감 고려사절요》(2016), 《불국사석가탑 중수문서》(2009), 《새로운 한국사 길잡이》(2008), 《개정신판 한국사특강》(2008), 《한국고대중세 지방제도의 제문제》(2004), 《한국문화사 연구의 방향 모색》(2002), 《韓國古代中世古文書硏究(上, 下)》(2000), 《시민을 위한 한국역사》(1997) 등이 있다.

초판 1쇄 발행 2019. 6. 3.
초판 2쇄 발행 2019. 12. 10.

지은이   노 명 호
펴낸이   김 경 희
펴낸곳   (주)지식산업사
         본사 · 10881, 경기도 파주시 광인사길 53(문발동)
         전화 (031) 955-4226~7 팩스 (031) 955-4228
         서울사무소 · 03044, 서울시 종로구 자하문로6길 18-7
         전화 (02) 734-1978, 1958 팩스 (02) 720-7900
         영문문패 www.jisik.co.kr
         전자우편 jsp@jisik.co.kr
         등록번호 1-363
         등록날짜 1969. 5. 8.

책값은 뒤표지에 있습니다.

ISBN 978-89-423-9067-0(93910)

이 책에 대한 문의는
지식산업사로 연락 바랍니다.

고려사와
고려사절요의
사료적 특성

해석 방향의 정립과 관련하여

노 명 호 지음

지식산업사

서 문

　이 책에서 다루는 《고려사》와 《고려사절요》(이하 《절요》), 두 책은 한국사의 허리 부분인 고려시대에 대한 역사책이자 중심적 기본 사료이다. 두 역사책의 편찬 방침에는 조선의 15세기 지배층의 주자학 이념과 사대명분 이념이 철두철미하게 반영되었다. 그 편찬 방침은 고려시대 역사서술을 일정한 규칙에 따라 크게 변형시켰다. 고려 역사 편찬의 초기 단계에 사실을 전면적으로 변개한 역사서술에 대하여 국왕 세종을 비롯한 당시의 지배층 일부도 비판을 제기하였다. 그리하여 조정된 최종 편찬 방침이 확정되기까지 오랜 기간 격렬한 논쟁이 있었다.

　두 역사책의 편찬 방침에 대한 기존 역사학계의 이해는 그 중요한 사실들을 누락하고 오해한 부분이 있어서, 근본적으로 보완되어야 한다. 어느 문헌이나 그 편찬 방침의 중요한 부분을 오해하는 것은 그 이해와 해석에 근본적인 문제를 초래한다. 두 책의 기본적인 편찬 방침에 대한 오해는 고려시대 역사 이해의 구조적인 윤곽부터 세부적인 사실까지 연구자들이 의식하지 못하는 가운데 광범한 왜곡을 만들어 왔고, 그것은 현재도 진행되고

있다. 15세기에 왜곡된 역사인식의 크고 작은 부분들이 바로잡히
지 않고 현재까지 이어지고 있는 것이다.

이는 고려시대는 물론 한국사의 연구와 이해에 대단히 큰 과
제이다. 저자는 이러한 방대한 문제의 깊고 거대한 뿌리를 따라
두 책이 편찬된 15세기 층위까지 파내려가는 작업을 평생에 걸
쳐 해왔다. 오랜 기간 고려시대 연구와 강의는 언제나 그 기본 사
료인 두 책의 사료비판 문제와 직접·간접으로 연결되어 있었다.

1970년대 후반 고려시대 친족제도에 대한 연구를 시작했을
때, 저자는 두 책의 서술 내용과 1차 사료류의 문헌들 사이에
상통하는 면과 근본적 차이의 면 두 가지 면이 동시에 나타나는
것에 당황하고 어떻게 이해해야 할지 매우 혼란스러웠다. 두 책
의 서술 내용도 1차 사료인 고려 당시의 문헌에 철저히 입각하
여 직접 인용 위주로 서술된 것이라는 통설적 이해의 근거는 인
정할 수밖에 없었다. 그 인정은 2020년대를 앞둔 지금도 변함없
다. 하지만 두 책에 수록되지 않은 1차 사료에 해당하는 여러
자료들이 보여주는 고려시대의 역사상은 그것과 매우 다른 부분
이 많았다. 이것 역시 부정할 수 없는 사실이었다.

그 차이는 당시 저자가 연구하고 있었던 친족제도 및 그와
연관된 사회제도 부분에 한정되는 것으로 보이지 않았다. 자료
조사과정에서 조금씩 함께 보게 된 문화·사회·정치 등에 대한 1
차 사료류에 나타나는 차이의 분포 범위는 역사상 전체에 걸쳐
광범하게 뻗어 있는 것으로 의심되었다. 그 의문이 어떠한 답에

도달하는지에 따라 고려시대 각 분야의 연구와 관련한 《고려사》 등의 해석은 근본적으로 달라질 수밖에 없다. 그것은 학계의 연구동향을 정면으로 거스르는 문제였다. 지극히 조심스러운 문제여서 연구범위를 친족제도에 한정하며, 그 의문에 대한 조사와 검토를 거듭하였다. 그리고 그 의문의 답을 찾는 오랜 노력 끝에 긴 어두운 터널을 빠져나올 수 있었다.

고려시대 고문서자료집이 1987년과 1988년에 허흥식 교수와 이기백 교수에 의해 편찬되어 간행된 것은 고려시대 고문서 자료들을 종합적으로 검토하는 계기가 되었다. 특히 1994년부터 서울대 국사학과 대학원생들과 고대 및 고려시대 고문서를 강독하며, 자료의 추가 조사·수집·판독, 문서양식에 대한 연구를 병행하였다. 추가 조사된 자료들도 적지 않았고, 많은 문서들의 새로운 해석이 가능해졌다. 크고 작은 많은 변화가 있었다. 기존에 알려져 있던 문서들도 어떤 것은 내용 순서가 착란된 것을 바로잡아 재구성하기도 하고, 어떤 문서는 연대를 거의 200년 정도 올려야만 되는 것으로 판명되어 해석도 다시 하였다. 그 내용에는 종래에 주목하지 않던 고려시대 정치제도의 중요한 부분에 대한 새로운 면모들도 많이 포함되었다. 그 결과는 2000년에 두 권의 책으로 출판하였는바, 《고려사》·《절요》와 그것에 수록되지 않은 1차 사료의 차이는 더욱 뚜렷해졌다. 그 차이의 분포 범위도 고려 역사의 각 부문 전반에 걸친 것이 분명해졌다. 고문서 연구와 병행하여 고려시대 문집 등 그 시대에 만들어진 문헌들에 대한 저자 개인의 조사와 검토를 통해서도 같은 결론에 도달하게 되었다.

《고려사》와 《절요》를 통해서는 잘 드러나지 않고, 그 때문에 그 존재 자체가 인식되지 않거나 부정된, 고려시대 역사상의 중요한 구성요소들을 주목하게 되었다. 고려시대 세 가지 천하관 가운데 가장 큰 흐름이었던 다원적 천하관, 그와 밀접히 연관된 고려의 황제제도 및 관련 정치제도, 고려시대 문화의 3대 구성요소의 하나로서 문화적 개성의 중심축이었던 토속문화, 조선 후기와 근본적으로 다른 고려사회의 모습 등이 그것이다.

1997년, 이규보의 다원적 천하관에 대한 논문을 시작으로, 저자는 그러한 주제들에 대한 일련의 연구들을 발표하였다. 그것은 저자가 연구해 온 고려 친족제도의 바탕이 된 사회·문화·정치를 이해하기 위한 작업이기도 하였다. 지금까지 저자가 여러 논저들을 통해 추구한 고려시대의 다원적 천하관·황제제도·토속문화 등은 《고려사》와 《절요》의 서술에 크게 영향받은 학계의 통설적 이해와 근본적으로 다른 것들이었다. 학계의 통설을 고수하는 연구자들은 서로 배치되는 두 역사책과 1차 사료들 사이에서 저자의 논저들이 후자만을 임의로 선택하여 확대해석하였다고 생각할지 모른다. 그러한 오해에 대한 답이 될 수 있는 것이 이 책이다.

이 책의 제I편에서는 15세기에 이루어진 역사편찬이 현대에 남긴 것에 대한 검토를 하였다. 1차 사료에 담겼던 고려시대 중요 역사상들이 《고려사》와 《절요》의 편찬 방침에 따라 어떻게 선택에서 배제되거나 부분 삭제되고, 때로는 변개되어 서술되었는지를 규명할 것이다. 그리고 1차 사료를 변형하기 어려워 불가피했거나 눈에 잘 띄지 않아 그러한 편찬원칙에 따라 제거되지 않은 작은 단편적 기사들이 적지 않게 남아 있음을 아울러 살펴볼 것이다. 이러한 단편적 기사들은 그 자체로서도 의미를 갖지만, 그것을 포함하고 있는 전체의 문장이 편찬원칙에 따라 변형되기 전에 어떠했을지, 환원된 모습을 대략적으로라도 파악하게 해 준다는 점에서도 큰 의미를 갖는다. 그러한 기사들은《고려사》나《절요》가 1차 사료의 내용을 밑받침해 주는 자료가 되기도 함을 보게 될 것이다.

제II편은 현대에 이루어진 학계의《고려사》등의 연구를 돌아볼 때 발견되는 중요한 문제들을 검토한 것이다. 제1장에서《고려사》와《절요》에 대한 문헌연구의 기초로서 이본의 조사와 정리, 정밀한 사료비판이 학계에서 오랜 기간 정체되고 있는 데 따른 문제를 검토할 것이다. 제2장에서는《고려사》등의 연구에 큰 작용을 한 두 종류 개념체계의 문제를 다루었다. 많은 사회들에서 나타나는 객관적 사실들을 대상으로 한 개념체계와 고려시대 당시의 정책 등에서 중요하게 거론된 개념체계, 두 가지를 사례를 통해 검토하였다. 두 가지 개념체계 모두 결함을 내포한 상태로 도입될 경우 연구에 중대한 오류를 초래하는 것을 실제 사례들로 살펴볼 것이다. 반면에 사실이나 사료에 충실하고, 논리적으로 정밀한 개념체계에 입각할 경우 고려시대 역사인식의 폭과 깊이가 새롭게 확대될 가능성을 구체적 사례를 통해 검토할 것이다.

　　제III편에서는 《고려사》와 《절요》의 정밀 연구에 중요한 의미를 갖는 이본들에 대해 검토하였다. 제1장에서는 그 이본들의 조선시대 간행 상황과 그에 따른 각 이본들의 특징들을 살펴보았다. 제2장에서는 그 이본들의 현존하는 상태에 대해 그 최대 소장처인 규장각의 소장본들을 중심으로 조사하고 그 개별 특성들을 정리한 것이다.

　　이 책의 한 장은 새로이 쓴 글이고, 다섯 장은 앞서 개별 논문으로 발표된 바 있다. 개별 발표된 논문들을 하나의 책으로 편집하며, 적지 않은 변화가 있었다. 일부 중복되는 내용은 삭제하기도 하고, 논지를 더 충실하게 해 줄 새로운 논증 자료들을 추가하여 검토한 것들도 적지 않다. 또한 독자의 이해를 돕기 위하여 표현을 다듬은 곳도 많다. 변화된 부분들을 일일이 표시하는 것은 책의 논지 파악을 방해할 것으로 우려되어 생략하였다. 앞서 발표한 논문들에서 변화된 내용들은 이 책을 기준으로 한다.

　　이 책이 학계에 보탬이 되는 바가 있다면, 그것은 선학들이 쌓아 올린 연구성과에 힘입어 학문적 기초를 다지는 지극히 어려운 연구에 도전할 수 있었던 때문이다. 다만 저자의 한계로 말미암아 아직도 부족한 부분이 많다.

　　이 책의 집필에 큰 도움이 된 것은 《고려사》와 《절요》의 이본들을 조사하고, 그 내용을 정밀 대조한 교감본의 편찬이었다. 그 결과물인 《교감 고려사절요》는 집문당에서 출판되었고, 《정본 고려사》는 서울대출판문화원에서 출판작업이 진행 중이다. 그 교감 사업에 참여하여 오랜 시간 노력한 서울대 국사학과 대학원생들에게 감사한 마음을 늘 가지고 있다.

큰 출판물 작업이 진행되고 있어 바쁜 상황에서 이 책의 출판에 적극 힘써주신 김경희 사장님께 깊이 감사드린다. 또한 독자의 눈높이에 서서 보기 좋은 책으로 만들어 주신 지식산업사 편집부 여러분께 감사드린다.

2019년 봄

양평 한국역사문헌연구소에서

노 명 호

차 례

《고려사》의 '참의지사僭擬之事'와 '대사천하大赦天下'의 '이실직서以實直書': 핵심이 삭제된 고려의 황제제도	《한국사론》 60 2014
새 자료들로 보완한 《고려사절요》와 《수교고려사》의 재인식	《진단학보》 124 2015
《고려사》와 《고려사절요》의 재인식과 한국사학의 과제	《역사학보》 228 2015
고려시대 새로운 영역의 연구에서 사료와 개념체계의 관계: 실제 사례를 통한 고찰	《대동문화연구》 100, 2017
《고려사》와 《고려사절요》의 인쇄·보급과 이본들	신논고
규장각 소장 《고려사》·《고려사절요》·고려시대 문집	《규장각》 25 2002

※ 이 책에서는 앞서 발표한 논문들의 논지를 새로 보강하기 위해 추가한 내용도 적지 않고, 문장을 쉽게 하기 위하여 고친 부분도 있다. 발표 논문에서 달라진 내용은 이 책을 기준으로 한다.

兩漢書及元史事實與言辭皆書之
凡稱宗稱陛下太后太子節日制詔之
類雖涉僭踰今從當時所稱書之以存
其實

제 I 편

거술 및
편찬 원칙의
새로운 파악

其子忻荼丘與本國有宿憾欲使方慶坐罪
貽禍於國以鐵索圈其首著將加釘又呪
者擊其頭裸立終日天極寒肌膚凍如潑墨

제一장

《고려사》의 '참의지사僭擬之事'와 '대사천하大赦天下'의
'이실직서以實直書': 핵심이 삭제된 고려의 황제제도

1. 머리말

고려시대의 황제제도는 1960년대 중반부터 일부 논문에서 언급되었고, 1990년대 후반 이후에야 본격적으로 연구되기 시작하였다.[1] 이 제도는 역대 한국사에서 국제관계의 형식과도 관련되

---

1) 하현강, 1965, 〈高麗食邑考〉, 《역사학보》 26(1988, 《한국중세사연구》, 일조각, 재수록); 황운용, 1974, 〈高麗諸王考〉, 《于軒丁仲煥博士還曆기념 논문집》(1978, 《고려벌족연구》, 동아대출판부, 재수록); 김남규, 1995, 〈고려전기의 여진관〉, 《伽羅文化》 12; 진영일, 1996, 〈고려전기 탐라 국 연구〉, 《탐라문화》 16; _____, 2008, 《고대중세 제주역사 탐색》, 제주대 탐라문화연구소; 김기덕, 1997, 〈고려의 諸王制와 황제국체제〉, 《국사관논총》 78; 노명호, 1997, 〈동명왕편과 이규보의 다원적 천하 관〉, 《진단학보》 83; _____, 1999, 〈고려시대의 다원적 천하관과 해동 천자〉, 《한국사연구》 105; _____, 2006, 〈고려 태조 왕건동상의 황제

는 군주 위호位號 가운데 한 가지라는 측면만으로도 세밀히 검토해 볼 필요가 있으나, 장기간 방치된 것이다. 대개의 근현대 역사 연구자들은 고려의 황제제도에 대해 회의적인 선입견을 가지고 최소한의 관심도 두지 않거나, 황제제도의 부분적 흉내에 불과하여 깊이 검토할 의미가 없다고 속단하는 경향을 가진 것으로 보인다.

고려의 황제제도에 대한 부정적인 선입견은 자료의 해석에서도 나타나고 있다. 그 구체적인 한 예가 고려의 궁중 의례용 속악俗樂인 〈풍입송風入松〉의 가사 해석이다.[2] 〈풍입송〉은 《고려사》에 수록된 자료 가운데 고려의 황제제도가 잘 드러나는 극소수 기록의 하나이다.

그 가사의 서두 부분, "海東天子當今帝/佛/補天助敷化來"에서 "佛" 다음을 끊어, "제불帝佛"이라는 알 수 없는 존재를 만들어 내면서까지 "(고려)황제"를 부정하는 해석을 해오고 있다.[3] 해동

관복과 조형상징〉, 《북녘의 문화유산》, 국립중앙박물관; _____, 2009, 《고려국가와 집단의식: 자위공동체·삼국유민·삼한일통·해동천자》, 서울대출판문화원; _____, 2012, 《고려태조 왕건의 동상: 황제제도·고구려 문화 전통의 형상화》, 지식산업사; 추명엽, 2002, 〈고려전기 '번'인식과 '동서번'의 형성〉, 《역사와 현실》 43; 박경안, 2005, 〈고려전기 다원적 국제관계와 국가·문화 귀속감〉, 《동방학지》 129; 박재우, 2005, 〈고려 군주의 국제적 위상〉, 《한국사학보》 20.

2) 《高麗史》 권71 樂志2 俗樂 風入松.

3) 동아대학교에서 두 차례 역주 사업을 한 《국역 고려사》가 그 대표적 사례이다. 이 국역본의 신역본은 경인문화사에서 간행되었고, 그 내용은 국사편찬위원회와 naver의 인터넷 데이터베이스에서도 제공되고 있다. 이 번역을 무비판적으로 그대로 따른 논저들이 근래에도 발표되고 있다.

천자가 "제불"이라는 해석은 뒷부분에 이어지는 (고려)황제와 신하의 연회 등 여러 가지 내용과도 전혀 맞지 않는 풀이이다. 이러한 해석은 한문에 정통한 학자들도 하고 있는 것이라서, 한문의 문제가 아니라, 고려 황제제도를 있을 수 없는 것으로 보는 선입견 때문으로 생각된다.

속악 〈풍입송〉은 조선시대에도 궁중 의례용 악곡으로 연주되면서, 《시용향악보時用鄕樂譜》 등에도 수록되었는데, 명나라 황제의 성덕을 칭송하는 노래로 가사가 바뀌었다. 그런데 고려시대 〈풍입송〉을 위와 같이 끊어 읽는다면, 《시용향악보》의 것도 "聖明天子當今帝神/補天助敷化來"로 끊어야 하는데, 역시 "帝神"이라는 이상한 존재가 만들어지며, 그 뒤의 가사 내용과도 맞지 않게 된다. 물론, 이 《시용향악보》의 가사는 이렇게 끊어 읽는 경우를 보지 못하였다. 이것은 당연히 "帝/神" 사이를 끊어 해석해야 한다.

고려 〈풍입송〉 가사 서두 부분은 "帝/佛" 사이를 끊어 '해동천자이신 지금의 황제는/ 부처가 돕고 하늘이 도와 널리 교화를 펴시도다'로 해석하는 것이 자연스럽다. 여기서 "지금의 황제"는 물론 "지금의 (고려)황제"이며, 그것은 그 뒤에 이어지는 내용과도 잘 부합된다.[4]

특히 주목되는 것은, 이러한 번역의 문제점이 검토되고, 고려 황제에 대해 주1)에 소개한 바와 같은 적지 않은 연구들이 나온

---

4) 노명호, 1997, 앞 논문. 북한 번역 《고려사》(1963, 사회과학원출판사) 에도 "해동천자 금상 폐하 / 부처님이 돕고 하느님이 도와서 덕화를 펼쳤네"로 끊어 번역하였다.

근래에도 그 전의 번역을 따른 고려시대 논저가 계속 나오고 있다는 점이다. 이것은 한 예에 불과하며, 관련 여러 분야의 연구에서 고려시대 일부 연구자를 포함한 한국사 및 외국사 연구자들 중에는 고려의 황제제도를 부정적으로 보고 간과하는 경향이 적지 않다. 제대로 검토해 보지도 않고 선입견에 따라 판단하고 간과하는 것이 반복되며 연구와 역사인식을 정체시키는 연구자들의 경향은 큰 문제이다.

이러한 연구 경향의 가장 중요한 원인의 하나는 고려시대 연구의 기초 자료인 《고려사》나 《고려사절요》에 있다. 이 양대 사서에는 고려 황제제도를 '참람하게 명칭이나 흉내 낸 사실'로 규정하고 있다. 그리고 그 핵심적 사실들은 눈에 잘 띄지 않는 작은 파편적 기록만을 여기저기 수록하고 있다. 따라서 고려 황제제도의 전모는 물론 그 제도의 성립·기능이 잘 드러나지 않는다. 그런데 이러한 양대 사서의 강한 영향을 받은 근현대 연구자들이 이 주제에 대해 오래 무관심한 것과는 대조적으로, 양대 사서가 나오기까지 15세기 전반의 역사편찬자들은 고려의 황제제도의 서술 문제로 장기간 격렬한 논쟁을 벌였다.

근현대의 역사학은 이러한 15세기 전반의 논쟁이 양대 사서에 초래한 결과에 대해서도 깊이 주목하지 않았다. 그 오랜 논쟁을 주목한 연구들은 있었지만, 그 초점은 15세기 지배층의 사조나 역사편찬 태도가 '주체적'이었는지 '사대적'이었는지에 맞추어져 있었다.5) 그러한 속에 양대 사서를 유교적 역사 편찬의 방식

---

5) 15세기의 고려 역사 편찬태도에 대한 사학사적 연구들은 오항녕,

이자 태도인 '술이부작述而不作'의 원칙, 곧 자료에 의거한 서술을 하며 찬자의 작문으로 서술하지 않는 원칙에 따라 편찬된, '사료집과 같은' 책이라며 높은 객관성과 신뢰성을 갖는 것으로 평가하였다.

1392년 조선의 건국과 함께 시작된 조선건국세력의 고려 역사 편찬에서는 정도전鄭道傳 등이 사대명분론의 관점에서 고려의 황제제도를 '참의지사僭擬之事'로 규정하고, 그것을 제후제도로 개서改書하였다. '참의지사'란 고려의 황제제도가 참람하게 중화의 황제제도를 명칭상으로만 흉내 내어 실질적 의미가 없는 사실이라는 것이다. 정도전은 '성사成事', '이루어진 사실'은 참람해도 직서直書를 한 것으로 되어 있다(본론에서 상론함).

정도전의 '참의지사'와 '성사'의 파악 자체도 문제가 있었지만, '참의지사'에 대해 정도전이 개서한 것을 시작으로, 사실대로 직서하려는 쪽과 개서를 주장하는 쪽이 논쟁하게 되었다. 논쟁에서 세종世宗에 의해 제시된 타협안은 사대명분론의 관점에 따른 비판은 인정하되, 개서改書하지 않고 '이실직서以實直書'하는 것이었다. 그런데 이 직서 원칙의 적용은 개서를 주장하는 신료들의

1999, 〈조선초기 고려사 개수에 관한 사학사적 검토〉, 《태동고전연구》 16에 자세히 정리되어 있다.

이 책에서는 주제를 벗어나지 않기 위해, 꼭 필요한 경우 외에는 사학사적 검토에 대한 재론은 생략한다. 단 15세기 당시의 주장들이 주체적인지 사대적인지의 문제는, 특히 그것이 고려의 10~13세기와 비교하여 검토될 때, 크게 달라진 국제환경의 문맥 속에서 이해되어야 할 부분이 크다고 본다.

반대에 부딪히면서 오랜 기간의 우여곡절을 겪었다.

이상과 같은 편찬과정을 주목한 연구들은 적지 않았지만, 직서 원칙이 처음 제기될 때 전제가 된 바탕이나 그 후에 조정된 바에 의한 중대한 불완전성을 주목하지 않았다. 이것은 결국 고려의 황제제도가 있으나마나 하고 그 존재 자체도 불분명한 상태로 서술된 《고려사》나 《고려사절요》의 문제점을 보지 못하고, 근현대 한국 역사학계가 이 책들을 더욱 확고하게 신뢰하며 연구를 진행하게 만들었다.

그런데 과연 '술이부작'만으로 역사서술의 객관성과 균형성은 어느 정도 확보될 수 있는 것인가? 그리고 '참의지사', 즉 고려 황제제도의 직서 원칙이 역사 편찬에 적용된 실제의 상태 또는 결과는 어떤 것인가? 이 글에서는 이 문제를 중심으로 《고려국사》가 편찬된 후, 오랜 논쟁과 거듭되는 보완 개찬改撰을 거쳐, 기전체 《고려사》가 나오기까지의 과정을 검토하려 한다. 그리고 그러한 편찬과정에서 조금씩 변화해 간 개서와 직서의 편찬 원칙과 편찬 작업 방식 및 그 산물인 선행 고려역사서들이 《고려사》에 어떻게 연결되고, 어떤 결과를 남겼는지를 검토해 보려 한다.

이러한 모든 검토의 초점은 고려의 황제제도와 관련한 《고려사》에 대한 사료비판, 즉 그 사료적 특성 이해를 추구하는 데 있다. 이 초점에 따라 때로는 기왕에 검토된 사료들도 세밀하게 재검토하기도 할 것이다. 이 책에서 다루는 자료나 고려역사서들은 주로 사학사적 연구들에서 검토되었고, 이 책의 초점에 맞는 검토는 깊이 추구되지 않았기 때문이다.

단, 《고려사절요》는 《고려사》보다 분량도 적고 계통을 달리하는 역사서로서, 《고려사》처럼 선행 역사편찬 대부분의 유산을 제대로 물려받은 책이 아니다. 근래의 두 사서의 기사를 비교한 연구들 중에는 《고려사절요》가 《고려사》보다 '참의지사'의 직서에 소극적이고 회피하는 경향이 있다는 견해들이 보인다. 《고려사절요》에 대해서는 제二장에서 별도로 전면적 검토를 하기로 한다.

2. '참의지사'의 개서改書·직서直書 논쟁

1) '참의지사' 서술 문제의 대두

《논어論語》에 제시된 '술이부작'의 원칙에 철저하였던 《고려사》는 — 《고려사절요》도 기본적으로 그와 같지만 — '사료집'과 같다는 평을 들을 정도로, 찬수자가 스스로 자기 나름의 문장을 만들어 역사를 서술하는 것이 아니라 기존의 기록을 선정·발췌하여 편성하는 작업 위주로 서술되었다.[6] 그런데 객관성과 균형

---

6) 변태섭, 1980, 〈고려사 편찬에 있어서의 객관성 문제 : 고려사 평가의 긍정적 시각〉, 《한국고전심포지움》 1, 일조각.
  위 논문에서도 원사료의 취사선택이나 산제刪除 등등 찬사자의 견해가 작용할 여지는 있었다고 하였다. 그러나 그 방식이 초래한 《고려사》

성을 갖는 실증적 역사서술이 그것만으로 충분히 달성되는 것은
아니다. 역사서술 대상의 선정 그리고 서로 상반되기도 하는 여
러 사료들 가운데서 선정함에 따라 그 객관성과 균형성은 대단
히 달라질 수 있는 것이다. 《고려사》 등은 철저히 사료에 입각하
여 서술되었지만, 역사서술 대상과 사료의 선정은 조선을 건국한
15세기 정치 주도세력의 주자학적 정치이념을 철저히 관철하는
방향으로 이루어졌다. 그 이념에 어긋나는 것은 이단異端으로 혹
독히 배척되었다.

불교문화와 고대古代에 연원을 두고 변천해 온 토속문화는 이
단으로 배척되어 당시에 큰 의미를 가졌던 중요한 사실들 대부
분이 서술 대상에서 배제되거나 축소되었다.7) 부분적으로 서술
이 된 경우는 고려 군주가 참여하거나 조치를 내린 경우 등에
한정되었다. 반면에 유교문화와 관련된 것은 많은 분량을 할당하
여 크게 부각시켰다.

에 대한 영향은 검토되지 않았다.

7) 불교문화 서술과 관련된 이러한 문제는 근대 이후의 불교사 연구의
진척에 의해 많이 보완되었다. 그에 견주어 유교문화나 불교문화 못지
않은 큰 비중과 기능을 가졌던 토속문화와 관련된 《고려사》 등의 서
술상 문제점에 대한 인식은 매우 부족하고, 그에 대한 연구 역시 극히
부진하다. 고구려 계통의 토속제례문화와 황제제도가 반영된 ─ 고려
시대 거의 전 기간에 걸쳐 왕조 최고의 신성한 상징물로 숭배되었던
─고려 태조 왕건의 동상을 '청동불상'이라 하는 등 여러 해 동안 알
아보지 못한 것은 토속문화에 대한 현대의 인식수준을 드러내 주는
것으로 생각된다(노명호, 2012, 《고려 태조 왕건의 동상 : 황제제도·고
구려 문화 전통의 형상화》, pp.4~6 참조). 토속문화의 인식문제에 대
한 자세한 검토는 이 책의 제Ⅱ편 제二장 3절을 참조할 것.

고려의 황제제도는 유교정치문화에 속하는 것이었지만, 사대
명분론事大名分論을 중요 구성요소로 갖는 조선 건국세력의 정치
이념에 배치되어 철저히 배척되었다. 더구나 건국 초의 국제적
상황은 그러한 경향을 더욱 강화시키고 있었다.

역사서술에서 불교문화나 토속문화의 축소·배제는 당시의 지
배층에게, 특히 편사자들에게 이견의 대상이 아니었다. 두 문화
와 관련된 서술상의 배제·축소는 군주와 조정의 동향을 중심에
두는 왕조사 서술에서 적어도 표면적으로는 두드러진 문제를 일
으키지 않았다. 그러나 군주나 조정의 정치와 직결된 황제제도는
그렇지 않았다. 몽고에 복속되기 전, 고려 태조 대부터 원종 대
까지의 고려의 군주 및 정부 관련 광범한 제도에는 황제제도가
연관되어 있었다. 따라서 군주와 조정의 동향을 중심으로 다루는
왕조사 서술에서 황제제도와 관련된 사실을 배제하고 축소하려
한다면, 왕조사 서술의 기본적 내용이 되는 많은 사실들이 문제
된다. 그런 속에 이른바 '개서'에 의해 '황제제도'의 명칭들을 '제
후제도'에 해당하는 것으로 고쳐 서술하는 방식을 도입하였지만,
이런 방식으로는 고려 당시의 사실들 가운데 많은 것이 역사서
술 자체가 불가능해지는 큰 한계를 가질 수밖에 없었다. 고려 역
대의 《실록》이 남아 있었고, '역성혁명易姓革命'을 통해 왕실만
바뀌어 정부기관의 각종 기록대장, 공사문서, 문집 등등이 그대
로 계승되어 남아 있었으나, 고려 왕조사의 편찬은 계속 소략한
내용이 문제되었다.

고려 말의 조선 건국과정에 대한 역사서술도 정파나 현존 인

물들의 이해관계와 직결되어 특정 사건이나 인물 서술의 '공정
성'이나 '왜곡'이 문제되었지만, 그러한 서술상의 문제들은 군주
제 아래에서 집권세력의 관점과 선호하는 '사료'에 맞게 고치기
가 상대적으로 쉬웠다. 그러나 고려 태조 대에서 원종 대까지의
긴 기간의 역사서술은 끝까지 난제가 되고 있었다. 고려의 황제
제도를 '참의지사'로 여겨 되도록 배제하려는 속에서 역사의 내
용은 풍부하고 사실적인 것을 동시에 지향해야 하였으므로, 하나
의 사실을 추가 서술하는 것도 고심의 대상이 되고 갈등의 대상
이 될 소지를 가지고 있었다. 이러한 지극히 어려웠던 역사 편찬
과정이 《고려사》에 어떠한 특성을 남기게 되었는지를 제대로 이
해하는 것은 고려시대 연구의 토대에 관련된 중요한 문제이다.

　황제제도의 서술 문제는 조선이 건국된 1392년에 시작된 고
려왕조 역사 편찬에서부터 대두되었다.[8] 정도전·정총鄭摠 등은
《고려국사高麗國史》를 서술하며, 사대명분론에 어긋나는 황제제
도를 제후국의 제도로 바꾸어 썼다. 〈고려국사서高麗國史序〉에서
그것은 다음처럼 나타난다.

　　　삼가 살펴보건대, 원왕元王 이상은 참람하게 홀벼 번 사

8) 15세기 전반 반세기에 걸친 고려 역사 편찬의 진행에 대해서는 다음
　의 연구들도 참고된다.
　한영우, 1981, 〈제1장 15세기 관찬 사서 편찬의 추이〉, 《조선전기사학
　사연구》, 서울대출판부; 변태섭, 1982, 〈1.편찬과정을 통하여 본 고려
　사〉, 《고려사의 연구》, 삼영사.

실〔僭擬之事〕이 많다. 지금 그전에 종宗이라 했던 것은 왕王으로 서술하고, 절일節日이라 했던 것은 생일生日로 하고, 조詔는 교敎로 하고, 짐朕은 여予로 서술하였으니, 명분을 바르게〔正名〕하기 위함이다.9)

이처럼 개서된 결과 황제제도를 바탕으로 이루어지는 역사적 사실들이 서술 자체가 불가능해지거나, 서술된 사실도 왜곡될 수밖에 없었다. 태종 대에 들어가 이 책에 대한 비판이 본격화되었다. 우선 태종 14년(1414) 하륜河崙 등에게 《고려국사》의 개찬을 맡길 때 주된 문제로 거론되고 있는 것은 공민왕 대 이후의 역사서술이 사실과 다르다는 점이었다.10) 그 시기 역사서술은 정도전이 태종 이방원과 정적관계였으므로 대단히 민감한 문제였을 것이다. 그 역사서술은 과거의 문제에 국한되지 않고 현실정치의 중요한 사안에도 직결되고 있었다. 이미 태종 8년에 사망한 태상왕 이성계에게 '태조太祖'라는 묘호廟號를 올렸으므로,11) '참의지사'를 개서하는 논리를 철저히 적용하여 역사서술에 조祖·종宗을 왕王으로 개서해야 한다면, 역사적 선례로서 거론되는 것조차 부정되어, 조선도 묘호로 조·종을 칭하는 것이 문제되는 것이다. 논점을 벗어나지 않기 위해서 조선 초의 정치사에 대한 검토는 제한할 수밖에 없으나, 이 문제는 대륙의 초강대 세력과 국내

---

9) 《東文選》 권92, 〈高麗國史序〉. 본래는 《국사》 안에 〈序〉라고만 하였을 것이나, 기존 연구들의 관용적 용례에 따라 〈고려국사서〉라 하겠다.

10) 《태종실록》 권27, 태종 14년 5월 임오.

11) 《태종실록》 권16 태종 8년 9월 기유.

정치와의 관계 설정, 천하관, 왕권, 신권 등과 관련된 정파 간의 민감한 정치적 사안이기도 하였다.[12] 태종 14년 개찬 작업 개시에서도 '참의지사'의 문제는 중요한 사안이었으나, 하륜의 사망으로 태종 16년에 중단되었다.

2) 개서와 직서의 논리

세종 대 초기에는 '참의지사' 문제가 보다 중대한 논쟁 대상으로 부각되었다. 이때 제2대, 제3대 군주들의 사망으로, 묘호를 종宗으로 칭하는 문제가 당면 현안이 되었다.[13] '조·종'을 칭하는 묘호제가 정착되느냐 마느냐의 시점이었다. 자연히 종-왕 개서문제를 포함한 고려의 황제제도에 대한 서술문제가 격렬한 논쟁 양상을 띠게 되었다. 세종 원년 사망한 제2대 군주 이방과李芳果는 공정대왕恭靖大王이라는 시호만 받고, 종을 칭하는 묘호를 받지 못하고 있었다. 이것은 제3대 군주 이방원李芳遠과의 정치적 관계에 의한 평가도 작용하는 한편으로 조공종덕祖功宗德을 내세우며 조·종의 묘호 시행을 선별적으로 강행하여 '조·종'의 칭호가 사대명분의 의리에 어긋난다는 개서론자들의 공세를 피

---

12) 조선 초 사학사의 추이와 정치사가 밀접히 연관된 면에 대해서는 한 영우, 1981, 앞의 책, 〈제1장 15세기 관찬 사서 편찬의 추이〉가 참고 된다.

13) 조선 초 묘호와 관련된 논쟁 및 그것이 고려 시대 조·종 칭호와 연관된 면에 대해서는 다음의 연구가 참고된다. 임민혁, 2011, 〈조선시대 의 묘호와 사대의식〉, 《조선시대사학보》 19.

하는 효과도 있었을 것이다.14) 이방원의 묘호 '태종太宗'을 정하
는 세종 4년을 전후하여 개서와 직서 논쟁은 절정에 달하였다.

즉위년(1418) 경연에서 세종은 정도전의 《고려국사》에서 공민
왕 이후 서술이 사초史草와 많이 달라 없느니만 못하다고 하였
다. 변계량卞季良과 정초鄭招는 문신에게 명하여 개수해야 한다
고 하고, 세종도 동의하였으나, 세종은 착수 전에 좀 더 검토를
하고 있었다.15) 다음 해 9월 경연에서 세종은 《고려국사》를 읽
어 보니 사실과 맞지 않는 곳이 많다고 하였다. 이때는 그간의
검토에 의해 고려 말뿐만 아니라, 전 시기에 걸친 문제를 언급한
것으로 보인다. 그리고 다음날 유관柳寬과 변계량에게 개수를 명
하였다.16)

세종 원년 개수를 시작한 후, 다음 해 경연에서 세종과 유관
이 개수작업에 대해 나눈 대화에서는 재이災異 기사 누락의 보
완이 결정되었다.17) 이때 세종은 사실 서술에 보완을 당부하였
지만, 구체적 서술 방식은 위임했던 것으로 보인다. 이러한 속에
개수 작업에서 큰 문제로 부각된 것이 고려의 황제제도에 대한
서술 방식이었다.

유관과 변계량의 《고려국사》 수정작업은 세종 3년에 끝났

---

14) '定宗' 묘호가 정해지는 것은 조공종덕의 기준과 관련되며 오랜 기간
    반복되는 논의가 이루어진 후, 숙종 대까지 내려가서였다(《숙종실록》
    권12 숙종 7년 9월 정묘).
15) 《세종실록》 권2, 세종 즉위년 12월 경자.
16) 《세종실록》 권5 세종 원년 9월 신유, 임술.
17) 《세종실록》 권7 세종 2년 2월 신유.

다.18) 그런데 개찬된 책에서는 개서가 오히려 더 확대되어 있었다. 이때 개서에 앞장선 것은 변계량이었고, 유관은 초기에는 변화를 모색해 보려는 생각을 가졌던 것이 다음처럼 나타난다.

> 무술년(1418, 세종 즉위년)에 임금이 유관과 변계량에게 명하여 (《고려국사》를) 교정校正하도록 하니, 유관은 주자朱子《강목綱目》을 모방하려 하였다. 계량은 "《여사麗史》는 이미 이인복과 이색과 정도전의 손을 거쳤으니 경솔히 고칠 수는 없다"고 말하고, 편찬에서 정도전의 서술을 그대로 따랐다. 그리하여 태자태부太子太傅·부傅·첨사僉事를 세자태부·소부·첨사로 하고, 태자비太子妃를 세자빈世子嬪으로 하며, 제制·칙勅은 교敎로 하고, 사赦를 유宥로 하며, 주奏를 계啓로 하였고, 다만 지주知奏는 고치지 않았으나, 자못 당시의 사실을 잃었다.19)

위에서 유관이 《강목》을 모방하려 한 것은, 강에서 포폄褒貶적 개서를 하면서, 목에서 사실을 직서하는 방식을 고려했던 때문으로 보인다. 그런데 잘 알려진 바처럼 포폄적 역사서술에 중점을 둔 강목체가 다양한 분야의 전고典故가 될 사실들도 수록해야 하는 본사本史 편찬의 서술에는 부합하기 어려웠다. 개서와 직서의 논쟁에서 변계량이나 세종 등은 《강목》의 강과 목의 서

---

18) 《세종실록》 권11 세종 3년 1월 계사.
19) 《세종실록》 권22, 세종 5년 12월 병자. 이 기사는 세종 5년의 시점에서 유관·변계량의 개찬작업을 초기부터 소급하여 서술한 일부이다.

술방식은 논거로서 거론하지만, 강목체를 도입하는 것은 두 편 모두 고려하지 않았다.[20] 유관이 초기에 시험적으로 의견을 내었을 뿐, 그 주장을 밀고 나가지 못한 것은 그 때문일 것이다. 또한 유관도 고려의 '참의지사'가 도의에 맞지 않는다고 생각한 것은 변계량과 다를 바 없었다. 그것은 뒤에 그가 세종의 직서 지시에 이견을 낸 것을 통해 확인된다. 결국 변계량의 강경 의견이 관철되고, 유관도 그를 받아들이게 되었다.

《고려국사》보다 개서가 확대 적용됨으로써 '자못 당시의 사실을 잃었다'는 역사서가 제 기능을 할 수는 없었으니, 그에 대해 여러 사관史官들이 문제를 제기하였다. 사관 이선제李先齊·양봉래梁鳳來·정사鄭賜·강신康愼·배인裵寅·김장金張 등이 변계량에게 제시한 의견은 다음과 같다.

  "태자태부 등 칭호는 당시의 관제이고, 제制·칙勅·조詔·사赦도 당시에 칭하던 바이오. 비록 명분名分을 바로잡는다고 말하지만, 가령 《춘추春秋》는 교체郊禘와 대우大雩를 같이 전하여 (후세의) 감계鑑戒가 되었으니, 어찌 이를 고쳐서 그

20) 세종 14년 '《고려사》'의 체제에 대한 세종과 신료들의 논의에서도 《강목》의 필법으로 수찬하면 작은 일들이 중첩되는 것에서 모두 기록하기 어렵다는 결론을 내린 바 있다. 그리고 차라리 번거로워지는 단점이 있더라도 소략하여 사실을 빠뜨리지 않기 위해, 편년법 수찬을 결정하였다(《세종실록》 권57 세종 14년 8월 병신).
  《실록》 기사에는 고려 역사를 편찬하는 과정에서 그 책을 임시로 일컬어 《고려사》라 한 것들이 있다. 이 경우는 현존하는 《고려사》와 구분하여 따옴표를 붙이기로 한다.

실상을 인멸되게 하리오."21)

이들 역시 '참의지사'가 잘못되었다는 생각은 같았을 것이나, 포폄적 서술을 한 《춘추》에도 직서적 서술로 후세에 보여주는 바가 있음을 들어, 지나친 개서로 말미암은 사실의 인멸에 문제를 제기한 것이다. 여기서 특히 주목되는 바는, 사실 자체를 전하여 후세의 감계가 되어야 한다는 논리이다. 비록 위의 짧은 기록만을 볼 수 있지만, 이들의 이러한 의견은 이후의 논의의 방향을 결정하는 핵심을 담고 있고, 방향 전환의 계기가 된 것이어서 중요한 의미를 갖는다.

변계량은 이러한 여러 사관들의 의견을 받아들이지 않고, 윤회尹淮를 통해 세종에게 사정을 고하였다. 그에 대한 세종의 답은 위 이선제 등 사관들의 논리와 같은 연장선상에서 확고하게 직서의 원칙이 옳다는 것이었다.

"① 공자孔子의 《춘추》의 경우는, 군주의 권한을 빌려 하나같이 칭왕하였기 때문에 오吳와 초楚 나라가 왕이라 참칭한 것을 깎아버려서 자子라고 썼고, 성풍成風의 장사葬事에 천자로서 과람한 부의賻儀를 하였기에 '왕'이라 쓰고 '천왕天王'이라 쓰지 않았오. 이와 같이 취하여 기록하거나 삭제하는 것, 빼앗거나 주는 것은 성인의 마음(聖心)으로부터 분별되었오. ② 좌씨左氏가 전傳을 지음에 이르러서는, 형荊·오

---

21) 이 기사는 5년여에 걸친 사실들을 정리한 《세종실록》 권22, 세종 5년 12월 병자조에 수록되어 있다.

吳·어월於越 나라에서 하나같이 자칭한 대로 좇아, 왕이라 쓰고 고치지 않았오. ③ 주자의 《강목》은 비록 춘추필법을 본받았다 하나, 그 분주分註, 즉 목목에는 참람하게 반역한 나라가 명칭을 도절盜竊한 것도 사실에 따라 기록하였으니, 어찌 기사記事함의 선례로 받아들이지 않을 수 있겠오? ④ 지금의 사필史筆을 잡은 자는, 이미 성인聖人이 기록하고 삭제한 뜻을 엿볼 수 없으니, 다만 마땅히 사실에 의기하여 직서直書함으로써 포펌이 스스로 드러나게 하고, 족히 후세에 전하여 신빙되게 할 것이오. ⑤ 굳이 전대의 임금을 위하여 과실이 엄폐되도록 경솔히 소급하여 고쳐서 그 사실을 인멸할 필요는 없오. 그 종宗을 고쳐 왕이라 일컬은 것도 사실대로 기록할 것이며, 요호廟號·시호諡號도 그 사실을 인멸하지 마시오. 〈범례凡例〉의 고친 바도 이에 준하오."22)

세종의 결론은 이선제 등 사관의 '사실 자체를 전하여 후세의 감계가 되어야 한다'는 것과 기본적으로 같다. 다만 그 논리적 근거로서 우선 ① 《춘추》의 서술에서 이선제 등이 주목한 것과 다른 측면인 춘추필법에 따른 개서적 서술도 주목하였다. 이것은 사관 이선제 등이 《춘추》의 직서적 서술을 한 일부분만을 근거로 삼은 논리적 허점을 보완하는 것이기도 하다. 그리고 《춘추》의 포펌에 따른 개서적 서술은 범인凡人과 다른 성인聖人의 마음으로부터 분별된 것이라 하였다.

이어서 ② 《춘추좌씨전》에서 직서적 서술을 하고, ③ 주자의

----

22) 위와 같음.

《강목》에서도 강綱에 포폄적 개서가 있어도 목目에 직서적 서술을 해 놓은 것을 들었다. 따라서 ④ 《춘추》를 지은 성인의 사고에 크게 못 미치는 후대의 역사편찬자들은 직서를 해서 포폄이 사실 자체에 의해 드러나게 해야 한다는 것이다. ⑤ 즉 개서는 사실을 인멸함으로써, 오히려 전대 임금의 과실을 숨겨주는 결과가 된다고 하였다. 그러므로 사실을 인멸하지 않기 위해 직서하고, 앞서 편찬된 책에서 〈범례〉에 밝힌 개서의 대상에 대한 제시도 직서 원칙에 준하여 바꾸라는 것이다.

'직서'의 원칙을 세종이 제시한 시점은 세종 3년 무렵으로 추정된다. 이선제 등이 반대의견을 제기한 때는, 기록에 나타나는 전후 사건들의 흐름에 따르면, 변계량 등의 《고려국사》 개찬본이 진헌된 세종 3년 1월에서 멀지 않은 때였다. 그리고 이에 대한 세종의 답에서 이후 고려 역사 편찬에 중요한 작용을 한 직서 원칙이 처음 제시된 것이다.

여러 사관들의 직서 주장의 논리를 더 보강하고, 더 강화하여 직서를 원칙화한 세종의 명을 접한 후, 변계량은 궁궐로 세종을 직접 찾아가 다음과 같이 주장하였다.

"① 정도전이 참의지사들을 고쳤으나, 도전 때에 처음 고친 것이 아닙니다. 익제益齋 이제현李齊賢과 한산군韓山君 이색李穡이 종宗이라 칭한 것을 처음으로 고쳐 왕이라 썼습니다. 또 주자가 《강목》을 지으며, 측천황후則天皇后의 연호年號를 쓰지 않고, 당唐 2년·3년으로 썼으니, ② 신도 또한 위로 주자의 서술을 본받고, 아래로 도전의 뜻을 본받아, 무릇 참의지사들을 미처 고치지 못한 것은 역시 발견되는 대로 고쳤습니다. ③ 또 이미 고친 바 있는 참의지사들을 다시 (직)서한다면, 지금 사관史官들이 반드시 그것을 기록할 것이니, 그 사실을 직서하는 것이 신은 불편하게 여겨집니다."[23]

① 변계량은 개서의 타당성을 주장하는 근거로, 이제현이나 이색이 종을 왕이라 칭한 것만을 거론하고, 그것이 원元나라의 압제와 관련된 것임은 논외로 하였다. 또한 《강목》에서 강綱의 포폄적 개서만을 들고, 목目의 직서적 서술은 논외로 하였다. ② 그는 자신이 《고려국사》의 개찬을 맡게 된 동기 가운데 하나가 개서의 문제였는데, 오히려 개서가 미처 안 된 것이 발견되는 대로 더 개서하였다고 말했다. 그리고 그것이 주자의 서술을 본받은 것이라고까지 하였다. ③ 이미 개서한 '참의지사'를 다시 직서하여 살려내는 조처는, 사관들이 반드시 기록에 남길 일이라서 자신은 불편하다고 하였다. 여기서 불편하다는 것은, 사대명분의 의리를 지키지 않았다는 후세의 비난 또는 자신도 직접 본 건국 초 명明나라에 의한 표전문제表箋問題와 같은 부류의 위험이 싫다는 것으로 이해된다. 그리고 그러한 행위는 사관들이 꼭 기록할 것이라고 하며, 자신의 느낌을 말하는 것처럼 에둘러 국왕인 세종을 압박하고 있다.

세종은 이러한 변계량의 주장을 그 논리적 허점을 지적하여 정면으로 부정하였다.

---

23) 위와 같음.

"① 경의 말에 나는 의혹을 풀 수 없소. 주자의 《강목》은 이 책과는 다르오. 주자 《강목》은 (강에서) 명분을 바르게 하고 (목에서) 사실에 상세하여, 만세를 버려가도 해와 별처럼 밝을 것이오. 이 책에는 강과 목의 구분이 없는데, 직서하지 않는다면 후세에 무엇으로 그 사실을 보겠소? ② 경이 또 말한 '익재가 처음에 시작한 일이라'고 한 말의 옳고 그름을 따지지는 못하겠으나, 옛사람이 이르기를 '앞사람의 과실을 뒷사람은 쉽게 안다'고 하였소. ③ '지금의 사관이 (논의한 것을) 보고 기록할 것'이라고 경이 말했는바, 사실의 직서에 관한 말을 사관이 기록한들 무엇이 해롭겠소?"

세종은 ① 《강목》 서술의 일면만을 거론하여 목의 직서적 서술은 외면하는 변계량의 문제점을 지적하며, 강목의 구분이 없는 《고려국사》의 개찬에서는 직서를 할 수밖에 없다고 재확인하였다. 그리고 ② 익재가 개서를 시작했다는 주장에 검토의 여지를 내비치는 정도로 정면 대응을 피하면서, 설사 주장대로라 해도 선대인의 잘못이 있으면 후대에 파악해 고쳐야 한다고 하였다. ③ 개서해 놓은 것을 직서하게 하는 것은 사관의 기록으로 남아 후일 문제가 될 것이라고 압박하는 주장에 대해서도, 직서 자체가 결코 잘못된 일이 아니므로 하등 문제될 것이 없다고 부인하였다.

3. 직서 원칙의 한계

1) 적용 예외 확대 : '대사천하大赦天下'의 변개

세종은 변계량과의 면대에서 단호히 직서 원칙을 재확인한 후 유관과 윤회에게 명하여, 정도전이 고친 것까지도 아울러 모두 '구문舊文을' 따르게 하였다. 논리적 타당성에서 우위에 서고, 국왕의 권위를 가졌던 데서 이처럼 방향을 정반대로 돌려놓은 조처가 나올 수 있었으나, 개서를 완강하게 주장하는 신료들의 사대명분론적 사고방식을 바꾸어 놓을 수는 없었다. 사대명분론에 따라 개서가 옳다고 신봉하는 적지 않은 신료들의 거듭되는 주장을 매번 부정하고 직서 원칙을 고수하는 것은 군왕이라도 부담스러울 수밖에 없었다.

당장 재개수 작업의 주관을 유관과 윤회에 맡기고, 변계량을 뒤로 돌린 것부터 세종으로서는 부담스러운 일이었다. 변계량은 하륜과 함께 태종 대부터 개수 작업에 참여하였고, 문한文翰을 담당하며 주요 국사에 참여하고 있는 인물이었다.24) 그리고 그러한 부담스러운 대립은 바로 이어지고 있었다.

명을 받은 유관은 즉각 글을 올려 조와 종을 칭하는 것은 참

---

24) 하륜이 영춘추관사領春秋館事로서 《고려국사》의 개편 책임을 맡은 후, 저술을 세 부분으로 나누어 하나는 자신이 맡고 나머지는 각각 지관사知館事 한상경韓尙敬과 동지관사同知館事 변계량卞季良에게 맡겨 저술을 진행하였다(《태종실록》 권31, 태종 16년 6월 경진).

람하다는 의견을 다시 제기하고, 고려 군왕의 묘호와 시호에도 있는 왕을 칭한 것에 따라서 '모왕某王'으로 칭하면 거의 사실을 왜곡하지 않는 것이라며 다시 개서를 주장하였다. 이와 별도로 경연에서는 천변지괴天變地怪의 기록 문제와 함께, 이른바 참람하다고 문제되어 온 조·종을 칭하는 문제, 관제 명칭의 개서 문제 등과 함께 '대사천하大赦天下'를 '대사경내大赦境內'로 개서하는 문제가 제기되었다. 이에 세종은 다시 다음과 같은 중대한 의미를 갖는 결정을 내려야 했다.[25]

" ① 이와 같은 미소한 성변星變은 기록할 것이 못 되오. 고려 역대《실록》에 수록된 천변과 지괴의 정사正史(《고려국사》)에 기록되지 않은 것은, 구작舊作에 따르고 다시 첨가 기록하지 마시오. ② 그 군왕호와 시호는 모두《실록》대로 태조신성왕·혜종의공왕이라 하여, 묘호와 시호가 그 실상을 잃지 않게 하오. 그 태후·태자와 관제도 또한 모름지기 고치지 마시오. ③ 오직 '대사천하'라 한 것은 '천하' 두 글자만 삭제하고, '천하'를 '경내'로 고칠 필요는 없오(唯大赦天下, 則削天下二字, 亦不必改天下爲境內)."

① 성변 등은 새로 첨가하지 말고, 변계량·유관이 세종 3년에 완성한 '구작'에 따르라고 하였다. 그러나 ② 묘호·시호나 관제 등 이른바 '참의지사'와 관련된 것은 '구작'과 달리 사실을 인멸

---

25)《세종실록》권22 세종 5년 12월 병자.

하지 말고 직서하라고 하였다. 이 문제에서 직서의 원칙이 밀리면, ─ 비록 조공종덕祖功宗德의 논리로 궁색하게 논점을 피하고 있지만 ─ 조선왕조의 조·종 묘호의 최소한의 정당성도 손상을 입게 된다. 이 점에서 직서 원칙의 관철은 세종에게 조선 왕권의 위신과 직결된 현실 정치적 문제이기도 하였다.

③ '대사천하' 이하의 내용은 선행연구에서 검토되었듯이, 세종이 '천하'를 삭제하고 '대사'로만 서술하게 했다는 해석이 타당하다.[26] 실제로 '대사천하'의 '천하'를 삭제하는 방식은 이후의 역사편찬에 적용되었으니, 기전체 《고려사》에도 고려 군주가 내린 '대사천하'는 보이지 않고, '대사'로만 되어 있다.

《고려사》 등에는 태조 대부터 후대 군주들에까지 '대사'를 내린 기록이 많이 나타난다. 그런데 황제제도를 제후제도로 스스로 바꾼 성종 대나 원나라에 복속되어 피동적으로 제후제도로 바꾼 후에는 '대사경내大赦境內'라 한 기록들이 보인다. '대사경내'는 고려군주가 제후로서 자신의 지배영역 내에 사면령을 내린 것을 의미한다. 이러한 경우 《고려사》 등의 편찬자는 '경내'를 삭제하지 않았다. 황제의 사면령도 항상 '천하'만을 대상으로 한 것은 아니고, 직접 지배하는 영역만을 대상으로 '사면'을 하는 경우도 있었다. 황제제도가 시행되고 있던 덕종 대에 '대사국내大赦國內'

26) 민현구, 1980, 〈고려사에 반영된 명분론의 성격〉, 《한국고전심포지움 1》, 일조각. 심포지움 토론에서 이와 다른 해석을 우회적으로 제기한 의견도 있었는데, 민현구의 해석이 타당함은 오항녕, 1999, 앞 논문에서도 검토된 바 있다.

라 한 것이 보인다. 이러한 경우도 《고려사》 등의 편찬자는 '국내'를 삭제하지 않았다.

《고려사》 등에 '대사천하'에서 '천하'를 삭제한 것은 제후제도가 시행되던 때는 해당되지 않는다. 황제제도가 시행되고 있던 때의 '대사' 기록들은, 세종이 직접 부분 삭제에 대한 결정을 내리고 있음을 보면, 적어도 그 일부는 '천하'를 삭제한 기록이라는 것이 분명하다. 대사국내'의 범위보다 큰 '대사천하'의 외곽은 고려국 밖의 고려 황제의 세력이 미치는 범위이다.

'대사천하'의 '천하'와 관련될 수 있는 고려 국경 밖의 실체로는 '기미주'와 '번藩' 등의 파편화된 기록들이 보이는바, 이에 대해서는 4절 3)소절에서 간략히 언급하기로 한다. '대사천하'에서 '천하'를 삭제한 것은 '대사천하'를 '대사경내'로 개서하지 못하게 한 것이지만, 그렇다고 그대로 직서하라고도 하지 않은 것이다. '대사경내'라는 개서를 막는 대안으로 자료를 부분 삭제하는 방식을 써서 일종의 절충을 시도한 것이다. 이러한 자료의 부분 삭제 방식은 논란이 되고 문제가 되는 사실이 기록에서 완전히 배제되는 것도 피하고, 사실 속의 실체의 성격과 형태를 완전히 바꾸어 놓는 노골적 개서도 피하는 방법이다. 그것은 세종이 직서 원칙에서 한 걸음 물러난 타협안이다. 물론 자료의 부분 삭제는 '사실을 그대로 드러나게 서술하는 것'으로부터 크게 멀어질 수밖에 없는 것이었다.

표면적으로 드러나는 것만 보면, 세종의 직서 원칙이 이때에 와서 온전한 직서의 시행에서 후퇴하는 것으로 크게 달라졌다고 이해되겠으나, 직서 적용 대상의 예외를 더 확대한 것에 불과한 것이었다. 다음 2)소절에서 보듯이, '참의지사'의 개서와 직서 문제에서 양측 모두 그 핵심용어인 '황제'·'천자' 용어의 배제는 이견의 대상이 아니었다.

고려 군주의 '대사천하'란 황제·천자의 위호에 준하는 민감한 사실이었다. '천하에 내려지는 대사면'이란 천자·황제만이 가능한 것이니, 고려 군주는 천자·황제이고 '천하'를 이끄는 존재임을 나타내게 된다. 대사면의 천하는 칭제稱帝 사실만큼이나 직서하기 어려운 민감한 대상이었다. 그렇지만 '대사경내'로 개서하는 것은 개서를 허용하는 것으로 직서 원칙을 근본적으로 무너뜨리는 것이 된다. 또한 칭제와 마찬가지로 '대사천하'의 서술문제는 현실 정치와 직결되어 있는 조선의 조·종 묘호의 최소한의 정당성을 지켜내는 문제와는 처음부터 거리가 먼 것이었다. 여기서 세종이 택한 것은 '황제'·'천자'가 자료에서 배제되었듯이 '천하'도 삭제하는 방안이었다.

2) 원초적 한계 : 금기어禁忌語 고려 황제·천자

고려 황제제도의 핵심인 '황제'·'천자'의 위호는 조선 초 장기간에 걸친 개서와 직서 논의들에서 양쪽 모두 전혀 거론하지 않은 용어이고, 역사서술은 물론 〈범례〉에서조차도 배제된 단어였다. 직서 원칙의 적용에 따라 '폐하陛下'라는 2·3인칭 호칭을 비롯하여 황제제도에 수반되는 여러 용어와 제도 명칭은 고려 역사 서술에서 사용되었으나, 그 핵심인 '황제'·'천자' 위호는 철저히 배제되었다. 그러나 고려 당시에 그 위호는 매우 많이 사용된 중요한 것이었다.

고려 당시의 군주 위호로서의 '황제'·'천자'의 사용은 동아시아 여러 나라의 국제문화로 확산된 당唐의 유교정치문화에 기반을 두고 있었다.27) 두 위호 가운데 '황제'는 진秦나라 때에 만들어져 천자와 용처를 달리하던 때가 있었지만, 고려에서나 같은 시기 대륙에서도 구분되지 않고 혼용되는 경우가 많았다. 따라서 이하에서는 편의상 두 용어를 특별히 별도로 나타낼 필요가 없는 때에는 '황제'만으로 약하기로 한다. 고려 건국 초는 물론 후삼국시대나 통일신라-발해 시기에도 당시의 지배층은 대륙 왕조들과의 활발한 교류 속에 '황제' 위호와 '국왕' 위호가 갖는 의미나 그에 수반되는 제반 제도에 관한 지식을 깊이 잘 알고 있었고, 그 기반 위에서 이들 위호와 제도들이 시행되었다.28)

다만 원종 대 이전이라도 고려에서 '황제'와 '국왕' 위호의 사용은 시기별 차이가 있었다. 태조 대와 광종 대의 독자적 연호年

---

27) 이하 고려 황제제도에 대해서는 노명호, 2007, 앞의 책, 〈V.해동천자의 '천하'와 번〉; _____, 2017, 〈고려전기 천하관과 황제국체제〉, 《고려역사상의 탐색》, 집문당; 주1)의 논저 참조.

28) 고려 초에 '황제'·'국왕', 두 가지 위호의 의미를 잘 모르고 혼용하고 있었다는 견해(박재우, 2005, 앞 논문)는, 아마도 고유어 '임금님'을 주로 사용하며 지식이 없는 하층민들의 경우에 한정한다면, 대체로 가능할 것이다. 지배층의 경우는 두 가지 위호의 정치적 의미를 알고 있었고, 황제·천자만을 사용하는 부문과 두 가지 위호가 혼용되는 부문이 나뉘어져 있었다. 이에 대해서는 노명호, 2017, 앞의 논문 참조.

號가 사용되던 때는 ─ 아주 짧은 기간이고 이 시기 자료가 적지만 ─ 그것이 주된 위호로 쓰였을 것이고, 나머지 칭제시기에는 '황제'와 '국왕' 위호가 병용되었는데, 사용되는 부문이 나누어져 있었다. 성종 대에 들어가 화이론자들에 의해 황제제도가 폐지된 후 현종 대에 다시 부활되기 전까지는 황제 위호는 사용되지 않았다. 그리고 황제나 국왕 위호 가운데 어느 하나만이 사용된 시기는 짧았고, 두 가지 위호가 함께 사용된 기간이 원종 대 이전 시기의 대부분에 해당하였다.

두 가지 위호가 병용되던 때의 위호별 사용처는 분명히 정해져 있었던 것으로 보인다. 예컨대, 팔관회 등 고려가 중심이 되는 '고려 천하'의 토속제전, '고려 천하'의 '번'을 칭하는 여진 추장 등에 대한 관작의 수여 등을 비롯한 제반 공식적 관계 등등에서는 '황제'·'천자'가 쓰였다. 이에 대한 자료는 현재에도 적지 않게 남아 있다. 한편 사대관계를 설정한 대륙왕조와의 관계, 성종 대에 고려의 황제제도를 제후국제도로 고친 화이론자들이 주도하여 도입한 종묘의 묘호 등에는 '왕'이 쓰였다.

이처럼 시기별 변동은 있지만, 천자·황제가 쓰이는 부문이나 칭제의 의미가 결코 작은 것이 아니었다. 조선 초에 비교하면 극히 적은 양만이 남은 고려시대 당시의 기록을 통해서 현대인들도 적지 않게 볼 수 있는 황제 등을 칭한 사실을, 조선 초의 편사자들은 방대한 양의 고려 각 대의 《실록》은 물론 수많은 고려 정부의 기록대장, 문서, 문집 등을 통해 대단히 많이 접할 수 있었다.29) 그러함에도 '참의지사'에 대한 그 많은 개서·직서 논의나 역사서술에서 칭제 사실이 직접 거론된 것이 전혀 나타나지 않는다. 고려의 '황제'·'천자'라는 용어가 들어간 자료는 가능하면 선택하지 않고, 불가피하게 선택될 경우 해당 용어를 '왕'으로 개서하거나 부분 삭제한 결과이다.

예컨대, 개서와 삭제의 예로 예종 12년(1117) 3월 〈세가〉의 기사와 그 원형을 전하는 《제왕운기》(이하 《운기》)의 기사를 볼 수 있다.

(예종 12년 3월) 계축. 금金의 군주 아골타阿骨打가 아지阿只 등 5인을 파견하여 서한을 보냈다[寄書]. 이르기를, "㉠ 형인 대여진금국大女眞金國 황제는 제弟인 고려국왕에게 서書를 보냅니다[兄大女眞金國皇帝致書于弟高麗國王]. ㉡ 우리의 선조대부터 두 나라 사이의 한 지방에 끼어 있어 거란을 대국大國이라고 하고 고려를 부모 나라[父母之邦]라고 하면서 조심스럽게 섬겨왔습니다. 그런데 거란이 무도하여 우리 강역을 짓밟고 나의 인민을 노예로 삼았으며, 명분 없이 누차 군사를 일으켰습니다. 나는 부득이 그들과 겨루었는데, 하늘의 도움으로 모두 멸하게 되었습니다. 생각하건대 왕은 우리와의 화친을 허락하고 형제의 관계를 맺어 대대로 무궁한 우호관계를 이루기 바랍니다."라고 하였다. 아울러 좋은 말

---

29) 《고려사》가 편찬되기 전과 대내외의 상황이 달라진 예종 원년(1469)에 양성지梁誠之는 편찬 후 공개하지 않고 있는 《고려사》의 반포를 건의하는 논거의 하나로 고려가 황제를 칭한 구체적인 사실을 거론하고 있다(《예종실록》 권6 예종 원년 6월 신사).

한 필을 보냈다〔遣〕.30)

　　그 원조이신 태사大史 오고랄烏古剌은 평주平州의 산수山水가 빼어난 기운을 주었네. 짐짓 우리를 일컬어 부모의 나라〔父母鄉〕라고 하고 {㉠ 금나라 사람들의 시에 이르기를 "연지燕地는 신선이 사는 곳〔神仙窟〕, 삼한三韓은 부모 나라〔父母鄉〕이다"라고 하였으니, 대개 근본을 잊지 않은 것이다}, 형제관계를 맺어 사신을 통하였네{㉡ 신이 일찍이 식목집사式目執事가 되어 도감都監의 문서를 열람하였는데, 우연히 금국의 조서詔書 2통을 보게 되었다. ㉢ 그 서序에 모두 이르기를, "대금국황제가 고려황제에게 글을 부칩니다〔大金國皇帝寄書于高麗國皇帝〕. 운운."이라 하였으니, 이것이 ㉣ 형제관계를 맺은 증거이다}.31)(※괄호{ } 속은 《운기》의 주석)

　　금나라 아골타가 사신을 처음 보내온 것은 건국한 다음 해인 예종 11년(1116) "금주金主 아골타阿骨打가 아지阿只를 보내왔다"는 기사에 나와 있다.32) 위 예종 12년의 사신은 두 번째이다. 두 번째 국서에는 고려를 ㉡ "부모 나라"라 하여, 《운기》㉠에도 보이는 기존 관행을 언급하고 있다. 이승휴가 《운기》에서 언급한 그가 보았다는 서序에서 모두 "고려국황제"를 칭한 금나라의 조서 2통은 두 번째 사신이 온 때까지의 것으로 보인다. 세 번째 사신이 왔을 때부터는 금나라의 태도가 크게 달라지고 있기 때

---

30) 《고려사》 권14 세가14 예종 12년 3월 계축.
31) 《帝王韻紀》 권上 金祖名旻姓完顏.
32) 《고려사》 권14 세가14 예종 11년 4월 경오.

문이다.

《운기》의 기사는 특히 형제관계를 요구한 예종 12년의 기사와 연관된 내용을 보여준다. 기존의 외교문서 연구 등에서도 위 두 자료를 검토하였지만, "고려국왕"과 "고려황제"라는 상충하는 부분에서 선택적으로 《고려사》를 그대로 따랐다.[33] 이 문제는 중요한 것이므로 몇 가지 면에서 근본적인 검토가 필요하다.

먼저, 《운기》의 위 서술의 진실성 문제를 고려해 보자. 이 책은 편찬 후 오랜 기간 숨겨져 내려오던 것이 아니라, 그 〈진전進箋〉에서 보듯이 바로 공개되어 당대에 검증되었다. 이 책은 편찬 직후 국왕 충렬왕에게 진헌되어 널리 알려졌다. 식목도감에 "고려국황제"로 지칭한 금나라의 조서 2통이 보관되어 존재한 사실을 이승휴가 거짓으로 꾸며내어 국왕에게 진헌한 책에 서술하였다면, 고려 당시에 큰 비판과 처벌을 면하기 어려웠을 것이다. 그것은 이승휴가 그러했듯이 고려시대 식목도감의 "집사"들이 보는 것이었고, 쉽게 확인될 사실이었다. 그리고 조선 초 양성지도 그것을 확인한 바 있다.

조선 예종 원년(1469)에 몇 가지 이유로 보류되었던 《고려사》의 반포를 건의하며, 양성지는 그 보류 이유의 하나인 '황제를 참칭僭稱한 일'이 드러나도 문제가 될 것이 없다는 주장을 하였다. 그 근거의 하나로서 금나라가 고려군주를 황제로 칭한 사실을 들고 있다.

---

33) 정동훈, 2015, 《고려시대 외교문서 연구》, 서울대 국사학과 박사논문, pp.183~192.

　　㉠ 전조의 태조는 삼한을 통일하였으며, ㉡ 연호를 세워 황제의 시호인 종宗을 칭하였고[改元稱宗], ㉢ 금나라 사람은 받들어 황제라 하였습니다[金人推之爲皇帝]. 그리고 ㉣ 명나라 고황제高皇帝는 (삼한이) 스스로 제왕帝王의 교화를 하게 하였으니[高皇使自爲聲敎], ㉤ 이것이 어찌 참칭의 혐의에 해당하겠습니까? 이른바 번국蕃國은 황제의 국토 안의[畿內] 제후諸侯와 비교해서는 안 됩니다.34)

　위에서 양성지는 ㉠ 고려를 동북아의 중요 세력의 하나로 만든 고려 태조의 삼한 통일 위업을 말하고, ㉡ 그 당대부터 황제제도가 시행되어 내려온 사실을 말하였다. 그리고 ㉢ 그러한 고려의 군주를 금나라에서 황제라 한 사실이 있고, ㉣ 명 태조도 고려를 독자적 세력으로 인정한 바 있다고 하였다. ㉤ 이처럼 대륙의 강대세력들도 고려의 실상을 인정하였으니 그 황제제도가 어찌 참칭으로 문제될 수 있느냐고 한 것이다.

　여기서 특히 주목되는 바는, 양성지가 고려 태조 대부터 황제제도를 실시하고 그것을 금나라가 인정한 사실을 언급하고 있다는 것이다. 양성지는 뛰어난 학자로 《고려사》 편찬에 수사관修史官의 일원으로 참여하여, 당시까지도 내려오던 고려시대 정부문서들을 포함한 각종 자료들도 직접 보았다. 당시 조선 조정의 "참의지사" 언급 자체도 금기시하는 경직된 분위기 속에서, ㉢ 금나라 사람이 고려군주를 황제라 했다고 단언한 것은 간접적

────────────

34) 《예종실록》 권6 예종 원년 6월 신사.

자료가 아닌 확증적 자료를 보지 않고는 할 수 없는 말이다. 그렇다면 그러한 자료로 가장 가능성이 큰 것은 고려 식목도감에 보관되어 오던 금나라 초기 조서 2통이거나, 최소한 그 조서에 대한 변개되지 않은 공식적인 정부 기록일 것으로 생각된다. 이승휴가 본 금나라 초기 국서 2통은 양성지도 확인했던 것이다.

그렇다면, 이상과 같은 사실과 《고려사》가 〈범례〉에서조차 고려가 칭한 황제를 금기어로 하여 우회적으로 "참의지사"라 하였고, "대사천하"를 "대사"로 개서한 편찬 태도를 결합하여 보면, 〈세가〉의 예종 12년 금나라 조서의 "고려국왕"은 "고려국황제"를 개서한 것이 분명하다. 그것은 당시 고려·금나라 관계의 변화 추이에 의해서도 밑받침된다.

고려·금 관계는 두 번째 사신까지 이전과 세 번째 사신 이후로 나뉘어 크게 달라지고 있는 것이 《고려사》의 기록으로도 확인된다. 세 번째 사신이 왔을 때인 예종 14년부터는 종래와 크게 다른 고압적 태도를 보이고, 황제가 제후국왕에 대하는 형식을 취하고 있다.

고려국왕에게 조유詔諭하오. 짐은 군사를 일으켜 요遼를 정벌하면서 하늘의 도움을 받아 여러 번 적병을 무너뜨렸고, 북쪽으로는 상경上京에서부터 남쪽으로는 바다에 이르기까지 모든 부족의 백성을 어루만져 안정시켰오. 이제 발곤孝董·출발朮孝을 보내 이 사실을 알리며, 아울러 말 1필을 사賜하니 이르면 수령하시오.35)

위의 국서는 "조詔"로 시작하고 있고, 말을 "사賜"한다고 하였
다. 이것은 2년 전 국서와 비교하면 "치서致書"에서 "조詔"로,
"유遺"에서 "사賜"로 달라진 것이니, 군신관계를 전제로 한 형식
이다. 그에 대한 고려의 답서答書에서 "귀국의 근원이 우리 땅에
서 시작되었다"는 말이 있어서 금 군주는 접수를 거부하였다.[36]
이것 역시 2년 전 금의 국서 자체에서 고려가 부모의 나라라고
했던 사실을 언급한 것과 근본적으로 달라진 태도를 보여준다.
이러한 금의 고압적 태도는 거란에 대한 공격의 우세가 확고해
진 것에 따른 것이고, 그 후 거란을 완전 정복한 후에는 보다 강
경해졌다.

이러한 변화 추이를 보면, 예종 14년 이후 금은 종래에 사대
해 오던 고려에 대해 군신관계를 전제로 하거나 그것을 요구하
고 있다. 그러나 예종 12년 이전에는 종래의 고려에 대한 사대
관행을 완전히 부정하지 못한 상태에서 부분적으로 그것을 인정
하여, 관행에 따라 고려군주도 황제라 했던 것을 알 수 있다. 금
나라가 건국하기 이전 여진 집단들은 고려에 사대하며 고려 군
주를 "황제"라 하고 "표表"를 올리고 있었다. 이러한 고려에 대
한 사대관계에서 처음에는 대등한 황제와 황제, 다음에는 형제에
비유된 경사적 관계의 황제와 황제로 바뀌었던 것이다.

《운기》의 금의 국서 2통의 서두라 한, ㉣ "대금국황제가 고려
황제에게 글을 부칩니다(大金國皇帝寄書于高麗國皇帝)"는 기본적으

---

35) 《고려사》 권14 세가14 예종 14년 2월 정유.
36) 위 책, 예종 14년 8월 정축.

로 형제관계의 요구 관련 내용 등을 제외한 금 군주가 고려 군
주에 보내는 서書라는 공통 사실만을 간추린 것으로 보인다. 그
렇게 보면 〈세가〉 예종 12년 금나라 국서의 서두는 ㉠ "형인 대
여진금국大女眞金國 황제는 제弟인 고려황제에게 서書를 보냅니
다〔兄大女眞金國皇帝致書于弟高麗皇帝〕"에서 고려황제를 고려국왕
으로 개서한 것이다.

예종 12년 금의 고려에 대한 형제관계 수락 요구는 그 전해
(1116) 4월 금나라 첫 번째 사신이 다녀간 후에 이루어진 변화
에 따른 것으로 보인다. 금은 거란의 동경東京에서 반란을 일으
킨 발해인 고영창高永昌을 꺾고 거란 동경의 주현州縣들을 차지
하게 되었다. 이처럼 세력이 더욱 강대해진 상태에서 종래에 사
대한 바 있었던 고려에게 역으로 형제관계를 요구한 것이다.

첫 번째 금나라 사신이 왔을 때, 금은 건국 후 아직도 강적으
로 유지되고 있는 거란과의 대결이 진행되는 속에서, 배후의 무
시할 수 없는 세력인 고려를 최소한 묶어 둘 필요가 있었다. 불
과 몇 년 전인 1107~1109년에 있었던 고려의 대대적인 여진 정
벌에 대한 기억이 생생한 상태였다. 예종 10년(1115) 8월에는
거란 사신이 와서 금을 협공할 것을 청하였는데, 금으로서도 고
려의 반감을 사지 않는 범위에서 위세를 부림으로써 고려가 자
신들을 향하여 군사를 움직이지 않게 묶어 둘 필요가 있었다.
1117년 3월에는 금나라군의 공격을 받은 거란군이 패퇴하여 빈
채로 남겨진 내원성來遠城·포주성抱州城을 고려가 어부지리로 아
무런 힘도 들이지 않고 차지하여도, 금은 고려를 자극하는 언행

을 일체 절제하고 있었다. 이 성들에 대한 날을 세운 반환 요구
는 군신관계를 요구한 단계 이후의 일이다.

　두 번째 사신이 왔을 때 고려에 사대하던 여진족이 세운 금
나라의 형제관계 요구에 대해 고려 조정은 분노하고 받아들이지
않았다. 이러한 고려 조정의 반응은 금나라로서도 예상하였을 것
이다. 따라서 고려를 자극하여 대적하게 만들어서는 안 되는 상
황이었던 첫 번째 사신이 왔을 때의 국서의 내용은 두 번째 사
신에 보내온 국서와 달랐을 수밖에 없다. 첫 번째 보내온 국서에
는 금나라의 건국을 알리고, 황제국인 자신들의 세력이 고려에
사대하던 전과 다름을 과시하는 속에 친선을 강조하는 내용이
들어 있고, 고려를 자극할 형제관계 요구 등은 들어가지 않았을
것이다. 그 국서의 서두는, 《운기》에 보이는 "대금국황제가 고려
황제에게 글을 부칩니다〔大金國皇帝寄書于高麗國皇帝〕"로 "형·제"
등의 말은 들어가 있지 않았을 것이다. 이때의 관계는 금나라 황
제와 고려황제의 대등한 관계이다. 명나라의 트집을 경계하며,
"참의지사"의 서술을 꺼렸던 《고려사》의 편찬자는 황제 간의 형
제관계도 아닌 대등한 관계 형식으로 된 이때의 금나라 국서는
삭제하고, 사신을 보내온 것만을 기록하였던 것이다. 《운기》에서
이승휴는 그 사실을 2통의 국서에서 공통된 사실만을 추려 놓은
형식으로 서술하고, 두 번째 국서에서 나타나는 "형제관계를 맺
은 증거이다"라고 몽골복속기 초기의 대몽골 관계에서 민감할
수 있는 서술을 약간 비껴갔다. 이상에서 살펴본 금나라의 초기
2통의 국서는 "고려황제"가 삭제되고, 개서된 좋은 예이다.

《고려국사》나 변계량의 《고려국사》 개찬본에서는 "고려황제" 가 '왕'으로 개서되는 것이 결코 문제될 수 없었다. 또한 이 책 들을 다시 직서 원칙으로 개찬하며 《수교고려사》가 만들어질 때 선행 서술의 '왕'으로 개서된 것을 '황제'로 환원시키는 것은 고 려 대상이 아니었다. '대사천하'의 '천하'를 '경내'로 개서하지 않 고 부분 삭제한 방식이 이 경우에 적용되었을 가능성도 적다고 생각된다. 왜냐하면 그것은 애초부터 직서 원칙의 대상이 아니었 기 때문이다.

고려의 역사와 관련된 '황제'·'천자'는 당시의 모든 언급에서 금기어禁忌語가 되었던 것이다. 이 기이한 현상은 조선 초 명과 의 관계를 보면 이해가 된다. 당시 동북아의 새로운 유일 초강대 세력으로 등장한 명나라는 요동을 선점한 후, 조선이 요동정벌을 준비한다는 의혹을 가지며 외교적, 군사적으로 긴장 상태를 고조 시켰다.[37] 명 태조 주원장朱元璋은 여러 차례에 걸쳐 조선 정벌 을 하겠다며 노골적 위협을 가해 오고 있었다. 특히 국호를 정해 준 것에 대한 사은謝恩을 위해 조선 태조 2년(1393)에 조선에서 보낸 표전表箋에 자신을 능멸하는 '침모지사侵侮之辭'가 있다고 하고, 정식으로 책봉을 받지 못한 이성계가 예를 차린다고 '왕' 을 칭하지 않고 '권지국사權知國事'라 칭한 것까지 '간사한 계획' 이 있는 것 같다고 문제를 삼았다.[38] 이후 조선으로서는 극히

37) 정도전의 요동정벌 준비와 표전문제의 연관성에 대해서는 다음의 연 구 참조.
   박원호, 1995, 〈Ⅱ.조선 초기의 대외관계〉, 《한국사 22》, 국사편찬위원회.

조심하였는데도 태조 4년부터 6년 사이에 이른바, '표전문제表箋
問題'가 연이어 세 차례나 일어났다. 특히 그 가운데 첫 번째 사
건에서 명은 표전문 작성자 정도전을 관송管送하라고까지 하였
다. 이른바 표전 문제는 주원장의 미천한 출신에 대한 비정상적
열등의식과 관련된 문자옥文字獄의 연장선상에서 이해된다는 연
구가 있다.[39] 최대한 자신을 낮추어 '권지국사'를 칭한 조선 태
조 2년 사은표에까지 '침모지사'가 있다고 애매한 꼬투리를 잡는
상황을 정도전 등이 《고려국사》를 편찬하며 직접 접하고 있었다.

　더구나 이제현 등 고려 말에 편찬된 역사에서도 칭제 사실은
원나라를 의식하여 철저히 배제되었고, '조·종'조차 '왕'으로 바
꾸어 서술하였다. 이미 원에 복속된 시기에 고려의 황제·천자는
금기어로 되고 있었는바 ― 공민왕 5년 즈음에는 약간 달라진 분
위기가 형성된 적도 있었지만 ― 금기어 상태가 조선 초에도 지
속되고 있는 것이기도 하였다.

　이러한 상황에서 역사서에 고려의 칭제 사실을 거론하는 것
은, 비록 그것에 비판하는 말을 붙이더라도, 그것이 주원장에게
알려질 경우 일종의 필화筆禍를 부를 수 있는 일이었다. 게다가
조선은 건국 후 뿌리를 완전히 내린 단계가 아니었고, 명 주원장
의 책봉을 받지도 못한 상황이었다. 국내적으로는 조선 건국 과

---

38) 《태조실록》 권5 태조 3년 2월 기축. 이때에 전년 12월에 명 주원장
　이 힐문한 것에 답하였다.
39) 박원호, 1975, 〈명초 문자옥과 조선표전문제〉, 《사학연구》 25; 박원
　호, 1995, 앞의 글.

정에서 정파 간의 대립이 연장되어 명나라에 상대방을 모함하는 경우도 있었으므로, 명에 책잡힐 말을 하는 것은 대단히 위험하였다. 태조 4년에 완성된 〈고려국사서〉의 범례에 해당하는 내용에서 개서의 대상인 '참의지사'로 황제제도에 부수되는 여러 가지 제도의 명칭은 나열되었지만, 정작 그 핵심 용어인 '황제'·'천자'는 전혀 거론되지 않고 회피된 단어였다. 이러한 상태는 현재 전해 오는 기전체 《고려사》의 〈범례〉에서도 동일하다.

이러한 상태를 만든 당시 지배층의 생각은 태종 15년 변계량의 말에서 한 예를 볼 수 있다. 그는 태종에게 올린 봉사封事의 셋째 조항, '삼가하여 사대할 것'에서 자신이 직접 듣고 본 고려 우왕 대와 조선 초의 요동 정벌 추진, 정도전이 제거된 제1차 왕자난 등을 거론하고, 전쟁의 위험성을 강조하였다. 그리고 고려 쪽 사람들이 한 얘기에 명나라 쪽에서 더 크게 반응하고, 다시 더 커진 역반응이 거듭 오가며, 전쟁 위기로 치달았던 점을 거론하였다. 그에 이어서 사대하는 방식과 관련하여 한 말이 다음과 같다.

> 옛 사람이 말하기를, "말에 드러난 것은 사람이 알게 되고, 마음속에 싹트는 것은 귀신이 안다"고 하였는데, 이는 지극히 옳은 말입니다. 이러한즉, <u>위를 거역하는 말은 입밖에 내서도 안 되고, 마음속에 싹트게 해서도 안 됩니다.</u>[40]

[40) 《春亭集》 권6 永樂十三年六月日封事.

당시 조선의 지배층이 명나라와의 관계에서 사대에 힘쓰며 극
도로 말조심을 해야 한다는 이 건의는 조선 초 지배층 인물들이
공유하는 시대적 경험을 배경으로 하고 있다는 점에서 주목된다.
고려의 '참의지사'의 개서와 직서 논의나 고려 역사 서술에서 '황
제·천자'라는 어휘 자체가 금기어가 되고 있는 사정을 이해할
수 있는 것이다.

세종이 재위 3년(1421) 무렵에 제시한 '이실직서'의 원칙은
고려의 '황제'·'천자' 위호를 금기어로 삼는 바탕 위에서 출발한
것이었다. 그 용어들은 금기어로서 처음부터 역사서술의 대상에
서 배제되어, 개서·직서 논쟁의 대상이 되지 않았다. 개서에 의
해 편찬한 책의 〈범례〉나 〈서〉에서 개서 대상을 밝힐 때도 이
용어는 금기어 상태에서 벗어날 수 없었고, 이 핵심 용어에 수반
되는 다른 제도들만을 열거하였다. 직서 원칙에 의해 편찬한 〈범
례〉나 〈서〉들에서 직서 대상을 밝힐 때도 마찬가지였다.

초기에는 이러한 제한적 직서 원칙도 다수의 신료들이 위험시
하며 극렬하게 반대하고 있었다. 그러한 속에 세종이 직서 원칙
을 제시한 것은, 그의 역사편찬에 대한 사관과도 관련되지만, 그
의 정세 판단이 신료들의 그것과 다른 데서 가능하였다.

앞에서 본 변계량이 봉사를 올린 태종 15년의 시점에는 주원
장이 사망한(1398, 조선 태조 7) 후라 조선·명 사이에서 일촉즉
발의 위험한 긴장 상태는 벗어나 있었다. 주원장의 뒤를 이은 명
건문제建文帝가 정난지변靖難之變 내란을 겪으며, 태종 원년(1401)
조선 건국 이래 첫 국왕 책봉을 하여 긴장이 잠시 완화되기도

하였다. 그러나 건문제로부터 제위를 빼앗은 영락제永樂帝의 조선 국경 인근 여진 집단 장악 문제로 태종 15년 무렵에는 다시 긴장이 고조되어 있었다.

태종은 영락제의 조선 주변 여진집단들에 대한 장악에 불만을 드러내었던바, 위에서 본 변계량이 사대를 지극히 할 것을 건의한 것도 태종의 대명관계 인식이 달라지는 조짐을 경계하는 데서 나온 것이다. 명에 대한 불만을 드러낼 정도의 태종의 정세인식은 세종의 경우도 거의 같았다고 판단된다. 세종은 명이 주도하는 동북아 정세의 변화추이를 비교적 빠르고 정확하게 감지하며 대응하고 있었다. 1418년 즈음의 시점에서, 금기어 고려 황제·천자를 건드리지 않는 제한적 수준의 직서 원칙을 역사서술에 적용하는 것은, 당시의 대명관계에서 문제될 것이 없다고 세종은 판단한 것이다. 그러나 아직도 개서를 주장하는 신료들은 주원장 대의 기억에서 벗어나지 못했던 것으로 보인다.

1449년(세종 31) 토목지변土木之變을 계기로 명 세력의 위협이 현저히 쇠퇴하고, 그 일련의 여파로 명과의 긴장이 해소되어 친화 국면으로 전환된 뒤, 예종 원년(1469) 양성지는《고려사》의 인쇄 보급을 건의하며, 금나라에서도 '고려 황제'를 칭한 사실 등을 거론하였다.41) 이러한 언급은 양성지라는 인물의 특성에서 가능한 면도 있지만, 명과의 관계에서 제한적이나마 고려의 칭제 사실이 논의될 틈새가 생겨나 가능한 것이었다. 이것은, 역으로 해석하면, 그전 '고려 황제·천자'가 조선 초 금기어가 되었던 배

---

41)《예종실록》권6 예종 원년 6월 신사.

경을 드러내 주는 사실이다.

특히 1449년은 기전체 《고려사》의 편찬이 시작된 해이니, 변화된 조명관계는 그 편찬에도 약간의 변화를 가져왔다. 뒤에서 보겠지만, 《고려사》에서 예외적으로 칭제 사실이 직접 나타나는 속악 〈풍입송〉이 고려 역사편찬에 처음으로 들어간 것이 다른 단서 자료들과 함께 고려할 때 바로 이 시기로 추정되는 것도 양성지의 언급과 같은 면을 보여준다.

3) 《수교고려사》에 대한 반발과 편사의 중단

세종의 직서 원칙은 처음부터 적용되지 않는 고려 '황제'·'천자'라는 핵심대상이 있었고, 개서 주장과의 논쟁과정에서 적용되지 않는 대상을 확대하여 후퇴하였다. 그렇게 된 배경에는 개서를 주장하는 신료들의 직서 원칙에 대한 반발이 존재하였다. 그러나 직서 원칙에 대한 반발은 그것에 그치지 않고 더욱 거세져, 고려 역사의 편찬 작업 자체를 여러 해 동안 중단시키기에 이른다.

세종 5년 12월 '대사천하'의 '천하'를 삭제하고 '대사'만 쓰도록 한 타협책이 제시된 후, 이어진 다음 해의 사건들에서도 직서를 주장하는 세종에 대한 큰 반발이 나타난다. 세종 6년 8월에 유관과 윤회에 의해 《수교고려사讎校高麗史》가 완성되어 진헌되었는데, 윤회는 그 서문에서 정도전의 《고려국사》 편찬부터 시작하여 변계량의 개서 주장, 세종의 그에 대한 답변과 직서에 따른 개찬 지시, 유관의 개서 주장과 세종의 재차 직서 지시 등을 소상히 수록한 다음, 아래와 같은 말로 끝을 맺었다.

> " … 역사를 짓는 것의 어려움과 수교讎校를 그만둘 수
> 없는 것이 이와 같으니, 전하의 생각이 깊으시다. 면대面對
> 하여 명령하신 말들은 어의御意의 독단에서 나왔다. 명백하
> 고 정대正大하심이 보통의 천박한 소견으로는 그 끝을 헤아
> 릴 수 없다. 삼가 손을 잡아 머리를 조아리고 붓을 들어 글
> 로 써 책머리에 실어서, 후대의 군자에게 고하노니, 이 책을
> 읽는 자는 마땅히 자세히 알라."[42]

이 서문 문장은 세종이나 그의 말에 대해 수사적으로 높여
말하고 있으나, 어디에도 윤회 자신의 직서 원칙에 대한 공감이
나 지지를 나타내는 말은 없다. 이 서문의 요지는 두 가지로 요
약된다. 세종이 독단으로 지시한 직서 원칙에 의해 《수교고려사》
를 편찬하였다는 것이다. 그리고 직서에 따른 서술은 편사자의
뜻이 아니라는 것, 자신은 왕명에 따라 수행했을 뿐이라는 것이
다. 여기서 《수교고려사》가 직서의 원칙에 따라 편찬되었다는 것
은 중요한 의미를 갖는다. 건국과 함께 시작된 편사 작업에서 최
초로 직서 원칙에 따른 고려 역사책이 만들어진 것이다. 제二장
에서 보겠지만, 《고려사전문》이 '구사舊史'(《수교고려사》)를 산윤
–보완한 것으로 일컬어질 만큼, 《수교고려사》의 내용과 편사 방
식은 다음 단계의 편찬에 많은 것이 계승된 책이다. 그런데 이

---

42) 《세종실록》 권25 세종 6년 8월 계축.

책의 직서 원칙은 앞에서 보았듯이, 원초적으로 칭제 사실은 배제하고, 그에 준하는 '대사천하'의 '천하'를 부분 삭제하는 등의 불완전성을 갖는 것이었다. 이것 역시 다음 단계의 책에 그대로 계승되고 있는 것이다.

이 《수교고려사》를 받아 본 다음 해, 재위 7년 12월 경연에서 세종은 자신의 '독단'이라는 것에 대해 반론을 제기하는데, 이때 다시 변계량과 탁신卓愼의 강경한 반대를 받고, 중대한 조처를 내린다. 세종은 다음과 같이 경연 논의를 마무리하는 말을 하였다.

(임금이) 경연에 나아가 맹사성에게 말하였다. "① 변계량이 몇 해 전에 '《고려사》를 정도전이 편수한 전례에 따라, 무릇 참람하게 흉내낸〔僭擬〕 명칭은 모두 개서하여 숨기고〔諱〕 서술하자'고 청하였오. ② '정도전이 편수한 문장에서는 이루어진 사실〔成事〕은 개서하지 않았오. 그런데 그 고쳐 쓰지 않은 문장을 또 왜 굳이 뒤쫓아 (찾아내어) 개서해야 하오? 역사의 기록은 직서보다 좋은 것이 없는데, 어찌 숨겨 써서 그 사실을 민멸泯滅시키오?'라고 나는 말하였오. ③ 우의정 유관과 제학提學 윤회도 직서가 옳다고 하였오. 그런 까닭에 일찍이 윤회에게 명하여 서문을 다시 지으라고 하였오. ④ 이제 계량이 이렇게 강청하고, 참찬參贊 탁신卓愼의 논의도 또한 계량과 같으니, 내가 어찌 반드시 그를 말리겠오? ⑤ 또 내가 말한 바를 지금의 사관이 어찌 모두 쓰지 않겠오? 윤회가 지은 서문은 쓰지 않겠으며, 당분간 변계량의 말을 좇겠오."43)

위 자료에서 ①~③은 세종이 자신의 직서 방침이 '독단'이 아니며, 다른 사람들도 직서를 생각하였다는 것을 경연 석상에서 밝힌 것이다. ①과 ②의 부분에서는 변계량이 《고려국사》를 개찬하며, 정도전이 개서하지 않은 것까지 모두 찾아 개서했다고 하며, 정도전은 참람한 사실이라도 직서한 것이 있다고 하였다. 정도전은 ㉠ '참람하게 흉내 낸 사실〔僭擬之事〕'은 개서했어도, ㉡ '이루어진 사실〔成事〕'은 개서하지 않았다는 것이다. 그런데 변계량은 '성사'까지도 모두 찾아서 개서했다는 것이다.

'이루어진 사실', '성사'를 보면, 그것이 개서의 대상이 되었다는 점에서 이 역시 참람하다고 지목되는 고려의 황제제도와 관련된 사실이었음을 알 수 있다. 그렇다면 정도전은 참람한 고려의 황제제도 관련 사실을 '참람하게 흉내 낸 사실'과 '이루어진 사실'로 구분하고, 전자는 개서하고 후자는 직서했다는 것이 된다.

㉠ 전자에 해당하는 것으로 개서된 것을 〈고려국사서〉에서 보면, '종宗, 절일節日, 조詔, 짐朕' 등의 명칭이다(2절 1)소절에서 검토). 그리고 그러한 개서는 '정명正名', 즉 명칭을 분수에 맞게 하는 것이라 하였으니, '흉내 낸' 것이라 파악한 것은 주로 황제제도의 명칭, 용어 종류였던 것을 알 수 있다.

㉡ 후자, '실제로 일어난 사건이나 일'은 예컨대 황제제도를 바탕으로 하여 고려와 여진집단 사이, 고려와 송 사이 등에서 실제로 일어난 일이나 사건 등이 될 것이다. 《고려국사》가 남아 있지 않아 그러한 것을 직접 확인할 수는 없지만, 《고려사》에서 보

43) 《세종실록》 권30 세종 7년 12월 임신.

면 그러한 사실들은 여기저기 단편적으로 기록되어 있다. 이러한 '성사' 종류의 사실을 개서하는 것은 사실 자체의 심한 왜곡을 수반하지 않고서는 힘든 일이다. 변계량이 이러한 것까지 무리하게 추가로 개서한 때문에, 앞에서 보았듯이 이선제 등의 사관이 사실이 인멸되었다고 문제를 제기한 것이다(2절 2)소절에서 검토).

정도전이 고려 황제제도의 '참의지사'와 '성사'로 구분한 사실들은 실제로는 별도로 분리될 성질의 것이 아니었고, 서로 밀접히 연관되어 그 시대 역사 진행에서 중요한 내용을 구성하고 작용한 것들이다. '참의지사'라는 말 자체가 사실은 그러한 역사에 대한 제대로 된 인식을 결여한 데서 나온 것이다. 그리고 이러한 역사인식의 한계는 비단 정도전에 국한되는 것이 아니었다. '참의지사'라는 말로 고려의 황제제도를 규정하는 것에 직서와 개서 논쟁에 참여한 어느 누구도 이의異義가 없었던 것은 그 점을 잘 드러내 준다.

고려 '황제'가 금기어가 되고, 그에 수반된 제도들이 개서된 데는 앞 소절에서 보았듯이, 국초 명나라와의 긴장관계가 큰 요인이 되었다. 정도전이《고려국사》를 편찬하던 때에 견주면 세종대 초의 상황은 그러한 명나라와 긴장관계가 많이 완화되어 있었다. 그런데 오히려 변계량은 정도전도 개서하지 않은 '성사'까지 개서하고, 직서 원칙을 제시한 세종은 신료들의 강한 반발에 외롭게 고립되고 있었다. '성사'까지 개서를 한 것은 참람한 일을 그대로 둘 수 없다는 인식을 바탕으로 하였다.

그것은 조선 건국의 명분으로도 대두된 사대명분론과 관련된다. 변계량은 그의 졸기卒記에서 귀신을 섬기고 부처를 받들었다는 평을 들었으니,[44] 그의 사대명분론의 도학적道學的, 의리론적 기반은 조선 중·후기의 그것에 비교하기는 어려울 것이다. 그러나 그것은 상대적이어서, 고려 전기나 중기의 화이론자華夷論者들의 사대명분론과 비교하면 그가 훨씬 더 도학적이고 의리론적이었다고 볼 수 있다. 사대명분론은 추상적인 사상의 요소와 정치 노선과 연결된 이념의 요소를 함께 갖는 것인바, 그의 사대명분론은 매우 완강한 이념이었다고 할 것이다.

변계량은 이러한 사대명분론의 이념으로 고려 황제제도를 참람하다고 배격하며, 역사의 서술에 심한 경직성을 보였다. 이념화된 사대명분론은 변계량만이 아니라 그에게 동조한 개서론자들의 상당수, 조선 초 지배층의 상당수의 의식 속에 강하게 자리잡고 있었다. 이들은 이념화된 논리를 지속시키며 고려의 황제제도를 '참의지사'로 배격하는 성향을 유지하였다. 그 결과 이들은 세종의 오랜 노력으로 직서 원칙이 확고하게 된 후에도 황제제도 관련 내용의 확충이나 부분 삭제 최소화 등에서 소극적이어서 《고려사》의 편찬에까지 영향을 남긴 것으로 보인다.

다시 위 세종 7년의 기사로 돌아가면, ③, ④의 내용은 자세한 내용을 생략하고 간략화되어 검토가 필요하다. ③에서 윤회에게 서문을 다시 쓰게 명했다는 것은 윤회가 쓴 서문을 고쳐 쓰게 했다는 것이기보다는 전작인 변계량 개찬본을 직서로 고치면서

---

44)《세종실록》권48 세종 12년 4월 계사.

그 서문도 윤회가 쓴 것으로 바꾸었음을 말한 것으로 이해된다.

④ 변계량은 세종의 '독단' 운운한 윤회의 개작된 서문을 강력히 비판하며, 그것을 쓰지 말 것을 강청한 것이다. 그리고 탁신 역시 변계량의 의견에 동조하였다. ⑤ 이들의 비판에 세종은 자신이 말한 바는 사관이 모두 기록하였을 것이라 하였다. 즉 자신에 대한 역사적 평가는 사관의 기록에 따르면 된다고 하는 명분을 제시하여 이들의 비판을 인정하지 않겠다는 것을 우회적으로 표시하고, 윤회의 서문을 책에서 빼겠다고 하였다.[45]

또한 '당분간 변계량의 말을 좇겠다'고 하였는바, 이에 대한 조치의 구체적인 내용은 위 기록에는 없으나, 그것이 이후 '당분간'의 고려역사 편찬과 관련된 어떤 조치임은 분명하다. 그것을 그 뒤의 동향에서 보면, 《수교고려사》의 보급·보완 편찬 작업·그에 대한 논의 등이 일체 중지되었다. 그리고 변계량이 죽은 세종 12년에 처음으로 세종이 장래의 편찬 작업에 대해 언급한 것이 나타나고, 그로부터 다시 2년 후 편찬 작업이 재개된다. 이로써 보면, 당시 변계량은 개서의 주장이 논리적 타당성에서 세종의 직서 주장에 밀리자, 아마도 대명관계 등의 어떤 이유를 들어 그

---

45) 변태섭, 1982, 앞의 책, p.13에서도 변계량의 강청에 견디지 못하고, 《수교고려사》의 서문을 보류하였다고 보았다. 그런데 이 연구에서는 《세종실록》 권25 8월 계축조에 실린 《수교고려사》의 제1차 서문에 대한 언급이 없고, 위의 서문을 다시 쓰게 했다는 것에서 "《수교고려사》는 서문의 개제改製에 중점이 있었음이 나타난다"고 하였다. 그런데 《수교고려사》의 중점은 서문보다는 직서에 의한 내용 개찬에 있음은 위에서 본 바와 같다.

책의 보급이나 보완 편찬의 중지를 '강청'에 포함시켜 요구했던 것으로 생각된다.

변계량 같은 개서 강경파의 비판에 직면한 세종의 직서 원칙을 나서서 지지해 준 신료는 아무도 기록에 나타나지 않는다. 적어도 경연 등에 참여할 비중 있는 신료들 중에서는 세종의 직서 원칙을 나서서 지지해 주는 자가 하나도 없었음이 분명하다. 세종은 외로운 그 국면을 벗어나야 했다. 세종 5년 '대사천하'와 같은 '참의지사'에 관해서는 사료의 부분 삭제를 하여 드러나지 않게 한다는 타협안을 내고 나서도, 2년 후 세종은 '당분간'이지만 '변계량의 강청'을 들어주고 다시 물러서야 했던 것이다. 세종은 외롭게 버티며 '이실직서' 원칙의 불씨를 꺼뜨리지는 않았지만, 그에 대한 신료들의 반발이 얼마나 거셌는지를 보여준다.

4. 《고려사》의 '황제제도' 직서의 실상

1) 편찬 재개와 직서 원칙의 확인

"당분간 변계량의 말을 따르겠다"고 한 뒤, 《수교고려사》의 반포도 안 되고, 새로운 개편작업은 물론 그에 대한 논의도 사라진 공백기가 이어졌다. 세종 10년에는 집현전에서 효행 장려를 위한 자료를 찾는데, '《고려사》'가 춘추관에만 수장되어 있어서, 관련 초록을 뽑아 보내게 한 것이 보인다.[46] 변계량이 죽은 것은 세종 12년 4월이다. 그해 11월 경연에서 '《고려사》'의 장래의 개찬과 관련된 세종의 언급이 처음 보인다.

> " … 처음 《고려사》를 편수할 때는 권근權近이 이숭인李崇仁을 옹호한 글을 삭제하였오. 권근과 변계량이 개찬할 때, 다시 써넣었는데, 그 사실은 실정보다 지나쳤오. 이 역사책은 역시 완성되지 못한 책이니, 만일 개수改修한다면, 당연히 그것을 삭제해야 될 것이오. … "[47]

위에서 세종은 변계량 개찬본을 토대로 한 '《(수교)고려사》'에서 이숭인에 대해 서술한 잘못된 부분을 언급하고 있다. 세종은 그것이 권근과 변계량이 편찬할 때 잘못한 것이라며, 그것을 그대로 수용한 '이 역사책', 《수교고려사》는 '완성되지 못한 책'이라고 하였다.

그리고 '만일 개수한다면'이라는 말로 언젠가 개수에 다시 착수할 가능성을 내비쳤다. 변계량이 관련된 이숭인에 대한 서술의 불공정성을 언급한 것도, "당분간 변계량의 말을 따르겠다"고 한 '당분간'이 끝나감을 암시한다. 세종은 5년 전의 실패를 생각하

---

46) 《세종실록》 권42 세종 10년 10월 신사.
47) 《세종실록》 권50 세종 12년 11월 경신.

여 신중하게 운을 떼며 신료들의 반응을 탐색하고, 국면전환을
위한 분위기 조성의 첫발을 디딘 것으로 보인다.

세종은 두 달 후인 다음 해 1월 경연에서는 확고하게 의중을
천명하였다. 그리고 개서론자들의 반대에 부딪혀 중단된 편수작
업과 함께 직서 원칙도 다시 확고히 하였다.

> " … ① 전조前朝의 역사를 편수한 자가 종宗을 고쳐 왕
> 으로 일컬었으니, 이는 너무나 그 진상을 멸실시킨 것이오.
> 초楚 나라가 참람하게 칭왕稱王한 것을 공자가 이를 낮추어
> 서 자子라 호칭하고, 오히려 말씀하기를, '나를 알아주게 만
> 들 것도 《춘추春秋》이고, 나를 죄주게 만들 것도 《춘추》이다'
> 라고 하였는데, 후세 사람들이 역시 공자가 노魯나라 역사의
> 직필直筆에 필삭筆削을 가한 것을 비난하였오. 전조 역사를
> 편수한 자가 종을 고쳐 왕으로 일컬은 잘못은 명백하오. ②
> 《태종실록》을 편찬한 뒤에 전조의 역사를 개수改修하려 하는
> 데 어떻겠오?" 김종서가 대답하기를 "옳은 말씀입니다"라고
> 하였다.[48]

① 세종은 공자의 춘추필법적 개서도 후대인이 비난한 것을
의미 있는 것으로 정면 거론하였다. 이것은 변계량의 춘추필법에
대한 생각을 비판한 것으로 보인다. 변계량의 춘추필법에 대한
견해는 그의 시, 《《맹자孟子》를 읽다가 공자가 말씀한 "나를 알
아주게 만들 것도 《춘추》이고, 나를 죄주게 만들 것도 《춘추》이

---

48) 《세종실록》 권51 세종 13년 1월 경인.

다"에 이르러 느낀 바 있어 시를 쓰다〉에 다음과 같이 나타난다.

> 공자께서 성훈聖訓을 전한 뒤부터 / 一自宣尼聖訓傳
> 지금까지 천리天理가 거울처럼 밝았지 / 至今天理竟昭然
> 세인들은 춘추 지은 의미 모르고 / 世人不識春秋作
> 신하가 대권을 천단했다 말하지 / 只謂人臣擅大權[49]

　이 시는 변계량이 공자의 춘추필법의 개서를 적극 옹호하고, 그를 비난한 후대인들에 반대하는 생각을 나타낸 것이다. 변계량은 세종과 개서·직서에 대한 많은 논쟁을 하였으니, 그 과정에서 그의 춘추필법에 대한 생각은 이 시를 통해서가 아니라도 세종이나 신료들에게 잘 알려져 있었을 것이다. 세종은 고인이 된 변계량을 직접 지목하지는 않았지만, 그의 춘추필법에 대한 생각을 정면으로 비판하고 있는 것이다. 그리고 세종은 고려 역사 편찬에서 개서가 사실을 멸실시킨다고 '종을 왕으로 개서한' 예를 들며 비판하였다.

　②에서는 세종 13년의 이 시점까지 고려 역사 편찬이 중단되어 왔음을 다시 확인시켜 준다. 개수 작업 재개의 시기는 《태종실록》이 완성된 후로 보다 구체화되었다.

　《태종실록》은 세종 13년 3월에 완성되어 4월에 충주사고에 봉안되었다. 그리고 7년 동안 보류되었던 '《고려사》'의 보완 편수 작업이 다시 시작된 것은 세종 14년 8월이다. 세종은 신중하게

---

49) 《春亭集》 권1.

신료들에게 먼저 의견을 묻고 자신도 동의하는 형식으로 신료들을 앞장세워 자신의 복안을 구체화해 나갔다.

> ① 임금이 일찍이 '《고려사》'를 보고 춘추관春秋館에 명을 버렸다. "강목법綱目法으로 수찬修撰한다면 작은 일이 중첩되는 것은 다 기록하기 어려우나, 보기에는 편할 것이며, 편년법編年法으로 수찬한다면 보기에는 비록 어려우나, 사실을 서술함에는 상세할 것이니, 어떻게 이를 처리하겠오?"
> ② 맹사성孟思誠·권진權軫·신장申檣·정인지鄭麟趾·김효정金孝貞·설순偰循 등이 의논하여 아뢰었다. "대저 역사의 기록은 편년이 있고 난 후에 강목이 있었습니다."
> ③ 임금이 말하였다. "내 생각도 또한 그러하오. 편년의 필법으로 이를 수찬하여, 차라리 번거로운 흠이 생길지언정, 소략하여 사실을 잃지 않게 하오."[50)]

　① 세종은 먼저 강목체와 편년체의 장단점을 들며, 《고려사》의 편찬체제를 어느 쪽으로 할지를 춘추관에 묻고 있다. 세종 5년 개서와 직서 논의에서는 세종은 강목체에서 목의 직서를 강조한 바 있다. 그런데 여기서 '편년법' 수찬의 경우 직서 문제를 거론하지 않았다. 2년 전 경연에서도 분명히 언급한 '직서'를 당연한 것으로 기정사실화한 것이다. 세종의 물음에 개서 주장이 다시 제기되지 않는 한 직서 원칙은 재확인되어 기정사실로 굳

---

50)《세종실록》권57 세종 14년 8월 병신.

어지는 것이다. 심각한 형국에 이르렀던 논쟁을 거치면서 그 편찬 작업을 7년 동안이나 보류하며 버텨온 세종의 의중을 주무관청인 춘추관의 관리들은 누구보다도 잘 알고 있었을 것이다. 특히 좌의정으로 춘추관의 감사를 겸직하였을 맹사성은 7년 전 심각한 분위기의 경연에서 세종의 마무리 발언과 결정을 직접 들은 바 있다.

② 맹사성 등은 민감한 문제인 만큼 의견을 내는 형식이 아니라 역사 속에서 편찬의 경향을 말하는 형식으로 조심스럽게 답을 하고 있다. 곧 내용이 충실한 편년체 사서가 먼저 편찬되어야, 강목체 사서도 만들 수 있다는 것이다.

③ 세종은 자신의 생각도 같다고 동의하는 형식으로써, 종전에 진행해 오던 직서 원칙의 편년체 편찬을 계속하는 것을 확정하였다. 그리고 편찬에서 '차라리 번거로운 흠이 생길지언정, 소략하여 사실을 잃게 하지 말라'고 하였다. 세종 14년의 이 말은 보류되었던 편찬작업의 재출발을 명한 것이기도 하다.[51]

2) 편찬 작업 방식의 변화와 내용 확충 : 《고려사전문》

세종 14년 8월 병신일의 명령에 따라 《고려사전문》(이하 《전문》으로 약함)의 편찬사업이 시작되었다. 앞서 유관과 변계량의 《고려국사》 개찬이나 유관과 윤회의 《수교고려사》 편찬은 직서

---

51) 변태섭, 1982, 앞의 책, p.14에서도 이때 《고려사전문》의 편찬이 시작되었다고 하였다.

와 개서 등 서술원칙에만 세종이 직접 관여하고, 서술 작업의 진
행은 특정 소수의 책임자에게 맡기는 형태였다. 그런데 이제는
그런 방식이 아니었다. 앞에서 나온 세종 14년 8월 기사에서도
춘추관에 전지傳旨한 것이 보이듯이, 춘추관 조직을 이용해 그
인력을 배치하며 진행한 것이다. 이때의 작업은 자연히 산윤刪潤
단계 이전의 편년체 기사에 들어갈 자료들을 채록하고 정리하는
쪽에 치중하면서, 세종이 단계별로 직접 방향을 점검하고 정하
며, 인력도 배치하는 형태로 진행되었다.

세종 18년에는 의정부議政府 참찬參贊 신개申槩에게 '《고려
사》' 찬수를 명한 것이 보인다.[52] 세종 20년에는 이조판서 권제
權踶에게 '《고려사》' 편수를 명하였고, 다음 해 그가 원주로 폄출
貶黜되니 다음 달에 불러와 산질散秩만 갖는 상태에서 그대로
'《고려사》'를 편수하게 하였다.[53] 이 둘의 기용은 새로운 편찬이
시작된 지 4년과 6년이 경과한 시점에서 수집된 기초자료가 어
느 정도 축적되자, 그 산윤을 담당할 인력을 점진적으로 배치한
것이다. 이 두 사람은 뒤에 감춘추관사監春秋館事와 지춘추관사知
春秋館事로서 《전문》의 완성본을 바치게 된다. 그런데 이들의 위
치나 역할은 세종 초년 두 차례의 편찬책임자들의 그것과는 현
저히 달랐다. 우선 관직상의 지위도 권제의 경우는 세종 21년의
시점에서는 산질만 가진 상태로 작업에 참여하고 있었다.

이들은 편찬작업 전체를 이끄는 편찬책임자라기보다는 세종의

52)《세종실록》권111 세종 28년 1월 계유, 신개 졸기.
53)《세종실록》권108 세종 27년 4월 기미, 권제 졸기.

지시와 편찬원칙에 따라 산윤을 담당하며 재량권이 극히 제한된 편찬실무책임자였던 것으로 보인다. 이들의 편찬 참여가 졸기에만 나타나고, 해당 시점 실록에 임명기사가 수록되지 않은 것도 이들의 그러한 낮아진 위치와 관련된 것으로 생각된다. 뒤에 이들의 편찬이 문제된 것은 직서나 개서 같은 근본적인 편사 방침에 대한 것이 아니라, 개별 기사의 사사로운 이해관계에 따른 필삭불공筆削不公의 문제였다. 앞서 변계량의 경우, 그에게도 세종은 사사로운 필삭의 문제가 있었음을 지적했지만, 처벌하지는 않았다. 그것은 필삭 정도의 차이나 변계량의 조정 내 위치도 관련되었지만, 변계량에게 주어진 편찬상 재량의 범위와 관련되는 문제였다. 그러나 《전문》 편찬에서는 세종에 의해 전에도 거듭 문제된 필삭불공을 금지하는 등의 왕명이 있었을 것이니 구체적인 작업 재량권이 한정된 권제 등은 왕명을 어긴 것이 된다. 세종은 이미 사망한 권제 등의 관직을 추탈하고 제명하는 큰 처벌을 내리며, '참람'으로 논죄하였다.

세종 20년(1438) 3월 경연에서는 허후許詡가 세종에게 증보 작업의 현 상태와 '《고려사》'의 체제 두 가지에 대해 건의하였다.

(허후가 아뢰었다.) " … ① 국조國朝에 들어와 정도전·권근·하륜·윤회 등이 서로 이어서 찬수하였으나, 모두 이제현의 것을 따라서 소략하였습니다. ② 그러므로 다시 증보增補하여 첨가하도록 명하였으나, 오히려 소략한 폐단을 면하지 못하고 있고, 또한 역대의 역사를 편수하는 체례體例와도 다

롭니다. ③ 바라옵건대, 반고·사마천의 체재에 따라 기紀·전
傳·표表·지志를 지어서 본사本史를 만들고, 이어 윤회가 편찬
한 것으로 사략史略을 만들면, 거의 옛사람이 역사서를 만드
는 체례에 맞을 것입니다."

④ 임금이 즉시 지관사知館事 권제를 불러서 물었다. "허
후의 말이 어떠하오?"

⑤ 권제가 대답하였다. "허후의 말은 신도 또한 일찍이
들었습니다. 다만 '《여사麗史》'는 본초本草가 소략疏略하여, 만약
기·전·표·지로 구분하면 특히 《사기》의 체례와 같아지지 않
을 것입니다."54)

허후는, ① 기왕의 편사들의 소략함을 벗어나기 위한 ② 증
보·첨가 작업이 소략한 폐단을 면치 못하고 있고, 역사 편찬 체
례에도 맞지 않는다고 진단하였다. 그리고 ③ 그 타개책은 기전
체 본사를 만들고, 별도로 《수교고려사》를 기반으로 사략을 만드
는 것이라 하였다.

이러한 허후의 현상 진단과 타개책은 대체로 정확했던 것으로
보인다. 뒤에 편찬된 기전체 《고려사》를 보면, 2년 동안이라는
대단히 짧은 시간에 편찬되었다. 그 배경에는 2년 동안에 일부
새로 발굴한 자료도 있었겠지만, 《전문》이 편찬되기까지 오랜 기
간 수집된 자료가 있지 않았다면, 거의 불가능했을 것으로 생각
된다. 그리고 여러 〈열전〉이나 〈지〉의 기록에서 상당한 양은 편

---

54) 《세종실록》 권80 세종 20년 3월 을사.

년체 《전문》에는 제대로 들어가기 어려운 면이 있었을 것이다.
예컨대, 〈열전〉이나 〈지〉에 보이는 많은 양의 무편년 기사들은
대표적인 것이다. 또한 편년기사 가운데에서도 많은 분량의 제도
에 대한 기록을 하나의 편년 서술 속에 수록하면, 역사서술의 체
례가 번잡하고 혼란스러워질 것이다. 또한 〈열전〉에 들어 있는
중요인물의 많은 분량의 기록을 편년체의 줄기에 넣어도 같은
상황이 된다. 이러한 자료들의 일부는 《전문》의 편년체 서술 속
에 집어넣은 경우 체례에 맞지 않는 문제를 일으키고, 들어가지
못한 자료는 수집된 자료로만 남아 소략한 상태를 만들었을 것
이다. 그것이 ② 위에서 허후가 세종 20년 무렵의 진척상황에
대해 진단한 것이다. 그리고 그 타개책으로 기전체 본사와 사략
을 건의한 것도 11년 후 그렇게 방향을 잡았다.

   ④ 세종은 허후의 건의를 받고 결정하기 위해, 편찬 실무 책
임자 격인 권제를 불러 의견을 묻고 있다. 그리고 ⑤ 그의 의견
에 따라 기존 방식대로 작업을 그대로 진행하게 하였다. 권제의
판단대로라면, 아직 기전체로 편찬하기 위해서도 추가 자료 채록
이 더 필요한 상태였던 것으로 보인다.

   세종은 이처럼 지속적으로 편찬을 점검하고 중요한 결정에 직
접 관여하고 있었다. 다시 네 달 뒤에는 춘추관에서 《고려국사》
이래로 '우禑'·'창昌'으로만 서술하던 것을 '폐왕우廢王禑', '폐왕
창廢王昌'이라 일컫게 하며, 당시 신민들의 언급 속의 '왕王'·'상
上'은 그대로 두는 것이 어떤지를 물었고, 세종도 그대로 하라고
하였다.55) 세종 21년에는 편찬되고 있는 '《고려사》'에 고려왕실

이 용의 자손이라 한 전승을 집어넣을 것을 춘추관 관리 이선제 李先齊에게 직접 지시하였다.56) 이때의 세종의 지시로 현재《고려사》에 수록된〈고려세계高麗世系〉라는 고려 왕실의 선대에 대한 설화적 전승이 ─《전문》의 내용과 완전히 일치하는지는 알 수 없지만 ─ 들어가게 된 것이다.

《전문》은 세종 24년에 완성되어 감춘추관사 신개와 지춘추관사 권제 등의 이름으로 세종에게 바쳐졌다. 그 내용과 체제는 7년 뒤 개편논의에서 사관 신석조辛碩祖 등에 의해 언급된 것에서 일면이 나타난다.

　　① 이제 본사를 짓지 아니하고, 편년체에 갖추어 수록하고자 하니, 〔사실들을〕 배열하여 서술하기가 매우 어려웠다. ② 그리고 따로〈세계〉와〈지리〉가 있으니, 〔체계성 없이〕 덧붙임이 심하다. ③ 또 범례 안에 조회·제사·가구경행街衢經行·춘추장경도량春秋藏經道場·생신수하生辰受賀·왕자 탄생·사교예물賜教禮物·인일반록人日頒祿·연향중국사신燕享中國使臣 등과 같은 것은 모두 상시적 일〔常事〕이라 하여, 처음 나오는 것만 기록하고 나머지는 생략하여 기록하지 아니하였다. 만일 본사가 있고서 편년사를 만든 것이라면 가하지만, 지금은 본사가 없는데 이처럼 생략하니, 사체史體를 잃어 버린 것이다.57)(※〔 〕속은 필자 보충)

---

55)《세종실록》권82 세종 20년 7월 경인.
56)《세종실록》권84 세종 21년 1월 신묘.

① 《전문》은 편년체에 기전체 본사에나 들어갈 여러 가지 사실들도 배열하여 넣게 되니, 서술 자체가 매우 어려웠다. 이는 일찍이 허후도 비슷한 진단을 한 것이다. 자료 채록을 확보해도 그것을 서술에 추가하여 넣는 작업을 어렵고 더디게 하여, 누락과 소략의 문제를 지속시킨 주요 요인으로 보인다. ② 〈세계〉와 〈지리〉가 편년서술과 별도로 만들어졌다. ③ 상시적으로 반복되는 기사는 처음 것만 기록하고 뒤의 것은 생략하였다. 이 방식은 《고려사》의 경우 국왕이 친히 행한 것은 생략하지 않고 반드시 서술하는 방식으로 보완되었다.

《전문》은 세종 24년에 편찬이 완료되었다고 하지만, 새로운 개찬의 가장 큰 목표였던 중요 역사적 사실의 누락이 여전히 문제되었다. 세종 28년 요나라가 세자의 면복을 내려준 사실이 누락된 것이 발견되었다. 조선왕실의 선대 환조 등의 서술에도 누락이 발견되어, 도조부터 태조 대에 이르는 자취를 수색하여 점검하라는 지시가 내려졌다.[58] 그리고 세종 30년에 활자본으로 인출되었다.[59]

이 책은 이처럼 편찬의 출발부터 중간 단계는 물론 최종 마무리 간행단계까지 세종의 감독과 관리를 받았다. 인쇄가 된 다음 해인 세종 31년 1월에도 두 차례 누락에 따른 개찬 지시가 내려졌다. 활자본으로 조판되었으므로, 이러한 보완작업이 용이

---

57) 《세종실록》 권123 세종 31년 2월 병진.
58) 《세종실록》 권114 세종 28년 10월 을사.
59) 《성종실록》 권138 성종 13년 2월 임자, 양성지 상소의 첫 조항.

하였던 것으로 보인다. 그런데 이 보완 과정에서 앞에서 언급한 권제·안지 등의 편찬에 불공정함이 드러나 처벌되었다.[60] 그리고 그에 따라 세종 31년에 반포가 중지되었다.[61]

이 책은 누락의 보완이 거듭되고 있었지만, 권제가 '구사舊史'를 산윤하여 자못 자세해졌다는 평을 받았다.[62] 여기서 주목되는 것은 《전문》 역시 앞에 편찬된 '구사'를 — 주로 직전의 《수교고려사》였을 것이다 — 이용하여 내용을 보완하고 추가하는 방법을 사용하였다는 점이다. 그리고 《전문》은 번거롭게 되더라도 소략하지 않게 하라는 세종의 지시에 따라 전 단계보다 내용이 대폭 확충되었다. 《고려사전문》이라는 제목도 그 내용이 풍부한 데서 나온 것이다.[63] 양성지도 이 책은 '실로 여사대전麗史大全'이라 하여, 그 내용의 풍부함을 중시하였고, 서적을 깊이 수장하여 만세萬世에 대비할 대상 책 가운데 《고려전사高麗全史》(기전체 《고려사》)·《고려사절요》·《고려사전문》을 나란히 열거하였다.[64] 자세하고 풍부한 내용의 책에 수많은 각종 사실들이 편년

---

60)《세종실록》 권123 세종 31년 1월 을유, 기유; 2월 임자; 2월 계유.
61)《성종실록》 권138 성종 13년 2월 임자, 양성지 상소의 첫 조항.
62)《세종실록》 권123 세종 31년 2월 계유.
63) 변태섭, 1982, 앞의 책, p.15.
64) 앞에 나온 양성지 상소문, 첫째, 셋째 조항.
    여기서 '여사대전麗史大全'을 양성지와 권람이 《고려사전문》을 개정한 책의 이름이라고 본 견해가 있다(변태섭, 1982, 앞의 책, p.41). 《실록》의 기사를 보면 이들이 세조 4년에 《고려사전문》의 '잘못된 곳을 개정'했다는 것은 수사불공으로 문제된 곳을 고쳤다는 것이다. 그리고 '여사대전'은 그렇게 따로 떼어낸 책 이름으로 볼 수 있는 것이 아니

순으로만 나열된 속에서는 사실 누락의 발견도 쉽지 않을 것이
니, 누락이 조금씩 계속 발견되어 보완된 것도 그 때문일 것이
다. 더구나 중요한 전고典故가 되는 사실 가운데 편년이 불분명
한 자료는 연대를 확인하는 것도 쉽지 않아, 편사하기가 매우 어
렵거나 불가능하였을 것이다.

3) 선행 성과·한계의 종합적 승계 그리고 약간의 진전 : 《고
　려사》

기전체 《고려사》의 편찬이 결정된 것은 세종 31년(1449) 2월
춘추관 회의의 결과였다.[65] 이 회의에서는 크게 두 가지 의견이
맞섰는데, 하나는 자세한 사실을 수록한 기전체 본사를 편찬하
고, 그에 맞추어 보기 편한 편년사도 편찬하자는 의견이었다. 사
관 신석조辛碩祖·최항崔恒·박팽년朴彭年·이석형李石亨·김예몽金禮
蒙·하위지河緯地·양성지梁誠之·유성원柳誠源·이효장李孝長·이문형
李文炯 등은 앞에서 인용한 바와 같은 편년체 《고려사전문》의 문
제점을 제시하고, 기전체 본사를 편찬해야만 다양한 사실들을 갖
추어 서술하기가 쉬워 소략함을 벗어난 역사편찬이 가능하다면
서, 기전체 본사를 먼저 편찬할 것을 주장하였다. 이 의견은 11

니, 문장 속에서 보면, "右의 《고려사(전문)》는 '실로 麗史大典'(고려
　역사의 대전)인데, 잘못된 곳을 이제 개정하였으니 … "로 되어 있어,
　《고려사전문》의 내용이 풍부함을 나타내는 말이다. 그리고 양성지는
　그 아래 조항에서 만세에 대비할 책으로도 《고려사전문》을 들었다.
65) 《세종실록》 권123 세종 31년 2월 병진.

년 전 허후가 제시한 것과 같은 것이었다.

다른 하나는 어효첨魚孝瞻 등의 의견으로, 기전체 본사를 편찬하는 것이 좋기는 하지만 현실적으로 쉽게 성취하기 어려우니, 《송사전문宋史全文》을 본보기로 그대로 편년체 《고려사전문》을 더 교정하여 반포하고, 필요하다면 기전체는 후일을 기하자는 것이었다.

지관사 김종서金宗瑞와 정인지가 두 의견을 세종에게 아뢰자, 세종은 처음에는 어효첨 등의 의견을 채택하였다. 이에 김종서 등이 동궁(뒤의 문종文宗)을 통해 편년체로는 사실들을 갖추어 기록하려면 서술이 막히는 예가 많다고 다시 아뢰자, 기전체로 개찬하도록 결정되었다.

《고려사》의 편찬도 처음부터 중요한 사실의 서술문제는 세종의 재가를 받아 시행하고 있었다. 《고려사전문》의 편찬 때와 마찬가지로, 특정 개인들에게 편찬을 맡기는 것이 아니라, 춘추관 조직이 단위가 되어 편찬을 맡았고, 세종이 중요한 국면마다 직접 간여하는 방식이었던 것이다. 세종 31년 4월에 춘추관이 세종에게 우왕·창왕 부자의 서술문제로 직접 재가를 받은 사실이 보인다.66) 세종이 이러한 위치에 있었던 것은 ⓐ 그간 세종이 확립해 온 직서의 원칙 등이 《고려사》 편찬에 그대로 계승된 것을 의미한다.

완성된 기전체 《고려사》를 문종에게 바친 것이 문종 원년

66)《세종실록》권124 세종 31년 4월 을묘.

(1451) 8월이니, 1449년 2월 편찬이 결정되고 나서 139권(목록 2권 포함) 분량의 역사책이 만들어지는 데 2년 6개월이라는 짧은 기간이 소요되었다. 이것은 첫째, 풍부한 내용의 편년체 《고려사전문》을 기전체로 개찬하는 방식으로 편찬하였으며, 이미 편년체 사서의 기사로 정리된 자료나 문장을 대부분 그대로 가져올 수 있었던 때문이다. 사료를 찾는 많은 노력이 절약되었고, 그 사료에서 거의 직접 인용 방식으로 역사서술에 맞게 문장화하는 작업을 거친 《전문》의 문장을 가져옴으로써 그러한 작업에 필요한 노력도 절약되었다. 이로써 ⓑ 《고려사》는 그 직전 《고려사전문》을 일차적으로 물려받았다. 그리고 그 영향은 위로 소급될수록 조금씩 옅어지지만, 한 다리 건너 《고려사전문》에 반영된 《수교고려사》, 그전 변계량의 《고려국사》 개찬본, 다시 그전 《고려국사》 등도 간접적으로 물려받아, 그 내용과 편찬 경향이 이어지게 되었다.

둘째, ⓒ 기전체 형식을 취함으로써, 내용의 확충 작업이 그전 편년체보다 대폭 용이해졌기 때문이다. 예컨대 어느 한 제도에 대한 기사가 여러 일시에 걸쳐 있고 서로 밀접히 연관되어 한 덩이를 이루는 경우는 〈지志〉로 서술하는 것이 월등히 쉽다. 대략적 연대만 드러나나 전고로서 중요한 자료 같은 경우는 편년체에서는 손대기 힘든 자료들이다. 이러한 경우도 기전체는 쉽게 수용할 수 있다. 〈지〉 때로는 〈열전〉에 보이는 무편년 기사, 대략적 연대만 드러나는 기사 등이 이에 해당한다. 물론 반대의 경우도 있으니, 하나의 조서詔書에 들어 있는 내용이 〈세가〉나

〈지〉의 여러 항목에 나누어져, 사실 파악에 문제를 일으킬 수 있고, 분해된 일부는 어디에도 집어넣지 않아 사라지는 경우도 있었을 것이다. 앞에서 보았듯이 양성지가 《고려사》가 있음에도 《고려사전문》의 풍부한 내용을 높이 산 것은 그 책에만 있는 사실들도 발견되는 때문이었을 것이다. 그러나 전체의 내용은 당연히 《고려사》가 월등히 풍부하였으니, 양성지는 《고려전사高麗全史》라 하며, 세 책 가운데 《고려사》를 첫째로 꼽았다.

《고려사》는 위 ⓐ, ⓑ에서 검토한 바처럼, 세종이 즉위 초부터 꿋꿋하게 추구해 온 '참의지사'의 직서 원칙, 정확히 말하면, 제한적 직서의 원칙을 그대로 물려받았다. 그리고 그전 단계에 편찬된 책들의 기사 내용도 직접·간접으로 대부분 이어받게 되었다.

우선 고려의 황제제도를 '참의지사'로 규정하는 것도 그대로 물려받았으며, 그 핵심인 고려의 '황제'·'천자'라는 위호를 금기어로 여기는 것도 그대로 물려받았다. 《고려사》의 〈범례〉에서 그것은 잘 나타난다.

> 一 세가世家. … 무릇 종宗이라 일컫고 폐하陛下·태후太后·태자太子·절일節日·제制·조詔를 일컬은 따위는 비록 참람하고 분수에 넘치나〔僭踰〕, 여기서는 당시 일컬은 바에 따라 기록하여 사실을 존치시킨다. …

위에서 보듯이 《고려사》는 〈범례〉에서 고려의 황제제도를 참
람한 것으로 비판하고 〈본기本紀〉라 하지 않고 〈세가世家〉라 했
으나, 사실을 남기기 위해 직서한다고 하였다. 그러나 정작 핵심
제도인 군주의 '황제'·'천자' 위호는 범례에서조차 언급이 배제되
었다. 물론 〈범례〉만이 아니라 〈세가〉 등에서의 서술에서도 그것
은 마찬가지이다. 그것은 철저히 사료에 따라 편찬을 했다 해도,
가능하면 칭제 사실이 들어간 서술이 없는 자료를 선정하거나,
어쩔 수 없이 선정된 자료에 들어 있는 경우 그 위호들을 부분
삭제하거나 왕으로 개서한 것을 의미한다. 또한 황제 위호가 금
기어가 된 상태에서 '왕'으로 개서한 경우가 적어도 《고려국사》
나 변개량의 《고려국사》 개찬본 단계에는 많았을 것인데, 이에
대한 직서로의 전환은 처음부터 논의되지도 않았고, 시행된 적도
없었다. 그 후 직서 원칙이 적용된 《수교고려사》 이후에도 고려
의 황제 위호는 가능하면 부분 삭제되었을 것이나, 부분 삭제가
불가능한 경우 '왕'으로 개서되었을 것이다. 황제 위호는 처음부
터 끝까지 직서 원칙의 대상으로 제시된 적도, 개서한 것을 직서
로 고치도록 한 적도 없기 때문이다.

앞에서 보았듯이 당시의 편사자들의 다수는 사대명분론에 투
철한 사람들이었다. 그들은 세종 7년에 황제 위호가 아닌 그에
부수되는 제도명칭들에만 적용되는 직서 원칙의 편사도 중단시
킨 바 있다. 편사가 재개된 세종 14년 이후 편사자들 가운데 전
처럼 적극적으로 나서서 개서를 주장하거나 직서 원칙에 반대한
사람은 없었으나, 아마도 다수는 직서 원칙 적용에 소극적으로

따르는 정도였다고 보인다. 7년 전 실패를 경험한 세종이 재위 14년에 직서와 내용 확충을 목표로 역사 편찬을 재개하며, 초기에 보여준 조심스러운 접근도 이들의 그러한 성향을 의식한 것이었다.

제한적 직서의 원칙은 고려 황제제도의 핵심인 황제 위호만이 아니라, 그에 준하며, 그 실질적 의미를 내포하는, 황제제도의 핵심 사실인 '대사천하大赦天下'의 '천하'를 직서의 대상에서 제외하였다. '대사천하'를 '대사경내'로 개서하지는 않았지만, '천하'를 부분 삭제하고 '대사'로만 기록한 것이다. 실제로 《고려사》에는 고려 군주가 내린 '대사천하'의 기록은 하나도 남아 있지 않고, '대사'라는 기록만 보인다. '대사천하'가 내려질 실제 의미를 갖는 '천하'라 할 시기가 고려 전기의 일부에 존재하였는바, 그 시기에도 모두 '대사'로만 나타난다.

부분 삭제 방식은 '대사천하'의 '천하'에만 적용된 것이 아니다. 《고려사》에는 그 중요한 구성 단위였던 고려 국경 밖의 '기미주羈縻州'에 대한 자료도 거의 완전히 삭제된 상태이다. 지금 남아 있는 극소수의 흔적은 그 파편들이다. 이 기미주 역시 지금 남아 있는 파편들을 기준으로 보면, 비교적 일찍부터 존재하였고, 문종 대 무렵의 여진 내투來投 기사에 따르면, 상당히 많은 기미주들이 형성되었던 것으로 보인다. 그러나 지금 남아 있는 기미주의 명칭은 하나 정도뿐이며, 그 내부 실상을 보여주는 기록도 파편 외에는 거의 남은 것이 없다. 고려를 맹주로 하여 고려의 관작을 받기도 하고 '고려적 제천의례'라 할 팔관회에 참석

하기도 한 '번藩'을 일컬은 고려국경 밖의 집단들에 대한 기록도 파편만 남은 상태이다.[67]

《고려사》는 선행 역사서를 이어 받은 것만이 아니다. 세종 31년이라는 시점에 기전체를 채택하여, 새로운 방식의 편사를 함으로써 여러 면에서 적지 않은 변화를 가져왔다. 특히 무편년기사, 편년체에 들어가기 어려운 특수 분야의 사실 등도 들어가면서 내용이 대폭 확충되게 되었다. 이것은 선행 역사서들보다 약간의 진전을 본 측면이다. 그리고 편찬시점도 고려의 황제제도의 핵심에 관한 자료가 통과할 실낱같은 틈새가 열린 때여서, 내용의 확충에 적지 않은 영향을 주었다.

머리말에서 소개한 〈악지樂志〉에 수록된 속악 〈풍입송〉은 선행 고려역사서에서는 절대로 서술 대상에 들어갈 수 없는 내용이다. 이 내용이 《고려사》에 들어간 것은 하나하나가 특수성을 갖는 대략 네 가지 조건들이 동시에 중첩되어 가능하였다. 그 조건 가운데 하나만 충족되지 않아도 서술에서 제외되었거나 부득이하게 현재 남아 있는 원형과 다르게 변형되었을 것이다. 그 조건들을 검토하는 것은 《고려사》라는 역사책의 특성을 이해하는 데도 도움이 될 것이다.

---

67) 이에 대해서는 다음의 논저를 참조할 것.
　　노명호, 2009,《고려국가와 집단의식: 자위공동체·삼국유민의식·해동천자의 천하》,〈Ⅴ.해동천자의 '천하'와 藩〉; 추명엽, 2002,〈고려전기 '藩'인식과 '동·서번'의 형성〉,《역사와 현실》43.

그 조건의 하나는 《고려사》가 기전체의 체제를 채택하며, 특히 〈악지〉를 만든 것이다. 〈풍입송〉은 무편년기사라는 것만으로도 편년체였던 선행 역사서들에는 고려대상에도 들어가기 어려웠다. 게다가 그 내용이 속악俗樂이니 관심을 받기는 더욱 어려웠을 것이다. 〈악지〉를 만들며 그 내용을 확충하는 과정에서 속악 가운데 고려시대 궁중의 의례에서 많이 연주되고, 조선시대에도 가사는 바뀌었지만 많이 연주된 이 노래가 중요 사실로 부각되며 편사에 들어갈 수 있는 필수 조건의 하나가 생긴 것이다.

조건의 다른 하나는 《고려사》 편찬 작업이 진행된 시점의 대명관계를 중심으로 한 동아시아의 국제정세였다. 1449년 8월에 명의 정통제正統帝가 여진 오이라트의 족장 에센也先의 공격을 받고 토목보土木堡에서 포로가 된 토목지변土木之變이라는 동아시아 정세를 흔든 사건이 일어났다. 이미 세종 대 후반에는 조선 국경 주변의 여진족에 대한 장악문제로 조선을 압박하던 명 영락제의 시대도 끝나, 조선은 세종 15년부터 30년 사이에 조선 북쪽으로 진출하며 여진 지역에 4군 6진을 설치하였다. 따라서 이미 세종 30년(1448)에는 대명관계로부터 받는 압박감은 이미 많이 완화된 상태였다. 여기에 토목지변은 그러한 추이를 더욱 진전시키는 큰 계기가 되었다. 특히 기전체 〈지〉의 편성 계획이 마련되기까지 시간이 필요했을 것이고, 실제 편찬에 들어가서도 〈악지〉의 내용순서를 보면, 우선적으로 편년체 사서 《전문》의 자료들을 편사編史하는 한편, 아악雅樂이 먼저 편사되고 그 다음 속악이 들어갔을 것으로 보이는바, 〈풍입송〉이 〈악지〉에 들어가게 된 때는 조선 조정에 토목지변의 자세한 사정이 알려지고 충분한 정세파악이 된 때였다. 토목지변과 같은 동아시아 정세를 뒤흔든 사건이 일어나지 않았다면, 고려 황제라는 금기어가 있고 고려 황제의 성덕을 노래한 〈풍입송〉은 다른 조건이 다 충족된다 하더라도 결코 《고려사》에 들어갈 수 없었을 것이다.

또 하나의 조건은 정인지라는 특이한 인물이 수사관에 들어가 〈악지〉 편찬을 맡은 것이다. 그는 수사관 전체에서 유일하게 음악에 큰 소양을 가졌던 인물이고, 당시 조선에서 당대 제일로 음악에 정통하고 업적을 남긴 인물이었으며, 〈악지〉의 서문도 그가 쓴 것이 밝혀진 바 있다.[68] 그가 고위 수사관으로서 〈악지〉의 편찬에서 산윤刪潤을 맡았음이 분명하나, 실무 수사관급修史官級은 누구였는지는 밝혀지지 않았다. 그러나 실무 수사관급 가운데 음악에 소양이 뛰어난 자는 없어, 누가 맡았든 정인지의 지시를 받으며 편찬했을 것이라는 추정은 납득되는 견해이다. 정인지는 안지安止 등과 함께 〈용비어천가龍飛御天歌〉를 지은 인물이기도 하다. 〈용비어천가〉는 자국 왕실의 선대를 신성시하여 노래하였다. 이러한 성향으로 보면, 정인지는 그와 유사한 고려 궁중음악의 가사를 중시하고 남기고 싶어 했을 인물이다. 정인지와 같은 소양과 성향을 갖는 인물이 수사관이 되지 않았다면, 〈풍입송〉이 《고려사》에 들어가기는 어려웠을 것이다.

마지막 조건은 수록된 것이 〈풍입송〉의 가사라는 점이다. 《고려사》가 편찬될 때는 상황이 달라져, 금기어인 고려 '황제'가 예

---

68) 전용우, 1986, 〈고려사 악지의 사학사적 검토〉, 《호서사학》 14.

외적으로 허용될 실낱같은 틈새가 생겼지만, 전체의 서술에서 금기어의 회피는 아직도 철저한 편이었다. 따라서 악곡의 가사가 아니라면, 다른 조건이 다 갖추어졌다 해도, 금기어는 부분 삭제 되었을 것이다. 악곡 가사는 부분 삭제를 하고 나면, 전체의 음악적 흐름이 무너져 그 수록 의미를 갖기 어렵게 된다. 〈풍입송〉이 좁은 틈으로 금기어의 예외적 허용을 통과할 수 있었던 조건이다.

위에서 본 네 가지 조건 가운데 첫 번째와 두 번째는《고려사》편찬단계에 새로 수집되거나《전문》편찬에서 유보된 자료의 사실들에 폭넓게 해당되는 조건이었다. 그런 계기가 마련됨으로써, 앞에서 언급한 ─ 일부는 언급하지 않은 것들도 있지만 ─《고려사》에 들어간 고려 황제제도의 핵심에 근접해 있는 사실들의 파편도 그 상당수는 《고려사》편찬 단계에 들어간 것으로 보인다.

5. 맺음말

세종은 많은 신료들의 반대를 무릅쓰고, 재위 기간인 32년 동안의 거의 전 기간에 걸쳐 힘들게 고려의 '참의지사', 즉 황제제도의 직서 원칙을 추구하였다. 세종이 직서 원칙을 추구한 데는 크게 두 가지 목표 또는 동기가 있었다. 그 하나는 조선 왕들의 묘호廟號에 조祖·종宗을 사용함에서 역사적 선례를 통한 정당성을 확보하려는 현실정치와 직결된 것이었다. 다른 하나는 사실을 변개하지 않고, 내용이 풍부한 역사서를 만드는 것이었다.

직서에 대한 기존의 이해는 근본적으로 수정되어야 한다. 직서는 황제제도의 핵심인 '황제'·'천자' 위호나 그 '천하' 등을 금기어나 그에 준하는 것으로 제외한, 부수적인 제도 명칭에 대한 것이었다. 세종이 현실 정치와도 관련하여 역점을 둔 조선 왕실의 '조·종'을 일컫는 묘호의 역사적 정당성을 확보하는 데 이들 금기어의 직서는 관련이 없었다. 그리고 그것은 당시의 대명관계나 사대명분론에 따른 신료들의 반발 등 국내외의 극심한 제한적 상황에서 가능한 일도 아니었다. 이 제한적 직서 원칙의 결과물인 《고려사》에서 고려 황제제도의 핵심은 거의 완전하게 삭제되고 그 파편들만 여기 저기 눈에 잘 띄지 않게 남게 되었다.

그렇기는 하지만, 제한적 직서 원칙은 비교적 잘 지켜져, 핵심 황제제도에 부수되는 제도들은 비교적 잘 남았다. 그리고 그것을 토대로 하면, 연관되는 핵심적 제도의 파편조각들을 다시 제자리에 배치하는 작업도 어느 정도 가능하다.

물론 이러한 것들이 가능한 것은 일차적으로 '제한적 직서 원칙'이라도 힘들게 지켜내며, 신료들을 이끌어 간 세종의 노력과 역사를 멀리 보는 안목이 있었기 때문이다. 그리고 재위 3년 무렵 세종의 직서 원칙이 제시되는 계기를 만들고, 그 기본 방향을 먼저 주장했던 사관들의 역할도 주목해야 할 것이다. 《고려사》가 편찬되기까지 사대명분 이념에 편향된 목소리가 집요했던 역사의 국면들에서 이들처럼 눈에 잘 뜨이지 않는 뒷자리에 위치하여 제 역할을 해 준 사람들의 노력은 비단 세종 3년 무렵에만 국한되지는 않았을 것이다.

역사학계는 역사서술에 적용된 '술이부작述而不作' 원칙의 객관성을 과도하게 평가하였고, 《고려사》 편찬의 직서 원칙을 거의 액면 그대로 전면적 직서 원칙이라고 파악해 왔다. 그러한 상태에서 《고려사》를 전적으로 신뢰하며, 그 사료적 특성을 파악하지 못한 상태로 그대로 받아들였다. 그 결과가 머리말에서 말한 학계 일각의 고려 황제제도에 대한 인식 상태이다.

고려의 황제제도는 그 실시에 대해 고려 당시에도 정파 사이에 심각한 대립이 있었고, 국내외 정세의 변동과 연동되며 시기별 변동의 진폭도 컸다. 약 3세기 반 정도에 걸쳐 존재한 이 제도는 국내적으로도 그 시대의 문제에 대응하기 위한 고민의 일환이자, 치열한 국제적 경쟁과 정세에 대처하는 당시 사람들의 방식이자 태도이기도 하였다. 고려시대 사람들이 거쳐 간 중요한 역사적 국면들의 내용이기도 한 이 제도를 간과하고 외면한다면, 그 시대의 중요한 역사상은 제대로 이해될 수 없을 것이다.

제二장

새 자료들로 보완한 《고려사절요》와
《수교고려사》의 재인식

1. 머리말

조선 세종이 추진한 '직서直書' 방침이 적용되며 《수교고려사
讎校高麗史》·《고려사전문高麗史全文》·《고려사高麗史》·《고려사절요
高麗史節要》가 차례로 편찬되었다. 이 가운데 공식적으로 반포되
어 남은 것은 《고려사》와 《고려사절요》(이하 《절요》)로서 현재에
도 고려시대 연구에 양대 중요 사료가 되고 있다.[1] 네 역사책들
사이의 관계를 파악하는 것은 《절요》와 《고려사》의 사료적 특성
을 이해하는 데 필수적이다. 그것은 종종 사료 해석을 근본적으
로 달라지게 하는 문제이기도 하다(본론에서 그 몇 가지를 검토
함). 네 책에 대한 기존 연구 성과들이 있으나, 《절요》와 《수교》에
대해서는 기본적 사실 파악을 달리하는 이설들이 제기되고 있다.

---

1) 이 장에서는 다음과 같이 약호를 사용한다. 《高麗國史》-《국사》, 《讎校
   高麗史》-《수교》, 《高麗史全文》-《전문》, 《高麗史節要》-《절요》.

앞서 세종이 추구한 '직서直書' 방침이 그 핵심 대상을 제외한
부수적 대상에만 적용되는 것이었음을 밝히고, 그 제한적 '직서'
가 《고려사》의 편찬에 적용된 실상을 살펴본 바 있다.[2] 그 검토
에는 《수교》와 《전문》의 편찬 과정도 대상이 되었다. 그러나 《절
요》에 대해서는 다룰 사실들이 많아 별도의 집중적인 검토가 필
요한 과제로 남겨두었다. 그에 따라 《절요》 및 그와 연관된 《수
교》에 대하여 이 장에서 검토하기로 한다.

《절요》와 《수교》의 관계에 대한 선행 연구들은 주로 《절요》로
개찬된 책인 저본底本 문제를 중심으로 검토하였다. 그 주요 논
지를 살펴보기로 하자.

《절요》의 저본을 《수교》로 보는 설(이하 《수교》설로 약함)은
김상기에 의해 제기되었다.[3] 문종 원년(1451) 8월 25일에 문종
의 재가를 받고 착수하여, 다음해 2월 20일에 김종서 등이 《절
요》 35권을 왕에게 바쳤으니, 반년 만에 거질의 책이 찬수된 것
을 주목하였다. 그리고 이것은 《절요》가 이미 편찬되어 있던 《수
교》에 약간의 개수를 가한 것이므로 가능했다고 하였다. 그런데
편찬기간 이외의 다른 논거 자료는 없었다.

한영우는 《수교》설에 다음 같은 논거를 추가하였다. 성삼문이
언급한 《절요》로 개찬된 '세종대 완성되어 사인私印되기도 한

---

2) 노명호, 2014, 〈《고려사》의 '僭擬之事'와 '大赦天下'의 '以實直書': 핵심
   이 삭제된 고려의 황제제도〉, 《한국사론》 60; 노명호, 이 책, 앞의 제
   一장.
3) 金庠基, 1960, 〈高麗史節要解題〉, 《高麗史節要》, 동국문화사.

책'에서, 《전문》은 정식 인출되었으므로, 사인된 것은 《수교》일 가능성이 많다. 또한 《전문》은 단기간에 개찬되기 어려운 큰 분량이고, 《고려사》의 저본이 되었으며, 세조 대에 따로 개정된 만큼, 《절요》의 저본이 아니다. 《국사》 - 《수교》 - 《절요》는 기본적으로 같은 계통의 사서이다. 《절요》는 그 〈범례〉가 《국사》의 그것과 유사하고, 《절요》에서 왕의 성품과 치적을 평가한 문장이 정도전의 〈군도君道〉의 내용과 거의 유사하다고 하였다. 한편 《수교》가 세종 6년(1424)에 완성되었으나 세종이 거부하여 반포가 안 되었다고 추정하였다.[4] 이에 대해 변태섭은 세종이 아닌 변계량의 강력한 반대 때문이라고 한 바 있는데,[5] 역시 관련 자료의 구체적 검토는 되지 않았다. 근래의 연구에서 《절요》의 저본이 《수교》로 '추측된다'고 하였듯이,[6] 《수교》설은 아직 논증이 충분하지 않다.

김석형은 《절요》는 《국사》를 대본으로 해서 편찬된 것이기 때문에 《고려사》 〈세가〉와 계통을 달리했다고 하였다.[7] 그런데 논증이 소략하고, 《수교》 등에 대해서는 검토하지 않았다.

변태섭은 《절요》는 《국사》의 계통을 이어받았다고 보았다. 그 〈범례〉가 유사하고,[8] 《절요》에 나오는 57則 무명사신의 논찬이

---

4) 한영우, 1981, 《朝鮮前期史學史硏究》, 서울대출판부, p.85.

5) 변태섭, 1982, 《고려사의 연구》, p.13.

6) 장동익, 2010, 〈《고려사》의 편찬과정에서 改書〉, 《퇴계학과 한국문화》 46.

7) 김석형, 1965, 〈서적해제: 고려사와 고려사절요〉, 《력사과학》 1965-2.

8) 변태섭, 1982, 앞의 책, p.169; 1984 〈《고려사》·《고려사절요》의 纂修凡例〉, 《한국사연구》 46.

《국사》 찬자의 제작으로 그의 사관을 표시한 것이라고 하였다.[9]
《수교》에 대해서도 검토하였지만, 《절요》의 저본으로 언급하지는
않았다. 《수교》설과 거리를 둔 견해로 이해된다.

　《전문》이 저본이라는 설(이하 '《전문》설'로 약함)도 있다.[10]
편년체의 최종 편찬물이 《전문》이라는 것을 주된 근거로 들었다.
그런데 이 설이 다른 알려진 자료들과 상충하는 문제나 《전문》
과 《고려사》의 관계에 대해서는 검토하지 않았다.

　최근 이정란은 《전문》설과 《수교》설 모두를 회의적으로 보고,
《절요》가 '《고려사》'의 오류를 다수 수정한 것'이라 하였다.[11] 그
런데 제시한 기존 연구가 그 주장의 근거라는 것은 납득하기 어
렵다.[12] 또한 이정란은 《수교》나 《전문》이 세종의 직서주의를

---

9) 변태섭, 1982 앞의 책, p.176.

10) 윤국일, 〈《고려사절요》의 저본에 대하여〉, 《력사과학》 1991–1; 오항
　　녕, 1999, 〈조선초기 '고려사' 개수에 관한 사학사적 검토〉, 《태동고전
　　연구》 16; 김광철, 2011, 〈《고려사》 편년화와 고려실록 체제의 재구
　　성〉, 《한국중세사연구》 30, pp.155~8.

11) 이정란, 2013, 〈《고려사》와 《고려사절요》의 修史 방식 비교: 예종대
　　'왕언' 기록을 중심으로〉, 《한국사학보》 52.

12) 그 하나는(한영우, 1981 앞의 책, pp.108~110) 《절요》와 《고려사》
　　〈세가〉의 사관史觀과 서술 차이를 논한 것이다. 여기서 기사 유무의
　　비교는 《절요》와 〈세가〉만을 대상으로 하였다. 〈세가〉에는 없지만, 노
　　비안검법이나 태종 이방원의 정몽주 격살 지시는 〈열전〉에 자세한 기
　　사들이 있다. 다른 하나는(장동익, 2010, 앞의 논문) 개서·직서와 관련
　　된 《고려사》 기사의 정확성을 다룬 것이다. 이 논문에서 《절요》와의
　　비교 검토로는, 《선조실록》에 언급된 고려시기 충해蟲害 세 건이 《절
　　요》에는 수록되었는데 《고려사》에는 두 기사가 누락되었다고 한 것이
　　다. 그런데 이 역시 〈오행지〉 3에 수록되어 있다.

따른 것과 달리, 《절요》의 편찬자는 '제가制可'등의 왕언王言을 '종지從之'로 변개하였다고 보았다. 이 문제는 4절에서 자세히 다루기로 한다.

저본 문제를 중심으로 한 《절요》의 자료 성격에 대해 기존 연구들은 논증이 불충분하거나 추정의 상태를 크게 벗어나지 못하였고, 최근에도 이설들이 추가되고 있다. 불충분한 적은 자료들을 근거로 한 논의를 넘어서야 하고, 사료의 실증적 분석의 정밀성을 높일 필요도 있다.

《절요》 및 《수교》에 대한 이러한 문제들을 해결하는 데 활용되지 못한 중요한 자료들이 상당히 많다. 《절요》의 이본異本들에 담겨져 있는 중요한 정보들, 《세종실록》을 비롯한 《조선실록》에 제대로 검토된 적이 없는 자료들, 문집이나 고문서 자료들, 《절요》와 《고려사》의 정밀 대조에서 발견되는 대단히 많은 중요한 사실들 등이 그것이다. 이 장에서는 이러한 많은 새로운 자료를 활용하여 사실들을 추출하면서, 사실들 사이의 관계나 그 의미를 심층적으로 검토하려 한다.

2. 《고려사절요》의 〈범례〉와 《수교고려사》

《절요》의 〈범례〉를 〈고려국사서高麗國史序〉[13] 및 《수교》의 편찬 방침과 대조하여 정리하면 다음 〈표 1〉과 같다.14) 《국사》와 《수교》의 〈범례〉는 지금 전하지 않지만, 그 편찬 방침은 〈고려국사서〉와 《수교》 〈서문〉 및 《세종실록》 기사 등을 통해 알 수 있다.15)

〈표 1〉에서는 《절요》 〈범례〉 네 개 조항을 서술방침별로 필자가 나누어 정리하였다. 둘째 조항은 단락을 나누고 셋째·넷째 조항은 합쳐서 ①~⑩으로 정리한 다음, 그에 대조하여 〈고려국사서〉 서술방침을 재배치하였다. 이 열 가지 항목 가운데 《절요》와 《국사》는 ③과 ⑤~⑨, 여섯 가지 항목에서 일치한다. ⑨는 양자의 표현에 약간의 차이는 있지만 '신료의 중요 언론'을 기록한다는 기본 의미는 상통한다. 그런데 《절요》는 《국사》보다 《수교》에서 더 많은 것을 물려받았으니, ② '직서'에서도 일치한다. 이에 대해 몇 가지 사실과 함께 《수교》 〈서문〉을 검토해 보자.

《국사》에서 《수교》로 넘어가는 개찬 작업은 ⓐ 태종 이방원의 정적이었던 정도전 일파의 관점에서 정리된 고려 말 정치사 서술을 태종 일파의 관점에서 고쳐 서술하고, ⓑ 고려의 황제제도를 개서한 것을 직서로 고쳐 서술한 것이 주된 내용이었다. 윤회

---

13) 《절요》의 〈범례〉와 〈고려국사서〉의 공통성은 기존연구들, 특히 변태섭, 1984, 앞 논문에서 자세히 다루어졌다. 이 장에서는 그 차이점에도 주목하고, 양자에 《수교》까지 포함하여 검토하였다.

14) 국사편찬위원회 한국사데이터베이스 안에 있는 《고려사절요》 〈해제〉에 (http://db.history.go.kr/ introduction/intro_kj.html) 이 장에 들어갈 일부 내용을 언급한 바 있다. 단, 글의 성격이 책의 내용을 소개하는 것이었으므로, 새로운 논점을 검토하고 논증하는 것은 할 수 없었다.

15) 〈고려국사서〉에는 '범례'라는 말은 보이지 않으나, 《수교》 〈서문〉에는 《국사》의 '범례'가 언급되었다(《세종실록》 권25 6년 8월 계축).

〈표 1〉《고려사절요》〈범례〉와 《고려국사》, 《수교고려사》의 편찬 방향 비교

		《절요》〈범례〉	《수교》	〈고려국사서〉
①	정사正史를 고려한 축약	一. 지금 순서에 따라 편찬하면서, 으뜸가는 줄기의 요점을 취하도록 힘썼다. 치란治亂과 흥망興亡에 관계되어 거울삼아 경계할 만한 것은 모두 기록하였고, 나머지는 이미 정사(《고려사》)가 있으므로 생략하였다.	해당 없음	해당 없음
②	개서改書 – 직서直書	一. 종宗을 칭하고, 폐하·태자를 칭한 유의 일은 비록 참람하지만 옛날대로 직서하여 사실을 존치한다.	직서	원왕元王 이상은 참람한 흉내의 사실이 많으니, 종宗이라 칭한 것은 왕이라 기록하고, 절일을 칭했던 것은 생일로 기록하며, 조詔는 교敎로 하고, 짐朕은 여予로 기록한다. 명분을 바르게 하기 위함이다(改書).
③	일상적 조회朝會·제사祭祀	조회·제사는 일상적 일이므로, 사고가 있으면 기록하고, 임금이 몸소 제사한 것은 기록한다.	⇐	조회와 제사는 통상적 일이니, 사고가 있으면 기록하고, 임금이 몸소 제사한 것은 기록한다. …
④	통상적 불사佛事	사원 행차, 임금의 보살계 수계, 도량 개설은 당시 군주의 통상	학봉 김성일	해당 없음

		적 일로서 기록하기에 번거로우므로, 매 왕별로 처음 것만 기록하고, 사건이 있었으면 기록한다. 반승飯僧 수가 많아 큰 재물을 허비한 것은 반드시 서술한다.	가본 《절요》에 따르면 해당 없음	
⑤	상국 사신 왕래	상국 사신의 왕래는 빈번해도 반드시 서술하여, 중하中夏를 높인다.	⇐	상국 사신 왕래는 빈번해도 반드시 서술한다. 천왕天王을 높이기 때문이다.
⑥	재이災異	재이가 일에 징험徵驗한 것은 작은 것도 반드시 서술한다. 하늘의 견책을 삼가함이다.	⇐	재이와 수한水旱은 작은 것도 반드시 서술하였다. 하늘의 견책을 삼가는 때문이다.
⑦	유전遊田· 연락宴樂	유전·연락은 비록 자주 있어도 반드시 서술한다. 일예逸豫를 경계함이다.	⇐	유전·연락은 비록 자주 있어도 필서한다. 일예逸豫를 경계하기 때문이다.
⑧	대신大臣 현사賢士	대신 임면任免과 현사 기용의 시종始終은 다 기록한다.	⇐	재상宰相의 제배除拜를 기록함은 그 임무가 무거운 때문이다. 과거를 보여 선비를 뽑은 것을 기록함은 현사를 구함이 중한 때문이다.
⑨	신료臣僚의 중요 언론	장소章疏의 시행된 것, 일에 절실한 것은 또한 모두 기록하여 상고하는 데 예비하였다.	⇐	대간臺諫이 복합伏閤한 것은 관련 일의 기록이 없어도

				반드시 서술한다. 충신을 드러내는 때문이다.
⑩	우왕, 창왕 기년紀年	一. 신우辛禑는 왕망王莽의 예에 따라 기년을 쓰지 않고, 간지를 써서, 참절僭竊의 죄를 바로 잡았다. 一.《자치통감》의 기년법에 따라, 공양왕 원년 이전은 비록 신창辛昌이 재위했으나, 공양왕 원년으로 기년한다.	해당 없음	해당 없음

※ ⇦ : 《국사》부터 《수교》를 거쳐 《절요》까지 이어진 것.
 ⇐ : 위처럼 기본 방침은 이어지지만, 세부 표현은 다른 것.
 ( ) 속은 필자의 보충.

尹淮는 《수교》〈서문〉에서, 고려 역대의 《실록》, 민지閔漬의 《강목綱目》, 이제현李齊賢의 《사략史略》, 이색李穡의 《금경록金鏡錄》에서 자료를 채록하여 정도전과 정총이 3년 만에 《국사》 37권을 편찬하였다고 하고, 그 〈범례〉에 대해 다음과 같이 언급하였다.

 ㉠ 그 책을 살펴보건대 잘못된 것이 많다. ㉡ 〈범례〉에서는 원종 이상의 사실은 참람한 흥패가 많은 까닭에 종종 소급하여 개서한 바 있다고 하였다. 우리 주상 전하께서는 … 거듭 수교를 더하여 그 오류를 징정하라 하셨다. …16)

16)《세종실록》권25 6년 8월 계축.

위 〈서문〉에서 ㉠《국사》에 잘못된 것이 많다고 하면서도, ㉡《국사》〈범례〉와 관련하여서는 고려의 황제제도를 제후제도로 개서한 것만을 지적하고, 그 때문에 세종이 직서로 고치도록 한 것을 언급하였다. ㉡ '개서의 문제'도 ㉠ '많은 잘못'에 포함되지만, ㉠ 많은 잘못의 또 다른 중심적 문제는 ⓐ 고려 말 정치사 서술문제였다. 정적관계였던 정도전의 고려 말 정치사 서술에 대한 개찬 지시는 이미 태종이 내렸고, 그것이《국사》 개찬 작업이 시작된 중요 동기의 하나였다.[17] 그 작업은 태종이 문제 삼은 특정 정치적 사실들의 서술에 관한 것이었으니, 태종 이방원 일파가 집권한 상태에서 논쟁거리가 아니었고,《국사》〈범례〉의 문제도 아니었다. 그러나 ⓑ 개서-직서 문제는 오랜 시간을 끌며 격렬한 논쟁을 유발하였다.

ⓑ 개서-직서 문제는《수교》〈서문〉에서 ㉡《국사》〈범례〉의 주요사안으로 언급되었다. 위의 인용 부분 다음에 길게 언급된 내용 모두는 개서-직서 문제의 논쟁 과정과 관련된 것으로, 그것은《수교》〈서문〉 전체의 대략 2/3를 넘는 분량이다.《국사》〈범례〉에서 개서 문제 외에 다른 것을 더 문제 삼았다면, 기본 편찬 방침과 관련된 것이므로 그에 대한 언급도 반드시 있었을 것이다.《세종실록》의 관련 기사들에 나타나는《수교》의 개찬작업의 큰 방향 두 가지인 ⓐ 고려 말 정치사 서술 문제와 ⓑ 개

---

17)《태종실록》권27, 태종 14년 5월 임오. 이에 대한 자세한 검토는 노명호, 2014, 앞 논문; 이 책 제 I 편 제一장 2절 1)소절 '참의지사 서술 문제의 대두'를 참조할 것.

서—직서 전환 문제는 그 〈서문〉에 위와 같이 반영된 것이다. 다시 말하면, 고려 말 정치사의 문제는 〈범례〉의 문제가 아니므로 제외되고, 《수교》 〈서문〉은 《국사》의 〈범례〉에서는 개서 문제만을 바꾸고 나머지는 그대로 승계한 것을 보여준다.

다음으로 《절요》 〈범례〉의 ①·④·⑩ 편찬 원칙을 〈표 1〉에서 보기로 하자. ①은 정사인 《고려사》와 달리 간략한 내용을 지향한 《절요》 단계에 처음 들어간 것이 자명하고, ⑩ '우왕·창왕 기년' 역시 《절요》에 와서 달라진 것이다. 《고려사》는 우왕 대와 창왕 즉위년의 〈세가〉 내용을 〈열전〉에 넣어 서술하였다. 그리고 창왕 원년은 〈세가〉 공양왕 즉위조 뒤에 넣되, 공양왕 원년은 같은 해(1389) 11월부터로 하였다. 《절요》는 우왕의 경우, 기년을 간지로 표기한 다음 할주割註로 '신우 원년' 등으로 표시하였다. 특히 《자치통감》의 기년법을 도입하여, 11개월에 달하는 기간의 사실들이 창왕 원년이 아닌 공양왕 '원년'으로 바꾸어 표기한 뒤에 서술되었다.

④ '통상적 불사'의 서술 지침은 그것에 따른 개찬작업 과정의 세부적 사실들이 갑인자본 《절요》의 이본들 사이에서 발견되었다. 《절요》 갑인자본들은 지금까지 모두 같을 것으로 추측되었지만, 교정이 거듭되며 전후 1, 2, 3단계로 나뉘는 내용 차이가 있다. 그 가운데 가장 이른 제1단계 학봉 김성일가 소장본과 나머지 제2, 3단계 갑인자본들과의 차이는 가장 크다. 제2, 3단계 갑인자본 그리고 을해자본 삼자 사이의 차이는 글자 수준의 교정 차이이고, 을해자본에서 달라진 것은 대부분 새로 조판하면서

발생한 오자였다. 학봉가본과 다음 단계 이본들과의 내용 차이 중에는 《절요》 개찬과정을 보여주는 부분이 있다. 그 원문을 대조시켜 보면 아래와 같다.

〔학봉가본鶴峰家本〕 ○六月 <u>王如奉恩寺 自是 數幸寺院</u> ○王受菩薩 戒于大觀殿 ○秋七月 分楊廣忠淸州道爲二道 …

〔봉좌문고본蓬左文庫本 등〕 ○六月 王受菩薩戒于大觀殿. ○秋七月 <u>設消災道場于大觀殿三日</u> 分楊廣忠淸州道爲二道 …

위 두 자료는 《절요》 권12 명종 원년 6월과 7월의 기사이다. 《절요》 권12는 갑인자본 가운데 학봉가본, 봉좌문고본, 규장각 奎4240, 국립중앙도서관 일산귀2140이 있고, 을해자본으로는 규장각 奎3556이 있다. 이 다섯 이본 가운데 학봉가본에만 밑줄 친 '王如~寺院' 기사가 있다. 다른 네 이본들에는 이 기사가 없고, 학봉가본에 없는, 밑줄 친 '設消災~三日' 기사가 있다.

이러한 차이는 개찬작업 과정의 선후 결과에 따른 것이며, 학봉가본이 앞 단계이다. 그것은 첫째, 이본의 분포로 볼 때 그렇다. 전자인 학봉가본과 다른 후자에는 세 이본과 함께 을해자본도 있다는 점에서 뒤 단계라는 것이 잘 나타난다. 둘째, 위의 기사 외에도 권12에서 학봉가본은 후자와 다른 아홉 글자들이 발견된다. 후자의 네 이본에서 고쳐진 아홉 자는 '大正二十二年'을 '～ 二十三年'으로 고치는 등 학봉가본의 오자를 고친 것이어서 선후관계가 나타난다. 권12만이 아니라 다른 권들에서도 학봉가

본에는 후자와 다른 글자들이 나타나는 바, 그 상당 부분은 오자
이다.[18]

위에 인용한 기사들의 내용과 〈범례〉의 관계를 보면, 학봉가
본의 기사는 〈범례〉 ④의 통상적 사원 행차를 매 왕대 처음 것
만 기록한다는 방침에 따른 것이다. 이 방침에 따라 《절요》에는
이러한 기사가 문종 대부터 공민왕 대까지 십여 차례 수록되어
있다.[19] 어떤 사원에 행차했다는 기사 뒤에 '이로부터 여러 차례
사원에 갔다'는 문구를 붙인 것은 그 왕대의 다음 번 단순한 사
원 행차는 생략한다는 것이다. 실제로 그 뒤에 사원행차가 서술
된 경우는 어떤 다른 일들이 함께 결부되어 있는 기사들이다. 그
런데 명종 2년에 다음과 같은 기사가 학봉가본 및 여타 갑인자
본과 을해자본, 모두에 수록되어 있다.

十一月. 幸普濟寺. 自此, 屢幸寺院.[20]

학봉가본에 이러한 기사가 명종 원년과 2년에 두 번 수록된
것은 편찬 오류이다.[21] 그런데 이 명종 2년 기사를 삭제하면, 다

---

18) 이러한 교감결과는 《교감 고려사절요》로 집문당에서 2006년에 출간
되었다.
19) 《절요》 문종 원년 2월, 선종 2년 2월, 숙종 2년 6월, 예종 원년 4월,
인종 원년 정월, 의종 원년 4월, 신종 원년 3월, 희종 4년 8월, 고종 2
년 4월, 원종 원년 6월, 충렬왕 원년 3월, 공민왕 원년 8월에 그러한
기사들이 있다.
20) 《절요》 권12 명종 2년 11월.

음에 이어지는 명종 3년 기사 앞에 한 행이 빈칸으로 남게 된
다. 이것을 바로 잡으려면 그 뒤 권12의 끝까지 총 106면의 조
판을 모두 해체하여 한 행씩 앞으로 당겨야 한다. 《절요》의 찬자
들은 이 방법 대신 삭제한 기사 자리에 다른 기사를 집어넣었다.
그렇지만 편찬원칙에 부합하면서 알맞은 길이의 기사를 명종 2
년 11월 근처에서 찾지 못하고, 명종 원년 6월 근처에서 찾았던
것이다. 학봉가본에만 보이는 밑줄 친 '王如~' 11자 기사를 삭제
하는 대신 나머지 판본들에 보이는 명종 원년 추7월의 밑줄 친
'設消災~' 11자 기사가 들어간 것이다. 그것으로 3행의 조판만
고치면 되었다.

　　이러한 수정의 결과, 눈에 보이는 외형적 문제는 없었지만,
내용적으로는 〈범례〉 원칙에 맞지 않는 기사를 살리고 제대로
된 기사를 삭제한 것이다. 《절요》는 편찬기간이 6개월에 불과하
였는바 그 편찬자들이 이러한 방식을 택한 것은 기본적으로 당
시 공식 반포시간에 급히 쫓겼던 때문으로 보인다.[22]

　　④ '통상적 불사'에 대한 지침은 ③ '일상적 조회와 제사'와

---

21) 위 두 사찰의 행차 사실 자체는 《고려사》 권19 〈세가〉 명종 원년 6
　　월 임술, 명종 2년 11월 갑술에서도 확인된다. 그리고 〈세가〉의 두 기
　　사에는 '自此 屢幸寺院' 구절이 없다.

22) 위의 새로 들어간 기사는 동일한 11자가 〈세가〉에 있는바, 짧은 시
　　간에 그것을 찾았을 것이다(《고려사》 권19 〈세가〉 명종 원년 추7월 신
　　사). 이러한 교정을 한 시점은 갑인자본의 첫 공식인쇄가 된 날(《절
　　요》 발문跋文에 따르면 단종 원년 4월) 직전의 시간이 촉박한 때였을
　　가능성이 높다고 본다. 공식반포가 된 후에 변칙적 교정본을 보급하는
　　것은 공개적으로 더 큰 비판 거리를 만드는 것이기 때문이다.

통하는 면이 있다. 《국사》나 《수교》는 〈범례〉에 불교 관련 방침
을 명시하지는 않았지만, '임금이 몸소 제사한 것은 기록'하듯이,
임금의 단순 사원행차도 다수 기록했던 것이다. 《절요》는 그것을
각 왕대 처음 것만을 기록하는 것으로 바꾸며, 그것이 〈범례〉
조항으로 첨가되었다. 그리고 이 새로 첨가된 〈범례〉 조항의 적
용 오류에 따른 교정이 갑인자본 이본들 사이에서 위에서처럼
확인된다.

이상의 검토를 정리해 보면, 〈범례〉 또는 편찬원칙에서 ①·
④·⑩은 《절요》 편찬에서 처음 들어간 것이다. 《국사》의 ②·③·
⑤·⑥·⑦·⑧·⑨, 일곱 가지 가운데 《수교》와 《절요》는 공통적으
로 ② 개서-직서문제를 뺀 나머지 여섯에서 《국사》와 일치한다.
《수교》와 《절요》 사이에는 일곱 가지 모두가 일치한다. ② 개서
-직서 문제는 편찬 방침으로는 한 가지이지만, 《수교》의 《국사》
개찬 작업의 중심이고 대부분일 만큼 역사서술 전반에 파급된
영향은 실로 광범하였다. 그만큼 《국사》와 《절요》 사이의 차이는
광범하고, 《수교》와 《절요》 사이의 차이는 적은 것이다.

〈범례〉와는 별도의 문제인 고려 말 정치적 사건의 서술에서도
《수교》와 《절요》 사이에는 공통적이고, 《국사》와는 큰 차이가 있
다. 이러한 것들은 《절요》가 《국사》가 아니라 그것을 개찬한 《수
교》를 저본으로 한 것을 보여주는 중요한 자료이다.

《절요》의 〈범례〉가 그 저본인 《수교》의 편찬 원칙을 거의 그
대로 승계한 것은 그 편찬 방침에 보다 충실해지도록 추가 작업
이 되었다는 것을 의미한다. 《절요》가 6개월이라는 단시간에 편

찬된 책으로 보기 힘들 만큼 〈범례〉 편찬 방침의 구현에 높은 완성도를 갖게 된 것은 그 때문이다.

3. 세종 대 《수교고려사》의 사인私印과 활용 모색

《수교》는 세종 대에 《전문》의 편찬이 진행되는 속에서도 그 활용이 모색되었다. 세종 6년에 편찬이 완료된 《수교》가 반포가 안 된 이유에 대해서는 세종 반대설과 변계량 반대설이 있는바, 양자 모두 《수교》의 〈서문〉이나 그 관련 자료를 분석하지는 않았다. 그 자료들에 따르면, 세종은 재위 7년에 개서를 주장해 온 변계량의 '강청強請'에 부딪혀 당분간 그의 의견에 따르겠다고 함으로써, 《수교》 반포가 무산되고, 일체의 고려 역사 편찬 작업이 그 후 7년 동안 중단되었다.[23] 이 문제를 다음 자료와 관련하여 좀 더 검토해 보기로 하자. 단종 원년에 성삼문은 《절요》를 더 인쇄하여 배포할 것을 건의하며 다음과 같이 말하였다.

> 신이 듣건대, 《고려사절요》를 반포하여 하사할 것을 명하셨다고 합니다. …① 이 책은 태종 때 편찬하기 시작하여 세종조에 일이 끝났는데, ② 사람들에게 사인私印을 허락하

---

23) 노명호, 2014, 앞 논문; 이 책 제一장 3절 3)소절 참조.

였으나, ③ 책에 오찬誤撰이 있어 고칠 것을 명하여서 ④ 근일에 책이 완성되었습니다. … 24)

위에서 ② 사인을 허락한 '이 책'이 《전문》이라는 견해도 있으나,25) 《전문》은 공식 반포에 들어간 직후 수사불공修史不公의 문제로 세종이 반포를 중지시켜 사인된 책이 아니다.26) 또한 《전문》은 세종 14년 이후 원자료에서 채록부터 다시 시작하여 편찬한 책으로, 그전의 책들도 참고는 되었지만 태종 대부터 편찬이 시작된 책을 개찬한 것도 아니다.27)

① 성삼문은 '이 책'이 태종 대에 편찬이 시작되어 세종 대에 완성되었다고 말하였다. 그것은 태종 대에 시작된 《국사》의 개찬이 하륜의 사망으로 중단된 후, 개서를 확대한 변계량의 개찬본은 세종이 인정하지 않았고, 윤회가 《수교》를 완성하여 세종에게 바친 것을 말한 것이다. 그런데 변계량 등의 반대에 부딪혀 그 책의 반포 등 일체의 관련 일을 중단한 것이 편찬 완료 후 1년 4개월이 지난 세종 7년 12월이었으니, 인쇄를 위한 조판 또는 판각이 끝나 반포되기 직전이었던 것으로 보인다.

변계량이 죽은 세종 12년에 그 '당분간'의 시간은 끝났다. 그 해에 세종은 반포되지 않은 《수교》는 내용에도 고칠 점이 있다는 말로 장차 편찬을 재개할 뜻을 내비쳤다. 그 세종의 언급 속

---

24) 《단종실록》 권7 단종 원년 7월 정축.
25) 장동익, 2010, 앞 논문에서는 '이 책'을 《전문》으로 보았다.
26) 한영우, 앞 책, p.85에서는 이러한 이유로 '이 책'을 《수교》로 보았다.
27) 노명호, 2014, 앞 논문; 이 책 제一장 3절 3)소절.

에 ③ 오찬을 고치도록 명하였다는 것과 관련하여 세종이 지적한 이숭인에 대한 서술 문제를 볼 수 있다.

> " … 처음 '고려사'를 편수할 때는 권근이 이숭인을 옹호한 글을 삭제했다. 권근과 변계량이 개찬할 때에 다시 써넣었는데, 그 사실은 실정보다 지나쳤다. 이 역사책은 역시 완성되지 못한 책이니, 만일 개수한다면, 당연히 그것을 삭제해야 될 것이다. … "28)

위에서 세종은 이숭인에 대한 잘못된 서술이 고려 왕조사 편찬 과정에서 빼고 넣는 반전이 있었는데, 그것이 '이 역사책', 《수교》에 들어가 있는 잘못을 지적하였다. 현재, 《절요》에는 '권근이 이숭인을 옹호한 글'을 인용한 것은 보이지 않는다. 세종의 지적대로 고친 것이다. 이처럼 세종의 지적에 따라 고쳐진 것은 아마도 더 있었을 것이다. 그리고 그러한 것도 반영되어, 우여곡절 끝에 ④ 근일에 완성된 책이 《절요》이다.

세종은 재위 12년에 편찬 작업의 재개 가능성을 처음 말한 뒤, 재위 14년부터 고려 역사의 편찬을 다시 시작하였다. 세종이 반포 직전에 중단한 ② 《수교》의 사인을 허락한 것도 이 무렵이었던 것으로 보인다. 세종이 이 책의 사인을 허락한 것에 그친 것은 그 사이에 고려왕조 정사 편찬에 대한 세종의 목표가 상향되었던 때문이다. 그러나 사인을 허락할 만큼 《수교》의 활용 가능

---

28) 《세종실록》 권50 세종 12년 11월 경신.

성에 대한 세종의 생각은 남아 있어 신료들에게도 영향을 주었다.

세종 10년 10월까지도 '《고려사》'가 춘추관에만 있어서, 집현전에서 효행 장려를 위한 자료를 찾는 데 필요한 관련 초록을 뽑아 보내게 하였다.[29] 사인된 《수교》가 신료들 사이에 읽히게 된 것은 그 영향의 첫째이다. 그리고 그 책을 읽고 한 단계 더 나아간 활용방안을 생각하는 이들이 나오고 있었다. 《전문》의 편찬이 한창 진행되던 때인 세종 20년 3월 경연에서 허후許詡는 편년체로는 본사 편찬이 어려우니 기전체로 만들고 '윤회가 편찬한 것으로 사략史略을 만들 것을' 건의하였다.[30] 허후의 안은 당시에는 수용되지 않았지만, 그의 현상 진단은 정확했다. 특히 주목되는 것은 《전문》 편찬이 진행되는 중에서도 《수교》를 저본으로 사략을 만들자는 의견이 존재했다는 사실이다. 그러한 생각은 그에게만 한정된 것이 아니었다. 11년 후 김종서, 정인지 등도 기전체 편찬과 사략의 편찬을 건의하였으니, 그에 따라 편찬된 《절요》의 저본이 《수교》였다. 《절요》의 수사관修史官 명단에는 감춘추관사監春秋館事 김종서金宗瑞, 지춘추관사知春秋館事 정인지鄭麟趾 다음 세 번째로 지춘추관사 허후의 이름이 들어가 있다.

---

29) 《세종실록》 권42 세종 10년 10월 신사.
30) 《세종실록》 권80 세종 20년 3월 을사.

4. 《고려사절요》 기사에 적용된 두 가지 '직서直書'

1) 《고려국사》의 유산과 《수교고려사》의 《고려실록》 기사 첨가

고려가 황제제도를 시행하던 시기에 임금의 재가裁可는 기본적으로 황제에게 쓰이는 '제가制可', '조가詔可' 등으로 표현되었고, 때로는 황제와 제후의 구별 없이 공통적으로 사용되는 '종지從之'라는 용어도 사용되었다. 따라서 동일 내용의 기사에, 《고려사》와 《절요》 모두에 '종지'가 사용된 경우도 많다. 그런데 《고려사》에는 '제가'나 '조가'로 《절요》에는 '종지'로 기록된 경우가 있다. 예컨대, 정종靖宗 10년 11월 동북면병마사가 아뢴 내용을 임금이 재가한 것이 《절요》에는 '종지', 《고려사》〈세가〉에는 '제가'로 되어 있다.

두 책 모두에 수록된 동일 사실에 대한 기사 가운데 《고려사》에 '제가'로 되어 있는 39건을 검토한 논문이 있다. 그 집계한 세부를 보면, 39건 가운데 《절요》에는 35건이 '종지', 4건은 '제가'였다. 이에 대해, "《절요》는 《고려사》의 '제가' 내지 '조가'를 종지로 변경하는 수사법을 즐겨 사용했다"고 하고, '제가'라고 한 4건은 《절요》의 해당 부분 수찬자가 미처 '종지'로 고치지 못한 '단순한 실수'라고 하였다. 그리고 《수교》나 《전문》은 직서주의에 따라 《고려실록》의 용어를 그대로 살렸으나 《절요》는 달랐다고 하였다.[31]

---

31) 이정란, 2013, 앞 논문.

위 논문에서 주목한 《절요》에서 '제가'가 '종지'로 변개된 것은 나름으로 의미 있는 사실이다. 그러나 그 변개를 《절요》 편찬자들이 했다는 견해는 《절요》의 편찬방향이나 그 저본에 대한 사실 파악을 전혀 달라지게 하는 중대한 문제이다. 이 견해는 세 가지 면에서 근본적 재고가 필요하다.

첫째, 《수교》와 《전문》의 직서 원칙 반영을 같은 수준으로 보는 것은 두 책의 편찬 과정에 대한 자료들과 부합되지 않는다. 《수교》와 《전문》 찬자들의 직서에 대한 태도나 세종이 그 편찬에 관여한 방식과 정도는 큰 차이가 있었다.[32]

《국사》보다 개서를 확대한 변계량의 개찬본을 세종이 인정하지 않고, 유관柳寬과 윤회尹淮에게 직서 원칙에 따라 개찬하게 한 책이 《수교》이다. 세종의 명을 받고 유관은 즉시 직서에 반대 의견을 올렸다. 윤회는 자신의 사관史觀 및 소신과 다르지만, 직서를 추진한 세종의 명에 따라 《수교》를 편찬하였다. 하지만 그는 자신의 소신을 그대로 노출시켰으니, 〈서문〉에서 《수교》의 직서가 세종의 '독단'에 따른 것이라고 천명하고, 그에 형식적인 미사여구를 덧붙였다. 신료들의 끈질긴 반대에도 세종이 강행한 실상을 말한 것이므로, 세종은 그 〈서문〉을 문제 삼지 않았다. 그러나 그것은 변계량이 강한 반대를 다시 개진하는 계기가 되었다. 그 결과 세종은 그 〈서문〉을 폐기하고, 《수교》의 반포를 비롯한 모든 관련 작업을 '당분간' 중단하기로 하였다.

---

32) 이에 대한 사실들의 자세한 검토는 노명호, 2014, 앞 논문; 이 책 제一장 참조.

《수교》편찬 때와 달리, 7년 후 세종 14년에 재개된 편찬 작업은 수사관의 임명 방식 및 재량권도 크게 달라졌고, 자료 조사와 채록부터 다시 시작하며 세세한 문제에 수시로 세종이 점검하고 간여하였다. 이때에는 직서 원칙에 대한 약한 정도의 반발도 없었다. 그러한 편찬 작업의 일차 결과가 《전문》이었다.

둘째, '직서'의 당시 실상을 파악할 필요가 있다.[33] 세종은 두 가지 동기에서 직서 원칙을 추구하였다. 하나는 현실 정치적 동기이니, 중국 내부의 제후와 다른 조선 임금의 독자적 권위를 상징하는 태조·태종 등 묘호廟號 사용의 역사적 정당성을 확보하는 것이었다. 그것을 위해, 우선 그 역사적 선례인 고려왕조의 '조祖·종宗' 묘호가 개서되어 사라지는 것을 막고, 직서되어 그대로 드러나는 역사책을 만드는 것이 필요하였다. 다른 하나는 사실에 충실하고 풍부한 내용의 역사책을 만드는 것이었다. 개서된 사실이 역사의 기능을 손상시키는 문제, 관제까지 개서함이 초래하는 내용 혼란의 문제, 개서하면서도 제대로 된 기사를 만들기 어려운 데서 오는 소략함의 문제 등을 해결하는 것이었다. 그러나 조선 건국 초부터 억지 꼬투리를 잡아 조선에 협박과 압력을 가한 명나라를 의식해야 했다. 그리고 주자학 이념에 따른 사대 명분론을 신봉하는 신료들의 완강한 반대에 부딪혀야 했다.

그러한 역경 속에 추진된 직서 원칙에서 고려 임금의 '황제', '천자'라는 위호는 처음부터 금기어로 논외였고, 그러한 편찬방향을 언급한 〈범례〉에서조차 배제되었다. 또한 고려 황제가 내리는

---

33) 주 31)과 같음.

'대사천하大赦天下'등 황제제도의 핵심적 민감한 제도나 사실들
도 배제되었다. 다만, 묘호의 '조·종'이나 관제명 등 황제제도의
부수적인 제도들만 직서 대상이 되었다. 제제制·조조詔·칙勅 등도 그
러한 부수적 제도였다. 이러한 제한적 직서가 세종이 현실 정치
적 목적도 달성하고 사실 서술도 일부 회복하는 타협점이었다.
또한 세종은 '대사천하'를 '대사경내大赦境內'로 개서하자는 안
대신에 '천하'를 삭제하고 '대사'라고 하게 하였다. 이것은 제후
제도로의 전형적 개서는 아니지만 온전한 직서도 아닌 절충의
여지를 만든 것이다.

  황제와 제후 모두에 사용된 '종지'는 상황에 따라 제도적 의
미가 달라지고, 특정 상황에서는 전형적 개서와 온전한 직서 사
이의 절충적 의미를 갖는 용어이다. 그 상황별 문제를 보기로 하자.

  (ㄱ) 먼저 직서 원칙이 적용되는 경우를 보면, 황제제도의 다른
용어들이 심지어 같은 기사에도 공존하게 된다. 예컨대, 《절요》
문종 9년 8월에 이부吏部에서 아뢴 내용 속에는 '제지制旨'도 나
오고, 이부의 건의에 대한 '종지'가 기록되었다. 이런 상황에서는
'종지'의 제도적 의미가 중립적이어서, '제가' 등을 '종지'로 바꾸
어도 황제제도에서 사용된 '종지'처럼 되어 버린다. 이처럼 직서
가 원칙인 속에서 '제가' 등을 '종지'로 바꾸는 것은 개서로서의
효과가 거의 없다. 게다가 직서하라는 왕명을 수행하는 편찬자가
직접 의도적으로 '제가' 등을 '종지'로 바꾸어 서술한다면, 실효
도 미미한 행위로, 정치적 위험을 무릅쓰고 왕명을 어긴 물증을
남기는 것이다. 따라서 《절요》의 찬자가 직접 '제가' 등을 '종지'

로 바꾸었다는 것은 전혀 가능성이 없다. 더구나 그 찬자들의 대부분은 《전문》과 《고려사》의 편찬에 참여하였는데, 두 책의 편찬자들은 세종의 직서 원칙에 반대 없이 호응하였다. 그리고 《절요》는 〈범례〉 ②에 직서 원칙을 명시하였다.

(ㄴ) 전반적으로 개서가 되는 상황에서 '제가' 등을 '종지'로 바꾸는 것은, 고려의 황제제도가 드러나지 않게 개서하는 것이면서도 사실을 적게 손상시키는 가장 적합한 용어였다. 전반적 개서로 편찬된 《국사》에서 기사 속의 '제가', '조가' 등의 개서에 사용될 용어는 '종지'였다.

(ㄷ) 저본에서 '제가' 등을 '종지'로 개서한 것을 직서로 개찬하는 경우, 원자료에서부터 '종지'였던 것들도 혼재하므로, 개찬자가 적극적으로 원자료를 찾아 대조할 여건과 의지가 구비되어야 직서로 되돌릴 수 있다. 직서에 반대했으나 왕명이어서 따른 《수교》의 찬자는 직서에 소극적인 태도로 《국사》를 개찬하며, '종지'로 바뀐 '제가' 등을, 일일이 원자료와 대조하여 찾는 작업을 하지 않고, 그대로 두었던 것으로 보인다. 그것은 적어도 《수교》 찬자가 직접 원자료의 '제가' 등을 '종지'로 바꾼 것이 아니었다. 또한 황제제도의 직서된 다른 용어들과 공존하게 되어, 그것은 결과적으로 온전한 직서는 아니지만 내용적으로 문제될 것은 없었다. 또한 그것은 겉으로 잘 드러나지도 않았다. 세종이 일부 '종지'의 직서 전환이 안 된 것을 인지했는지는 알 수 없으나, 그것을 문제 삼은 흔적은 나타나지 않는다. 원자료와 일일이 대조하지 않으면, 그 변개 여부는 확정할 수 없다. 반년 만에 《절

요》를 편찬하며, 내용적 문제가 없는 '종지'에까지 시간을 쓸 여유는 없었을 것이니, 《수교》가 환원시키지 않은 '종지'들도 그대로 남게 되었다.

셋째, 《절요》의 '종지'로 변개되지 않은 '제가'·'조가'·'제종지制從之' 등의 표현이 있는 기사들의 편찬과정을 탐구할 필요가 있다.[34] 그러한 기사는 문종 대에 7건, 예종 대에 1건, 인종 대에 1건, 명종 대에 2건, 총11건이 보인다. 이 중에는 원자료의 것을 가져온 것으로 보이는 기사들이 있다. 그 한 예로서 《절요》 문종 11년 정월 기사를 원문 그대로 보자.

> <u>乙未 隕石于黃州 聲如雷</u>. 州上其石 禮司奏曰 "昔 宋有隕石 秦有星隕 晉唐以降 比比有之 此常事也 不關災祥. 今 以爲異而聞奏 實爲妄擧 請下有司 罪之." 制可, 遂還其石.

위 을미일의 기사에서 밑줄 친 부분은 《고려사》 두 곳에 중복 수록되어 있다.[35] 그러나 그 뒤의 '州上其石' 이하의 내용은 《고려사》에 없다. 원자료의 이 을미일 기사에서 《고려사》는 뇌성 같은 소리를 내며 운석이 황주에 떨어졌다는 사실 자체만을 수

---

34) 《절요》 권5 문종 11년 정월 을미; 문종 13년 2월; 문종 25년 5월; 문종 27년 4월; 문종 28년 5월(이상 모두 제가制可); 문종 31년 8월 (제종지制從之); 문종 32년 9월(제종지); 권8 예종 17년 7월(조가詔可); 권9 인종 9년 8월(조가); 권12 명종 11년 윤3월(제종지); 권13 명종 18년 10월(제종지).

35) 《고려사》 권8 〈세가〉 동년월일; 권54 오행지2 동년월일.

록한 것이다. 《절요》는 그 운석을 중앙정부에 바치자 중국의 선례를 근거로 통상적 일이며 재이災異나 상서祥瑞와 무관한 일을 가지고 지방관이 망동한 것이라고 처리한 고려왕조의 전례도 덧붙인 기록이다. 이러한 차이는 두 책의 기사가 각기 《고려실록》 등의 원자료에서 발췌한 것이 부분적으로 다른 데서 비롯되었다.

이와 유사한 차이로 보아야 할 기사들로는 《고려사》와 연도가 1년 차이 나는[36] 《절요》 문종 28년 5월 태사太史의 아룀에 대한 '제가' 기사, 《고려사》〈김부식전金富軾傳〉이나 〈이순우전李純祐傳〉과 기사 내용[37] 및 일부 어구들의 차이가 있고 연월 정보가 추가된 《절요》 예종 17년 7월 김부식의 상의上議에 대한 '조가' 기사나 이순우의 상주上奏에 대한 '제종지' 기사 등이 있다. 《고려사》〈송저전宋詝傳〉과 달리 사건의 월月 정보까지 수록한 《절요》 명종 11년 윤3월의 송저를 폄출하는 것에 대한 '제종지' 기사도 그러한 것일 가능성이 있다.

원자료에서 직접 발췌한 이 기사들이 처음 들어간 것은 《수교》 단계로 보아야 한다. 《절요》의 편찬에는 그렇게 할 시간이 없었고, 《국사》에서는 '종지'로 바뀌어 《수교》에도 '종지'로 수록되었을 것이기 때문이다.

《국사》의 개서를 직서로 고치기 위해서는 《수교》 찬자가 원자료와 비교해 보아야만 하였다. '수교讎校'의 '수讎'에는 '비교하

---

36) 《고려사》 권54 〈오행지〉2 금金에는 문종 29년 5월 신유일에 동일 기사가 수록되어 있다.
37) 《고려사》 권98 〈열전〉 김부식; 권99 〈열전〉 이순우.

여 바로잡는다'는 의미가 있다. 그리고 그 과정에서 때로는 원자료로부터 새로운 기사를 보충해 넣고 있었다. 다음의 자료에서 그것이 나타난다.

① … 윤회에게 명하여, 전조사의 천변天變과 지괴地怪를 갖추어 수록하지 않은 것은《고려실록》을 다시 조사하여 갖추어 수록하게 하니, 윤회가 사관 등에게 초록하게 하였다. 윤회가 경연에서 진강한 뒤에, 〈초사천변지괴단자抄寫天變地怪單子〉와 〈지관사유관서진정知館事臣柳觀書進呈〉 읽기를 막 끝내자, 임금이 말하였다. "이처럼 미소한 성변星變은 기록할 것이 못 되오.《고려실록》에 수록된 천변과 지괴의 정사(《고려국사》)에 기록되지 않은 것은, 구작舊作대로 두고 다시 첨가해 넣지 마시오. ② 그 군왕호君王號와 시호諡號는 모두 《실록》에 따라 태조신성왕太祖神聖王·혜종효공왕惠宗義恭王이라 하여, 묘호廟號와 시호가 그 실상을 잃지 않게 하시오. 그 태후·태자와 관제도 또한 모름지기 고치지 마시오. ③ 오직 '대사천하大赦天下'라 한 것은 '천하' 두 글자만 삭제하고, '천하'를 '경내境內'로 고칠 필요는 없오."38)

위에서 ②의 내용은 개서를 직서로 고치는 데,《고려실록》을 기준으로 대조한 것을 보여준다. 이 가운데 묘호와 시호의 문제는 태조·혜종 등의 묘호가 참람하므로 '~왕'으로만 기록하자는 주장을 한 지관사 유관의 〈지관사신유관서진정〉에 대해 답하는

---

38)《세종실록》권22, 세종 5년 12월 병자.

의미를 갖는 것으로 보인다. 묘호의 직서 문제가 세종의 현실 정치적 동기와 연결된 것은 앞에서 검토하였다.

세종은 이어서 몽고 복속기에 명칭이 격하되기 전 관제나 태후·태자 등을 《실록》대로 하라고 하였다. 직서는 세종이 추구한 내용이 충실하고 풍부한 역사책을 만드는 데도 필수적이었다. 그렇지만 세종의 직서 추구는 전면적인 것이 아니었고, 고려 황제 제도의 핵심에 해당하는 민감한 사실들은 제외하였으니, 이미 언급하였듯이 ③은 그 일면을 보여준다.

위 ①의 내용은 《고려실록》으로부터 새로운 기사를 보충해 넣기 위한 중간 단계의 작업을 보여준다. 그 일차적 작업으로 천변이나 지괴의 사실을 《고려실록》에서 초록하여 〈초사천변지괴단자〉를 작성하였다. '단자單子'라는 명칭의 문서 내지 문건은 조선시대 고문서 양식에서 국왕문서·관부문서·사인문서에 걸쳐 20종이 조사된 바 있다.[39] 다양한 용도의 단자류 문서들에서 공통적 속성을 추출한다면, '특정 용도를 위해 필요한 항목들로 구성된 양식이 있는 기본 정보 단위의 간단한 문건'이 된다.

단자들 가운데 주목되는 것은 큰 규모 편찬물의 바탕이 될 기본 정보단위들을 수집하기 위한 단자들이다. 〈선원록세계단자璿源錄世系單子〉나 〈호구단자戶口單子〉 같은 것이 그에 해당하며,[40] 민간의 족보族譜 편찬을 위해 모으는 〈단자〉도 여기에 해당할 것이다. 이 편찬물을 위한 단자들 역시 필요한 항목들로 구성되

---

39) 최승희, 1989, 《증보판 한국고문서연구》, 지식산업사.

40) 최승희, 위의 책, p.135, 328.

었으며 정해진 양식이 있는 간단한 문건들이다. 이것으로 미루어 보면, 〈초사천변지괴단자〉는 역사 편찬을 위해 사실의 연월일·사실의 내용·출전 및 권수 등의 항목이 들어간 개별 기사단위들을 발췌한 것, 또는 그것들을 모아 놓은 것이다. 이것은 《수교》 편찬에서 《고려실록》이라는 원자료로부터 초록 자료를 뽑아 모으고, 그것에서 선정하여 기사를 만드는 과정을 보여주는 것이다.

세종은 발췌된 기사의 미소한 성변들이 정사正史에 수록되기에 적합하지 않다고 하였으니, 그 대부분이 《수교》에 수록되지 않았을 것이다. 앞에 나온 문종 11년 정월 을미일 기사도 〈초사천변지괴단자〉 기사의 하나였을 터인데, 단지 운석 관련 사실이 아니라, 고려 정부의 처리 선례로서 수록된 것이다.

이상으로 볼 때 《수교》의 편찬에는 원자료로부터 추가 발췌한 것들이 포함되었음이 분명한바, 직서에 소극적이었던 《수교》의 찬자도 발췌한 원자료의 '제가' 등 용어를 '종지'로 바꾸는 일은 하지 않았던 것이다. 앞에서 언급했듯이 효과도 미미한 일로 편찬자가 직접 왕명을 어기는 위험한 행위를 하지는 않은 것이다. 또한 그것은 《수교》의 찬자가 본인이 원자료로부터 기사화한 것은 왕명대로 직서했다는 표시를 남긴 의미도 있다.

《절요》의 '제가'와 '종지' 용어의 혼재는 《수교》를 거의 대부분 그대로 수용한 것을 보여준다. 다만 《절요》 단계에서 추가된 것일 가능성이 있다면, 비교적 단순하고 쉬워 시간이 별로 들어가지 않는 《고려사》 〈세가〉와의 대조에 의해 추가될 수 있는 경우이다. 앞에서 든 '제가' 등 총 11건 중에서 보면, 양자 사이에 차이가 없는, 문종 25년 5월 헌사憲司의 상주에 대한 '제가', 문종 31년 8월 이당감李唐鑑의 상주에 대한 '제종지', 문종 32년 9월 도병마사의 상주에 대한 '제종지' 중에서는 그러한 것이 들어 있을 가능성이 없지 않다. 물론 이 세 기사도 《수교》에서 원자료로부터 추가한 것을 《절요》가 그대로 가져온 것일 수도 있다. 이 두 가지 가운데 어느 쪽인지는 현재의 자료로는 알 수 없다.

2) 《수교고려사》의 삭제에 의한 소극적 직서

기존 연구에서 《절요》의 특성으로 언급된 다른 것들 중에도 《수교》에서 비롯된 것들이 더 있는 것으로 보인다. 《고려사》와 달리 《절요》에 태조 대나 광종 대의 연호年號 건립에 대한 언급이 없는 것도 그러한 예의 하나이다.41) 두 책 찬자들의 사관과 부합하는 쪽은, 《절요》가 《수교》에 있었던 기사를 뺀 것이기보다는 《수교》에서부터 없었던 것이다.

유사한 다른 예로는 《목은문고牧隱文藁》의 〈죄삼원수교서罪三元帥敎書〉에서 직접 또는 간접적으로 연원한 것으로 보이는 《절요》의 공민왕 11년 3월조 기사가 있다. 같은 내용은 《고려사》 〈세가〉와 《동문선》에도 수록되어 있다.42) 《목은문고》의 〈죄삼원수교서〉는 《동문선》에 동일한 제목으로 ⓐ 서두부-'선지宣旨',

---

41) 한영우, 1981, 앞의 책, p.104; 이정란, 앞 논문, pp.23~24.
42) 《牧隱文藁》 권11; 《동문선》 권23; 《절요》 권11; 《고려사》 권40 〈세가〉 공민왕 11년 3월 정미.

ⓑ 본문-'칙서勅書'·'선시宣示' 등의 용어가 들어간 명령 내용, 그리고 ⓒ 종결부-'고자교시故玆敎示 상의지실想宜知悉', 세 부분이 동일하게 수록되어 있다. 《고려사》에는 ⓐ 서두부와 ⓒ 종결부는 삭제하고, '교왈敎曰' 다음에 ⓑ 본문의 내용을 수록하였다. 여러 인물들의 관직을 일부 생략한 것 외에는 '칙서'·'선시' 등의 용어도 포함된 본문 거의 전체를 수록하였다. 《절요》는 ⓐ, ⓒ 부분을 역시 생략하고, '교왈' 다음에 ⓑ의 내용에서 3/10도 안되는 골자만 추려 수록하였다. 7/10 이상이 삭제되며, '칙서'·'선시' 용어도 삭제되었다.

이는 《절요》의 간추린 서술이기도 하지만, 결과적으로 고려 전·중기 황제제도의 교서를[43] 14세기 이후 제후제도의 교서와 그 내용이 구분되지 않게 만든 것이다. 물론 이것은 원자료를 부분 삭제하여 인용한 것이므로, 엄밀한 의미에서 개서한 것은 아니다. 그러나 《고려사》 기사의 인용처럼 "제한적 직서 원칙"이지만 그것에 충실한 것과는 다르다.

〈죄삼원수교서〉 관련 기사들에 대해서는, 《고려사》의 '교서' 등으로 정리된 기사가 오류라거나, 용어의 정리가 통일되지 못한 것이라는 견해가 있다. 즉 《고려사》에는 황제제도가 시행되던 시기의 조서·칙서·제서 등이 모두 교서로 개서되었다가 직서 방침

---

43) 고려 전·중기 황제제도의 교서에 대해서는 다음의 연구 참조.
  노명호, 2000, 〈고려시대의 공신녹권과 공신교서〉, 《한국고대중세고문서연구(하)》, 서울대출판부, p.13; 박재우, 2005, 《고려국정운영의 체계와 왕권》, 신구문화사, p.69.

에 따라 환원하는 과정에서 철저하지 못하여 교서로 남은 경우
가 있다고 하였다.[44] 왜냐하면 중국의 제도에서 '교서'는 제후제
도이기 때문이라는 것이다. 하지만 중국의 제도와 용어가 고려에
서는 내용이나 의미를 다르게 사용하였던 경우도 있다. 이러한
일들에 대해서는, 중국의 제도는 참고는 하되, 고려 당시의 사실
자체를 정확히 파악해야 한다.

고려는 황제제도를 시행하며 조서, 제서, 칙서 등과 함께 교
서도 사용하였으니, 우선《동국이상국집東國李相國集》의 권33〈교
서敎書 비답批答 조서詔書〉, 권34〈교서敎書 마제麻制 관고官誥〉
라는 권별 표제에서 그것이 나타난다. 이 표제에는 교서가 조서·
마제 등과 함께 들어 있다. 그리고 이연수李延壽 등에게 마제와
교서를 함께 내린 사례들을 보면, 교서가 특정 부문에서는 용도
가 정형화되어 있는 면도 나타난다.[45]

《보한집補閑集》에도 제도적으로 마제와 교서를 함께 내리는
것이 서술되어 있다.[46] 특히《보한집》에는 그 교서의 연원과 관
련하여, "원수元狩 6년(B.C.127)에 처음으로 고誥를 지으면서 대
신에게 고시告示하기를 교敎라 하였는데, 진秦나라 제도이다"라고
하였다. 이 연원에 대한 최자崔滋의 진술이 참인지 여부와 관계
없이, 이것을 보면 당시 고려에서는 제후제도의 교서와 구별되

---

44) 김난옥, 2013,〈공민왕대 기사의 수록양식과 원전자료의 기사 전환방
식:《고려사》세가와《고려사절요》를 중심으로〉,《한국사학보》52, p.64.
45)《東國李相國集》권34〈李延壽爲守大尉門下侍郎 … 敎書麻制各一道〉.
46)《보한집》하,〈漢制帝書有四~〉.

며, 제서 등과 함께 황제의 문서의 하나로 인식되는 교서도 존재
하였던 것을 보여준다.[47] 그리고 그런 바탕에서 제서, 조서, 칙
서 등과 함께 교서도 사용되었다. 고려에서 '조서와 교서의 차이
를 크게 인식하지 않고 사용했다'는 견해도 있다.[48] 마제와 교서
가 함께 내려진 제도화된 사실들에 의거하면, 당시 모든 교서가
그러했는지는 모르겠으나, 적어도 일부 특정 문서양식으로는 '교
서'를 사용하는 정식定式 또는 관행이 나타난다.

〈죄삼원수교서〉가 이러한 고려 황제제도의 교서라면, 다음으
로 문서를 내린 공민왕 11년 3월 정미일 무렵의 상황을 살펴보
아야 하겠다. 재위 5년에 공민왕은 일련의 반원정책을 시행하
며,[49] 우선 사원事元 이후 격하된 관제를 그 전의 관제로 되돌
렸다. 당시 왕사王師였던 보우普愚는 남경南京으로 천도할 것을
건의하며 '제경帝京' 운운하였다.[50] 〈죄삼원수교서〉에 거론된 인
물들의 관직에는 문하평장사門下平章事, 동지밀직同知密直, 밀직
부사密直副使의 관직명과 함께 칙서勅書, 선시宣示 등의 용어가
들어 있다. 반원정책 시행 후 언제부터인가 전·중기 황제제도의
교서가 다시 사용되었던 것으로 보인다. 17일 후인 공민왕 11년

47) 노명호, 2000, 앞 논문 p.13; 박재우, 2005, 앞의 책, p.69.

48) 박재우, 위 책, p.72.

49) 이 시기 정치가 공민왕의 '반원정치'라는 이해에 대해서는 근래에 부
    정적으로 보는 견해들이 제기되었으나, 그에 대해서 다시 비판적으로
    검토한 이익주(2015, 〈1356년 공민왕 반원정치 재론〉, 《역사학보》169)
    의 견해가 기본적으로 타당하다고 본다.

50) 노명호, 1999, 〈고려시대의 다원적 천하관과 해동천자〉, 《한국사연
    구》105; 노명호, 2009, 《고려국가와 집단의식》, p.182.

3월 갑자일에는 다시 격하된 관제로 바뀌었는바, 황제제도의 교서도 이때 다시 폐지되었을 것으로 보인다.

《고려사》의 황제제도의 교서들은 그것이 반영된 《고려실록》이나 기타 문헌자료의 기사를 직접 채록하는 작업을 전면적으로 시행한 《전문》의 내용 및 그 편집 과정에서 수집된 자료를 반영한 것이다. 그것은 개서된 것을 직서로 고칠 때 빠뜨려 개서된 채로 남은 것이 아니다. 각종 문집이나 《동문선》 등에서도 보듯이, 고려 황제제도의 교서는 적지 않게 사용된 문서양식이어서, 그에 대해서는 최자, 이색 등 고려시대 사람들은 물론 《수교》나 《고려사》, 《절요》의 찬자들도 잘 알고 있었다.

《수교》를 편찬하며 세종 5년에 고려 임금이 내린 '대사천하'는 '천하'를 '경내'로 개서하는 대신 삭제하고 '대사'로만 기록하게 하였다. 그 결과 《절요》에도 '대사'로 되어 있는 기사들만 있다. 이처럼 '대사천하'와 같은 하나의 용어에서도 부분 삭제를 하는 속에, 문장 속에서 부분 삭제는 광범하게 행하여졌다. 〈죄삼원수교서〉의 내용을 사서에 옮기며, '교왈教曰'이라 한 것이나 그 서두부 및 종결부를 삭제한 것도 '당시의 직서 원칙'에 위배되지 않는다. 그 본문의 '칙서', '선시'를 부분 삭제 대상으로 한 것도 개서는 아니므로 '세종이 제시한 직서 원칙'에 위배되는 것은 아니다. 중요한 사건이므로 이 기사는 《수교》 단계에도 수록되었을 것인바, 《수교》 찬자의 소극적 직서 수용 방식에 따르면 그러한 부분 삭제는 필연적이다. 그리고 《절요》는 그것을 그대로 가져온 것이다.

5. 《고려사절요》와 《고려사》의 다른 내용과 그 배경

1) 기사 내용 차이의 한 가지 예: 졸기卒記

《절요》에는 고위 관리 등의 사망을 기록한 졸기卒記가 많이 수록되어 있다. 그 가운데 446건을 정리한 기존 연구가 있다.[51] 《절요》의 '졸기'가 《전문》과 거리가 있고, 나름으로 《고려실록》 등 원자료에 근거했을 것이라는 그 견해는, 《절요》와 원자료 사이의 연결 고리가 존재할 가능성을 열어둔 상태라면, 의미가 있다. 그리고 왕실 인물 등의 졸기를 제외한 것도 검토대상 자료군의 동질성 확보에 유효하다고 보인다. 단, 거사居士 수행을 한 이자현李資玄은 관력도 있고 고위 관인 가문의 출신이기도 하므로, 검토 대상에 넣어도 좋을 것으로 보인다.

《절요》 졸기는 《고려사》의 졸기(〈세가〉 또는 〈신우전〉 수록)나 본인 열전(〈열전〉 수록)과 여러 가지 차이가 있다. 우선 447건의 졸기(이자현 졸기 포함) 가운데 《고려사》 졸기와 중복되지 않는 것은 46건이다. 《고려사》 졸기 가운데 《절요》 졸기에 없는 것은 더 많다. 본인 열전을 포함하여 생각하면, 445건은 《고려사》에 졸기나 본인 열전의 둘 모두 또는 그중 하나가 있다. 《절요》에는 송홍열宋洪烈과 정연鄭珚의 졸기 2건이 있으나, 《고려사》에 졸기나 본인 열전 모두가 없다.[52] 이러한 것들은 《절요》

---

51) 김난옥, 2012, 〈《고려사절요》卒記의 기재방식과 성격〉, 《한국사학보》 48. 이 논문의 끝에는 446건의 졸기를 〈표〉로 정리하여 부록하였다.

의 졸기가 《고려사》와 기준이나 관점을 달리하는 별도의 계통에
서 만들어진 것을 의미한다.

2건의 졸기처럼 내용 전체가 《절요》에만 있는 것도 있지만,
부분적 사실이 《절요》 졸기에만 나타나고 《고려사》의 졸기와
〈열전〉에 없는 것이 72건이다. 총74건이 《고려사》에 내용의 일
부분이 없거나 그것과 다른 정보를 수록하였다.53) 전체의 약
1/3인 129건의 졸기에 연월·관작·성명만 수록하였고, 전반적으
로 열전보다 대폭 축약된 기록인 것을 고려하면, 74건 졸기의
추가 정보는 적은 것이 아니다.

이 74건 중에서 39건은 졸卒 연월의 정보가 추가되거나 다른
내용이 있다. 의종 5년 윤4월인 이중李仲의 졸기는 4월 계유일로
되어 있는 《고려사》 졸기의 누락 오류를 바로잡아 준다.54) 그

---

52) 《절요》 권14 고종 3년 7월, 권30 우왕 원년 10월; 김난옥, 2012, 위
  논문의 〈표〉에는 권고權皐도 둘 모두 없다고 하였으나, 열전은 있다
  (《고려사》 권107 權㫜附權皐).

53) 해당 졸기 주인공 74명을 열거하면 다음과 같다. 《절요》 권1 崔凝,
  권2 王式廉, 徐弼, 徐熙, 권8 王字之, 권9 李永, 金畯, 李資玄, 鄭克永,
  金仁存, 郭興, 권11 金富軾, 鄭襲明, 李仲, 金存中, 任元厚, 권12 庾應圭,
  권13 崔陟卿, 李英搢, 任沆, 권14 閔湜, 奇洪壽, 崔讜, 李維城, 玄德秀,
  宋洪烈, 권15 李仁老, 金義元, 권16 李奎報, 崔宗峻, 王諧, 庾碩, 宋國瞻,
  권17 孫抃, 河千旦, 권19 李藏用, 권20 白文節, 권21 柳璥, 권22 嚴守
  安, 元卿, 권23 尹諧, 權㫜, 권24 李仁琪, 李瑱, 李晟, 趙延壽, 권25 崔
  有渰, 尹莘傑, 崔瀣, 李那海, 許琮, 鄭誧, 金石堅, 권26 柳墩, 權漢功, 權
  準, 韓宗愈, 권29 白文寶, 권30 鄭珚, 李壽山, 河允源, 閔抃, 崔宰, 권31
  權皐, 慶復興, 廉悌臣, 鄭公權, 권32 李寶林, 李達衷, 金續命, 尹桓, 尹可
  觀, 권33 許錦, 권35 鄭地.

앞에 4월 '임인삭壬寅朔'이 나오므로,55) 그로부터 31일 뒤인 계유일은 윤4월이다. '윤(사)월'이 '계유' 앞에 들어갔어야 한다.

충목왕 2년 7월 김석견金石堅의 졸기는 6월의 기사들에 이어서 '임오(일)'로 표시한 《고려사》 졸기의 '7월' 표시 누락 오류를 바로잡아 준다.56) 〈세가〉의 충목왕 2년 6월의 첫 기사가 있는 기유(2)일로부터 34일 뒤이므로 임오일은 7월이다.

앞의 두 건과 달리, 충목왕 원년 '2월'이라 한 허종許琮의 사망 날짜는 〈세가〉 졸기의 3월 병인일이 맞다. 그의 묘지명에도 '몰시병인沒時丙寅'이라 하였으니, 전후의 월일을 기준으로 계산하면 일진이 병인이면 2월이 아니라 3월이다.57)

이러한 오류와 관련된 차이들 역시 《절요》가 《고려사》와 원자료에서 기사 채록부터 별도로 진행한 다른 계열의 역사서를 저본으로 개찬한 것임을 보여준다. 두 책의 저본들이 각각 별도로 원자료에서 채록했던 것은 졸년의 월 정보의 유무나 차이뿐만 아니라, 다른 내용에서도 나타난다. 《절요》 김존중金存中의 졸기에는 그의 열전에도58) 안 보이는 '冒進之徒皆趨其門'이라는 구절이 있다. 이유성李維城의 졸기에는 그의 열전에 '백금白金'이라한 것을59) '은銀'이라 하였다. 앞에 나온 허종許琮의 이름은 《절

---

54) 《고려사》 〈세가〉17 의종 5년 4월 계유.
55) 《고려사》 〈세가〉17 의종 5년 4월 임인.
56) 《고려사》 〈세가〉37 충목왕 2년 6월.
57) 《고려사》 〈세가〉37 충모왕 원년 3월 병인. 〈許琮墓誌銘〉(김용선 《고려묘지명집성》).
58) 《고려사》 〈열전〉36 김존중전.

요》·〈세가〉에는 〈묘지명〉과 같은 '琮'이나, 〈열전〉에는 '悰'이다.[60] 〈열전〉에는 그의 관력 및 충렬왕·충선왕과 근밀한 관계에서 여러 차례 원나라에 오가는 등 국왕 주변의 활동을 기록하고 있어서, 이 역시 세보류보다는 《고려실록》에서 가져온 것일 가능성이 크다. 유돈柳墩의 경우는 《절요》 졸기·묘지명·〈열전〉의 이름자가 같고, 〈세가〉에는 돈暾으로 되어 있다.[61] 임원후任元厚의 졸기에는 정안공定安公에 봉해진 뒤의 그의 동정에 대한 '自是 居閑頤養'이라는 〈세가〉나 〈열전〉에 없는 구절이 있다.[62] 김의원金義元이 '不曉文字'했다는 구절도 〈세가〉나 〈열전〉에 없는 것이다.[63] 이장용李藏用에 대해 '爲一代儒宗'이라 한 것도 마찬가지이다.[64] 앞에 제시한 《절요》 졸기 '74건' 중에는 이러한 것이 여러 건 있다. '술이부작述而不作'을 추구하는 속에서 원자료의 인용에 따라 기사를 가져오며, 그 속에서 부분 삭제는 하였지만 없는 말을 지어 넣지는 않았다. 이러한 것은 《절요》가 《전문》-《고려사》 계열과 다른 《국사》-《수교》 계열로서 별도로 원자료로부터 채록하여 기사화한 것을 《수교》에서 그대로 물려받은 것을 잘 보여준다.

---

59) 《고려사》〈열전〉13 鄭國儉附李維城.
60) 《고려사》〈열전〉18 許珙附許悰.
61) 《고려사》 권37 〈세가〉 충정왕 원년 5월 정미; 권105 柳璥附仁和. 김용선 《고려묘지명집성》〈柳墩墓誌銘〉.
62) 《고려사》 권18 〈세가〉 의종 9월 정미; 권95 〈열전〉 任懿附元厚.
63) 《고려사》 권15 고종 11년 4월; 권101 〈열전〉 金義元.
64) 《고려사》 권27 〈세가〉 원종 13년 정월; 권102 〈열전〉 李藏用.

2) 《고려사》와 다른 《고려사절요》의 기사와 두 가지 〈본초本草〉

《절요》의 기사를 《고려사》와 대조하여 보면, ① 《절요》에만 있거나 보다 상세한 기사, ② 《절요》를 통해 연월이 확인되는 기사, ③ 두 책 사이에 연월이 다른 기사, ④ 전체 또는 일부가 다르게 서술된 기사가 다수 나타난다.

①의 예로는 앞 소절에서 본 송홍열·정연·김존중·임원후·김의원·이장용 등의 졸기가 그것이다. 졸기 외에서도 이러한 기사는 여러 주제에 걸쳐 대단히 많다.

②의 예를 들면, 앞 절에서 언급한 39건의 졸기가 그렇고 그밖에도 대단히 많다. 한 가지 예만 더 들면, 〈형법지〉에 무편년 기사로 법제 내용만 들어가 있는 상피제相避制 기사는 고려의 정치제도나 친족제도 등의 연구에 중요한 자료인바, 《절요》에서 선종 9년 11월로 그 제정 연월을 알 수 있다.

③의 예로는 이중·김석견·허종의 졸기를 앞 소절에서 보았다. 다른 한 예로는 숙종 원년 10월의 "御東池射亭 …" 기사가 《고려사》에는 8월로 되어 있다.65) 이밖에도 기사의 연월일이 다른 예 역시 대단히 많다.

④의 예를 보면, 희종 4년 10월의 끝 기사에 붙은 사론인 "史臣曰 …"은 《고려사》에는 "識者曰 …"로 되어 있다.66) 충렬왕 4년 8월 "遣將軍朴義如元, 上中書省書曰 …"의 '중서성中書省'이 《고

---

65) 《고려사》 권81 〈병지〉 兵制 숙종 원년 8월.
66) 《고려사》 권61 〈예지〉 諸陵 희종 4년 10월.

려사》에는 '도당都堂'으로 되어 있다.[67] 충렬왕 6년 11월 "塔納哈伯那享王于新殿"이라는 기사는 《고려사》에는 "宴塔納哈伯那于新殿"으로 되어 있어 주체와 객체가 바뀌어 있다.[68] 이러한 부류의 기사 역시 적지 않다.

이처럼 《고려사》와 다른 《절요》 기사의 내용은 사실 고증에 중요한 의미를 갖는 경우가 적지 않은데, 《교감 고려사절요》에는 그러한 차이를 조사하여 표시한 대교주 전체의 숫자가 약 2,400건에 이른다.[69] 그중에는 앞으로 바로잡아야 할 실수나 오류도 일부 소수 있을 것을 감안해도, 대부분 기사 속 세부의 차이지만, 매우 많은 기사에서 차이가 존재하는 것이다.

《절요》의 편찬 기간이 6개월 정도에 지나지 않는다는 사실과 함께 고려한다면, 그것은 《절요》의 찬자가 원자료를 보고 《고려사》의 오류를 고치거나 보충한 결과일 수는 없다. 앞에서 보았듯이 《절요》 기사의 오류를 《고려사》로 바로잡을 수 있는 경우도 있다. 또한 그것은 《절요》의 저본이 《전문》일 수 없다는 뚜렷한 또 하나의 증거이다. 왜냐하면, 《절요》도 《고려사》와 마찬가지로 《전문》을 저본으로 편찬되었다면, 그렇게 많은 차이가 날 수 없기 때문이다.

그것은 《전문》-《고려사》와 별도로, 원자료에서의 채록부터 별도로 수행한 계열의 사서史書 내용이 《절요》에 이어진 결과이다.

---

67) 《고려사》 권28 〈세가〉 충렬왕 4년 8월 신사.
68) 《고려사》 권29 〈세가〉 충렬왕 6년 11월 무신.
69) 노명호 외 교감, 2015, 《교감 고려사절요》.

그러한 계열의 사서가 《국사》-('변계량 개찬 고려사')-《수교》이다. '변계량 개찬 고려사'는 《국사》보다 오히려 개서를 확대하여 세종이 받아들이지 않았다.[70] 이 계열 중에서 직서 원칙에 따라 개찬된 것은 《수교》이다.

앞 절에서 《국사》를 개찬하여 《수교》를 편찬하며, 특정 종류의 기사의 추가를 위해 사관들이 원자료에서 발췌한 〈초사천변지괴단자〉를 만들었음을 보았다. 저본의 개찬이 아니라, 새로이 역사 편찬을 할 때는 전면적으로 《고려실록》 등 원자료에서 발췌하여 모은 〈본초本草〉라는 것이 만들어졌다. 그 첫 번째는 《국사》의 편찬에서였으니, 세종은 그 〈본초〉와 관련하여 《국사》를 평한 바 있다.

… 《고려(국)사》의 공민왕 이하(기사)는 정도전이 들은 바로써 필삭筆削하여, <u>사신史臣의 〈본초〉</u>와 같지 않은 곳이 매우 많으니, 어찌 후세에 사실을 전할 수 있으랴. 없느니만 못하다. … [71] (※( )속은 필자 보충)

위의 밑줄 부분의 '사신의 〈본초〉'는 앞서 본 윤회가 사관들에게 시켜 원자료에서 발췌한 〈초사천변지괴단자〉와 같은 방식으로 만들어진 것이다. 다만, 그 〈본초〉는 고려 역사 전체의 편찬을 위한 큰 범위와 규모였다. 태종 이방원의 정적이었던 정도

70) 노명호, 2014, 앞 논문; 이 책 제一장.
71) 《세종실록》 권2 세종 즉위년 12월 경자.

전의 역사서술에 대한 세종의 비판이라는 점을 감안해야 하겠으나, 역사서술이 그 〈본초〉의 사료에 의거해야 한다는 원칙을 강조한 것 자체는 주목된다. 이 첫 번째의 〈본초〉는 《국사》와 《수교》를 거쳐 《절요》 기사 대부분의 연원이 된 것이다.

두 번째로 〈본초〉가 만들어진 것은 《전문》의 편찬에서였다. 그 편찬이 진행되고 있던 세종 20년에 '기전체로 본사를 만들자'는 허후의 건의에 대한 의견을 세종이 묻자, 권제는 다음과 같이 답하였다.

> 허후의 말은 신도 들었습니다. 다만 〈여사본초〉가 소략하여, 만약 기·전·표·지로 나누면, 《사기》의 체재처럼 되지 않을 것입니다.72)

위에서 〈여사본초〉는 세종 14년부터 고려 역사 편찬을 위해 사관들이 《고려실록》 등에서 발췌한 사료이다. 그 〈본초〉를 이용한 편찬 작업 과정이 세종 31년 권제·안지 등의 편사 부정이 문제되어 조사를 받을 때 어효첨이 한 말에 나타난다.73)

> 경신년(1440, 세종 22)에 ① 남수문과 함께 수사修史하다가, "채하중의 일은 왜 먹칠로 지웠는가?" 물으니, ② 수문이 말하기를 "어찌 내가 할 수 있겠는가? 다만 당상堂上의

---

72) 《세종실록》 권80 세종 20년 3월 을사.
73) 《세종실록》 권123 세종 31년 2월 계유.

명을 좇은 것이다."라고 하였다. ③ 나는 즉시 〈본초〉에 따라서 (다시) 씌넣었는데, 다만 필적筆跡을 다르게 하여, 내가 쓴 것을 모르게 하였다.

①은 수사관 어효첨과 남수문이 작업한 《전문》의 '초고初藁' (위 기사 앞에 나옴), 즉 원고를 보여준다. 쓰다가 지우기도 한 원고는 해당 부분 담당자인 어효첨과 남수문이 공동으로 돌려가며 검토하고 작업하였다. 그리고 ② 수사최고 책임자인 "당상"도 수시로 원고를 검토하고 지시를 내렸다. 위 기사의 앞에는 권제가 최사강의 청탁을 받고 채하중의 어머니가 용강龍崗의 관비官婢였던 사실을 '초고'에서 삭제하였다고 했다. 사적으로 채하중 관련 내용을 지우도록 지시한 것은 그 권한의 남용이다. ③ 그 원고 작업은 〈본초〉에 의거하였다. 그것은 주지하듯이 '술이부작'의 정신을 철저히 적용한 것이다. 즉, 〈본초〉 사료들의 문장에서 발췌는 하되 편찬자의 어구 첨입은 철저히 배제하여 기사화한 것이다. 《절요》나 《고려사》가 사료집에 가깝다는 평을 듣는 것은 그 때문이다. 그리고 중간에 잘못된 것을 되살릴 때도 〈본초〉에 의거하였다. 이 두 번째의 〈본초〉가 《전문》의 기사를 통해서 또는 직접 이용되면서 《고려사》 기사 대부분의 원천이 된 것이다.

《국사》의 원자료에서 출발된 기사들을 이어받고 직서로 개찬한 《수교》에는 개찬자가 《고려실록》 등으로부터 직접 채록하여 첨가된 내용도 있다. 4절 1)소절에서 검토하였듯이, 《수교》는 《국사》의 개서를 직서로 되돌리기 위하여 《고려실록》을 대조하였다. 이 과정에서 개서를 위해 삭제된 기사 내용의 일부 구절 등이 첨가 복구되는 경우도 있었을 것이다. 그리고 〈초사천변지괴단자〉처럼 특정 사실들을 추가하기 위하여 《고려실록》으로부터 채록된 자료들이 정리되기도 하였고, 그 가운데 일부가 《수교》에 첨가되기도 하였다.

6. 맺음말

이상의 검토를 종합하며, 이 장을 끝맺도록 하겠다. 《수교》는 세종 7년 변계량의 반대로 반포되지 못했다. 세종은 재위 14년에 상향된 목표로 고려 정사 편찬을 재개하며, 그 무렵 《수교》의 사인을 허락하여, 그 활용을 모색할 길을 열었다. 《전문》의 편찬이 진행되고 있던 세종 20년에 허후는 정사를 기전체로 편찬하자는 건의와 함께 윤회의 《수교》를 개찬하여 사략을 만들자고 건의하였다. 이 건의는 당시에는 받아들여지지 않았으나, 기전체 정사인 《고려사》가 완성된 뒤 《수교》를 개찬한 사략인 《절요》가 만들어지게 되었다.

《절요》는 편찬기간이 6개월에 지나지 않았고, 갑인자 이본들 사이에서는 교정에서도 매우 급하게 시간에 쫓겼던 사실이 나타난다. 원자료를 직접 다룰 수 없는 짧은 편찬기간에도 불구하고,

《절요》는 《고려사》와 차이 나는 것이 약 2,400건에 달한다. 이것은 《절요》가 《수교》의 기사를 거의 대부분 그대로 가져온 결과였다. 그 근원을 보면, 《수교》의 저본인 《국사》의 사료가 된 《고려실록》 등 원자료에서 발췌한 〈본초〉와 뒤에 《전문》과 《고려사》의 사료집인 〈본초〉는 별도의 작업 결과물이었다. 따라서 다른 원자료를 이용한 경우는 물론이고, 같은 원자료에서 발췌한 것도 많은 경우 부분적 차이가 있었다. 또한 《수교》 편찬자가 직접 원자료에서 보충한 것도 있었다.

〈범례〉에서도 《절요》는 《수교》와 직서 원칙까지 대부분 일치하며, 다만 우왕·창왕의 기년표시 형식이나 간략한 내용의 역사책을 편찬하기 위한 방침에서 달랐다. 그러나 그것도 '통상적 불사'를 각 왕대별로 처음 나올 때만 남기고 나머지는 삭제하는 원칙 등을 추가한 정도였다. 〈범례〉 외의 변화로는 세종이 지적한 《수교》에서 일부 수정할 사항을 바꾼 것이 있다.

〈범례〉에서 반드시 기록하기로 한 내용들은 주로 《고려사》 〈세가〉의 내용을 참고하여 일부 보완했을 가능성도 있다. 그 보완되어 첨가된 것이 있다 해도 4절 1)소절에서 살펴본 '제가制可' 등 기사의 일부처럼 제한적인 소수였을 것이다. 특히 유의할 것은 직서에 소극적이었던 《수교》에서 《국사》의 '종지從之'로 바꾸어 놓은 것을 그대로 수용한 것도 《절요》에 그대로 남았다는 사실이다. 《수교》의 고려 황제제도 관련 기사의 부분 삭제에 따른 소극적 직서도 《절요》에 그대로 남았다. 《절요》와 《수교》가 일치하는 정도는 세부적으로도 높았다.

《국사》 37권의 서술 분량은, 《수교》에서는 편찬 방침에 정한 반드시 서술하는 대상의 누락 보충 등으로 약간 증가되었을 것이지만, 전체적으로 큰 변화는 없었던 것으로 보인다. 이러한 《수교》에서 〈범례〉에 따라 일부를 삭제하여 《절요》 35권이 만들어졌다. 《절요》는, 그 개찬 작업 내용을 볼 때, 《수교》에서 약간 축소된 비슷한 기록 분량이었을 것이다.

제 II 편

사료비판과
고려시대
연구의
새로운 과제

제一장

《고려사》와 《고려사절요》의 재인식과 한국사학의 과제

1. 머리말

이 장은 역사학회 학술회의 주제와 관련하여 역사학이 처한 위기에 대해 연구자 개인으로서 중점을 두었던 연구 주제와 연계하여 검토해 달라는 부탁을 받고 집필했던 논문이다. 역사학이 처한 위기를 진단하는 것은 학문 내외의 광범한 사실들에 연결된 문제여서 그 전모를 다루는 것은 나로서는 감당하기 어려운 일이다. 다만, 자신의 중점적 연구주제와 연계하여 검토하라는 것에 따라서, 지금까지 고려시대를 중심으로 연구를 해 오는 동안 오랜 고심의 대상이자 무거운 과제였던 사료 정리와 사료비판 문제와 관련하여 주어진 주제의 한 부분을 검토해 보려 하였다.

순수학문의 위기, 인문학의 위기가 여러 해 전부터 부각되어 더욱 악화되어 가는 속에서, 역사학의 위기는 그중에서도 정도가 심한 상태라는 것이 실사례들을 통해 알려지고 있다. 이러한 현상은 시장경제 논리에 과도하게 치우친 우리사회의 풍조가 주된 요인이겠으나, 다른 한편으로는 한국사회에서 학문적 영향력 또는 경쟁력에서 역사학, 특히 한국사학이 다른 학문분야들과의 경쟁에서 밀리는 면도 있는 것이 아닌가 한다. 한국사회와 역사학의 접합면의 큰 부분을 이루는 한국사학의 상대적 열세는 역사학 전체에도 영향을 미칠 것이다.

사회계, 인문계, 이공계, 예술계 인접학문들의 한국사 관련 연구들은 공동의 대상을 연구함으로써 한국사학과 상호 도움과 경쟁의 양면적인 관계에 있다. 인접학문들은 대체로 외국 유학을 통해 새로운 학문연구를 수입하고 현대의 한국에 적용하는 연구에 비중을 두었었다. 그런데 나름의 기반을 쌓은 근래에는 한국의 역사(주로 분야사) 쪽으로 관심과 연구를 확장하는 경향이 뚜렷하다.

한국사 연구에서 인접학문은 ① 그 분야에서 축적되고 검증된 지식과 ② 정교한 개념 및 전문적 연구방법에 강점이 있다. 인접학문의 이러한 강점들은 국제적 연구성과들을 받아들이며 지속적으로 발전해 왔다.

한국사학의 강점은 ① 분야사적 개별 사실들의 검토에 폭넓은 종합적 시각을 열어주는, 학계의 연구·논의로 형성·보완되어 가는 시대배경의 이해와 ② 체계적이고 정밀한 사료 정리와 사료 비판에 있다. 학계의 연구 축적으로 종합적 시각의 시대배경 이해가 보다 정밀하고 폭이 커지는 진전이 있듯이, 기존에 이루어진 사료비판도 지속적으로 진전될 수 있다. 그러기 위해서는 기존의 인식으로부터 다양한 가능성을 열어두고 사료비판에 미처 주목되지 않은 사실들을 찾아 기존에 알려진 사실과 종합하여 균형성·정밀성·인식의 폭·깊이를 증진시킨 사료비판으로 거듭 갱신해 나가야 한다.

① 종합적 시각의 시대배경 이해와 ② 사료 정리 및 사료비판, 두 가지는 2인3각 경기처럼 서로를 이끌며 함께 나아가지만, 그 가운데 하나의 지체는 다른 쪽에도 지체를 초래하는 것으로 보인다. 한국사학이 그 강점에서 지체 또는 정체되면, 인접학문들에 대한 한국사학의 학문적 경쟁력도 약화될 수밖에 없는 것이다.

고려시대를 예로서 보면, 20세기 후반 이후 현재로 올수록 연구성과들의 증가 폭이 커졌지만, 그에 견주면 사료에 대한 연구는 상대적으로 부족하였다. 특히 1990년대 이후 중심적 주요사료에 대한 체계적이고 정밀한 사료 정리와 사료비판은 부진하였다. 다른 시대들의 경우도, 연구동향에 대한 전공자들의 지적이나 필자의 관견管見으로 볼 때, 고려시대와 크게 다르지 않을 것으로 생각된다.[1]

---

1) "목간 연구의 진전을 위해 한마디 덧붙이고자 한다. 목간연구에서 기본적인 작업은 금석문 연구가 그러하듯이 정확한 판독과 작성연대 파악이다. 이것이 확실치 않은 채 특정 논지를 전개하는 것은 자칫 사상누각이 될 수 있다."(노태돈, 2010, 〈(회고와전망 한국사 총설) 구체적인 연구와 균형있는 평가〉, 《역사학보》 207) "(조선시대 자료는) 수집에 비해 정리의 수준이나 방법, 정리의 엄밀성을 높일 수 있는 획기적

고려시대의 경우, 1990년대 이후 새로운 사료의 조사·정리로
사료의 외연을 넓히는 연구성과들이 있었다.[2] 그러나 연구자들
의 고려시대 역사상의 형성에 큰 영향을 주고 있는 《고려사》나
《고려사절요》(이하 《절요》로 약함) 등은 1960~1980년대 자료
정리와 사료비판의 상태에서 큰 진전이 없었다.[3]

인 방안이 마련되지 않는다면 학문 수준의 향상과 연결시키기에 어려
움이 있다."(김인걸, 2014, 〈(회고와전망 한국사 총설) 새로운 시도의
어려움〉, 《역사학보》 223) "사료의 수집과 정리 측면에서는 개항기 새
로운 사료 발굴이 크게 이루어지지 않는 가운데 일본군 관련 자료뿐
만 아니라 러시아의 외교 기록물과 각종 서양인의 여행기 등 자료가
일부 발굴되면서 근대사 연구의 사료 활용 범위가 다소 넓혀졌다."(왕
현종, 2010, 〈(회고와 전망, 근대1) 한국 근대사의 전통·근대의 연계와
동아시아 관계사 모색〉, 《역사학보》 207) "연구 주제가 다양해지고 있
다는 점도 특징으로 지적할 수 있다. … 무엇보다 중앙중심의 내용으
로 역사를 일반화하는 경향에 대한 반성에서 비롯되었다고 할 수 있
다. 앞으로 더 많은 분야와 주제에 대한 연구가 이루어져 한국현대사
에 대한 이해도를 높이는 방향으로 이어져야 할 것이다. 다만 연구 의
의를 찾기 어려운 '보물찾기'식의 소재주의적 연구는 경계해야 할 것
이다."(허종, 2008, 〈(회고와 전망, 현대) 한국현대사의 연구동향〉, 《역
사학보》 199)

2) 고려시대 사료 정리의 경우, 1990년대 이후 다음과 같이 사료의 폭을
넓혀준 새로운 성과들이 있다. 김용선, 1993, 《고려묘지명집성》, 2012,
제5판; 노명호 외, 2000, 《한국고대중세고문서연구 상·하》, 불교전서편
찬위원회; 1992, 《한국불교전서》 제4,5,6권 및 보유편, 동국대 출판부;
장동익, 1997, 《원대여사자료집록》; 2000, 《송대여사자료집록》; 2004,
《일본고중세 고려자료연구》; 이근명 외, 2010, 《송원시대의 고려사 자
료 1, 2》, 서울대 출판부; 김기섭 외, 2005, 《일본 고중세 문헌 속의
한일관계사료집성》, 혜안; 장동익, 2014, 《고려사세가초기편보유1,2》,
경인문화사.

2. 《고려사》와 《고려사절요》 이본들에 대한 이해와 이용 실태

《고려사》와 《절요》는 한국사 연구자들만이 아니라 광범한 전공자들이 많이 이용하는 자료이지만, 1960년대와 1970년대 초에 이본들 가운데에서 선정하여 영인한 책을 그대로 이용하는 선에 멈춰 있다.

《고려사》의 경우는 세조 2년(1456)쯤 간행된 가장 좋은 선본善本인 을해자본이 있고(규장각 소장 영본 4질), 광해군 2년(1610)에 그 을해자본을 복각覆刻한 목판본이 있다(규장각 소장 영본 포함 12질, 연세대 동방학연구소 소장본, 동아대 소장본 등). 현재 많이 이용되고 있는 영인본으로는 목판본인 동방학연구소 소장본(최한기 구장본舊藏本)을 1961년에 1차 영인하고 1972년에 경인문화사에서 재판을 간행한 것과, 규장각 소장 을해자본을 1972년에 아세아문화사에서 영인 간행한 것이다.

을해자본은 그 초기 간행본 뒤의 어느 때인가 상당한 부분의 교정을 보고 있었다. 그 교정 내용은 복각 목판본에 반영되어 있다. 그런데 임진왜란을 경과한 후 만든 복각 목판본에 사용된 을해자본은 부분탈락을 필서 등으로 채워 넣으며 오자들도 발생하고 필획이나 글자 자체가 탈락된 것도 적지 않은 것이었다. 현재 남아 있는 규장각 소장 을해자본은 모두 조판 초기 인쇄본이다.

---

3) 양서의 역주, 특히 최근 《고려사》〈지〉들에 대한 여러 연구자들의 역주는 기사 내용 자체를 해석하고 이해하는 데, 큰 진전을 가져 온 것으로 보인다.

그런데 규장각 영본을 포함한 복각 목판본 14질은 판각이 되고
나서 오랜 시기에 걸쳐 인쇄되었고, 뒤로 갈수록 획이나 글자의
마멸·탈락이 늘어난다.4)

　현재 많이 이용되고 있는 《고려사》 영인본은 이러한 이본들에
대한 조사·파악이 제대로 되지 않은 상태에서 영인된 것이다. 경
인문화사 영인본은 목판본 중에서 늦은 시기에 인쇄된 것이라서 글
자와 필획의 탈락이나 손상이 추가로 많이 진행된 것을 영인한
것이다. 백낙준의 〈서문〉에 따르면 일부 결락 부분은 규장각 소장
본으로 채워 넣었다고 한다. 그러나 규장각에 있는 판각된 초기
의 좋은 선본 완질이 영인되지 않았던 것이다. 아세아문화사 영
인본은 규장각소장 목판본에 섞여 들어가 있는 일부 을해자본의
존재를 모르고, 일부 권들을 목판본으로 채워 영인한 것이다.5)

　앞에서 본 바와 같이 을해자본과 목판본은 각기 다른 장점이
있어, 그 가운데 어느 한 선본을 영인하여 이용하는 것으로도 불
충분하고, 두 가지 이본들 모두를 교감하여 사용할 필요가 있다.
그러나 우리가 이용하는 영인본은 1970년대 초의 이본 파악 상
태에 머물고 있다. 역주사업도, 인터넷에 올려진 원문 데이터도
그 상태에서 출발하고 있는 것이다.

　《절요》는 결락이 없는 완본인 일본 봉좌문고蓬左文庫 소장 갑

---

4) 노명호(책임연구자), 2015.1.16. 〈해제〉, 《21세기 규장각판 《고려사》
　정본 편찬사업 결과보고서》.

5) 현전하지 않는 것으로 알려진 을해자본 일부 권들이 목판본 속에 섞
　여 있는 것이 발견된 것은 2002년도이다. 노명호, 2002, 〈규장각 소장
　《고려사》·《고려사절요》·고려시대 문집〉, 《규장각》 25.

인자본을 1960년에 학습원동양문화연구소에서 영인 간행한 것과 그것을 국내 아세아문화사에서 다시 영인한 것이 현재까지 많이 이용되고 있다. 《절요》의 갑인자 이본들을 보면, 현재 국내에서 조사된 것은 모두 일부 권만이 남은 영본零本들이지만 9질이 있고, 을해자본이 2질이 있다.

학계에서는 갑인자본이 모두 같을 것으로 추측해 왔지만, 교정의 진행에 따른 차이가 있다. 갑인자본 가운데 가장 앞선 때의 것은 학봉 김성일 종손가 소장본 〈보물 제905-7호〉이다(이하 학봉가본으로 약함). 봉좌문고본은 중간에 위치하고, 〈규장각 奎4240〉이나 고려대도서관 〈치암貴137-26〉은 가장 뒤에 해당한다. 가장 앞선 때의 이본인 학봉가본은 그 뒤의 이본들과 오자誤字에 따른 차이뿐만 아니라 기사記事 단위의 유무 차이까지 있다. 기사 단위의 삭제·삽입을 한 교정은 《절요》가 《수교고려사》를 개찬할 때, 새로 추가된 〈범례〉의 지침에 따른 교정의 세부적 상황을 보여주기도 한다.[6]

《절요》를 《고려사》와 정밀 대교한 결과 발견된 차이를 대교주로 붙인 것이 2400여 개에 달한다.[7] 두 책이 별도의 자료로서 갖는 가치는 기존에 추산하던 것보다 더 큰 것으로 확인되었다. 이러한 차이가 존재하는 것은, 《세종실록》의 기사들에 따르면, 두 책이 근원적으로 별도의 〈본초本草〉에 뿌리를 두고 있기 때

---

6) 노명호, 2015, 〈새 자료들로 보완한 《高麗史節要》와 《讎校高麗史》의 재인식〉, 《진단학보》 124.

7) 노명호 외, 2016, 《교감 고려사절요》; 이 책의 제Ⅰ편 제二장.

문이다.8) 그 〈본초〉란 고려 정사를 편찬하기 위해 역대의 《고려실록》을 비롯한 각종 공사의 기록들로부터 여러 사관들이 동원되어 발췌한 자료집을 말한다. 방대한 분량의 원사료들에서 각 기사 가운데 일부를 발췌하게 되므로, 동일 자료의 동일 부분에서 발췌하더라도 다른 작업자가 다른 편찬지침에 따라 작업한 결과는 어구나 문장 단위의 유무 등의 차이가 많이 날 수밖에 없었다.

〈본초〉는 조선 태조 대 초에 정도전이 《고려국사》를 편찬하기 위해 만든 것과, 뒤에 세종 14년에 고려의 정사 편찬을 재개하며 여러 해에 걸쳐 만든 것이 《세종실록》에서 확인된다. 전자는 《고려국사》-《수교고려사》-《절요》로 이어졌고, 후자는 《고려사전문》-《고려사》로 이어졌다.

두 책은 물론 이러한 〈본초〉에 기원하는 차이만 있는 것은 아니다. 〈본초〉와 두 책 사이에 위치한 사서史書들에서 기사화된 것을 대부분 승계하며 영향을 받았다. 또한 《수교고려사》의 편찬 과정을 보여주는 자료에서는, 자연의 이변에 대한 기사를 보충하기 위해 사관들을 동원하여 별도로 《고려실록》으로부터 〈초사천변지괴단자抄寫天變地怪單子〉를 만들기도 하였다. 《고려사》를 편찬할 때도 이러한 보충적 자료조사들은 더 있었을 것이다.

《절요》와 《고려사》의 이러한 관계를 보여주는 자료들이 《세종실록》을 비롯한 여러 기록들에 적지 않게 산재하지만, 그 일부만을 검토하면서 이설들이 최근까지도 제기되었다.9) 그리고 《절

---

8) 노명호, 2015, 앞의 논문. 이 책 제Ⅰ편 제二장.

요》의 이본들에 대한 이해나 그를 정리한 자료 정리도 1960년대의 것을 현재도 그대로 이용하며, 별반 진전이 없다.

3. 《고려사》와 《고려사절요》의 '술이부작述而不作' 적용에 대한 이해

《고려사》나 《절요》는 고려시대 연구에 질적·양적으로 가장 많고 중요한 사료이다. 그리고 그 자체가 역사서로서 그 시대상의 윤곽을 제시하고 있다. 학계에서 이러한 두 책의 서술원칙으로 주목한 것이 '술이부작'과 '직서'이다.

모두 알다시피, 유교적 역사 편찬 및 서술의 방식인 '술이부작'은 자료에 따라 서술하며, 찬자의 작문으로 서술을 하지 않는 방식이다. 더구나 《절요》나 《고려사》의 편찬에서는 같은 유교사관과 '술이부작'의 방식을 적용한 《삼국사기》보다도 한 단계 더 강화된 엄격성을 띠었다.

《삼국사기》는 원사료의 내용을 최대한 살리면서도, 원 문장을 한문 고문체 문장으로 바꾸어 서술하려 하였다. 이규보의 〈동명왕편〉에 인용된 《구삼국사》의 동명신화 문장을 《삼국사기》 〈고

---

9) 노명호, 2015, 앞의 논문.

구려본기〉의 동명왕조에 서술된 문장과 대조해 보면, 그러한 문장의 변화가 잘 나타난다.

《고려사》 등의 경우, 문집 등에 남아 있는 원자료의 문장들과 《고려사》의 해당 기사 문장을 대조해 보면, 거의 발췌와 부분 삭제만으로 서술을 하였다. 그런 때문에 '사료집과 같은' 객관성과 신뢰성을 갖는 것으로 평가되었다.10) 이러한 평가는 《고려사》 등의 기사가 원사료에서 발췌된 부분의 원형을 상당히 충실하게 유지하고 있다는 면에서는 타당하고 의미 있는 주목이다.

하지만, '술이부작'에 따른 역사서술에 대한 이해가 그것으로 충분한 것은 아니다. 그것의 실제 적용에서 역사서술 대상의 선정에 대한, 그리고 때로는 상충하기도 하는 사료들의 선정과 취급방식에 대한, 세부적 방식이나 방향의 편향성을 파악하는 것이 필요하다.

① 그러한 '술이부작'에 따른 역사서술의 실제 적용에서 뒤따르는 세부적 방식이나 방향의 편향성으로 학계에서 기존에 주목한 중요한 한 가지는 지배층의 관점에서 추구된 왕조사를 대상으로 하는 역사서술이라는 점이다. 그에 따라 피지배층 문제에 대한 서술의 부족 및 관점의 한계와 왕조사의 틀을 벗어나기 위한 많은 연구들이 진행되어, 고려시대 역사상을 상당 부분 보완할 수 있었다.

---

10) 변태섭, 1980, 〈《고려사》 편찬에 있어서의 객관성의 문제: 《고려사》 평가의 긍정적 시각〉, 《한국고전심포지움》1, 일조각.

② 다른 한 가지는 주자학적 이념에 따라 불교에 대한 이단 배척이 전면적으로 가해지며, 역사서술 대상에서도 고려 임금이나 조정의 움직임과 불교 사원이나 승려가 관련된 것만으로 서술 대상을 축소한 것이다.[11] 그 결과 고려 당시 불교가 문화나 사회경제적으로 큰 비중을 갖는 속에서 존재했던 중요한 사실들이 상당 부분 배제되어 축소 서술될 수밖에 없었다. 이 점 역시 학계에서 일찍부터 주목되어, 불교사와 관련된 많은 연구성과들이 나옴으로써 상당부분 보완될 수 있었다.

③ 위의 두 가지 사항은 고려시대 역사상을 균형 있게 이해하는 데 중요한 것임에 이론의 여지가 없지만, 한국사학계가 충분히 주의를 기울이지 못한 중요한 사항들은 더 존재한다. 그 한 가지는 주자학 이념에 따른 현실의 개혁을 추구한 조선 초의 지배층이 편찬한《고려사》등은 역사서술 대상의 선정에서 유교 제도와 그 문화의 선례先例에 해당하는 것에 큰 비중을 두고 많은 서술 분량을 할당하였다는 점이다. 그중에는 급진적으로 당송唐宋 제도를 도입하여 실제로는 고려의 실정과 맞지 않아 극히 제한적 의미만 가졌던 유교적 예제와 관련된 제도들까지도 많은 서술 분량을 할당하여 자세하게 서술한 것이 있다. 그리고 유교와는 거리가 먼 벽지 하층민 등의 토속적 예속까지 유교 예속의 교화의 결과처럼 서술하였다. 이는 토속문화를 무시한 유교문화의 과장 서술이다.

---

11)《고려사》,《절요》,〈범례〉.

　유교문화를 과장 서술한 좋은 예로 성종대에 도입한 오복제五
服制를 들 수 있다. 잘 알려졌듯이, 오복제는 부계적인 친족제도
가 반영된 중국의 고대 이래의 상례로서 당·송대에도 각종 친족
관련 법제의 근간이 되었다. 고려사회는 '외고조부모'를 포함하는
'8고조부모'의 존재에서 보듯이 부측〔부변父邊〕과 모측〔모변母邊〕
에 대등한 양측적兩側的 친속제도가 존재하여, 오복제도의 부계
와는 구조적으로 맞지 않았다. 그런 까닭에 오복제도가 적용된
당·송의 각종 친족 관련 법제들을 고려가 수용하면서는 모두 양
측적인 구조로 근본적인 변개를 해야 하였다.12) 그러나 그러한
작용을 한 고려의 토속적인 상례나 친족제도에 대해, 《고려사》나
《절요》는 서술한 것이 없고, 다른 사실의 서술 속에 묻어 들어간
파편들만을 찾을 수 있다. 오복제도에 대한 서술에 《고려사》는
무려 14면을 할애하면서,13) 토속 상례나 친족제도 자체를 소개
하는 서술은 한두 줄도 없다.

　《고려사》의 유교문화 과장 서술에 대한 사료비판이 결핍된 속
에서, 오복제가 고려사회의 부계 친족제도를 반영하는 것으로 이
해한 것은 필연적인 귀결이었다. 그러한 이해는 1970년대까지는
거의 모든 한국사 연구자들에게 자명한 것으로 이해되었다. 그
뒤에도 고려 오복제의 한계를 밝힌 논문은 간과되며 오래 동안
기존 통설적 이해의 거센 흐름 속에 묻힐 수밖에 없었다. 이러한
속에 고려의 오복제도에 대해 비판적인 견해를 제시한 최재석

---

12) 노명호, 1981, 〈고려의 오복친과 친족관계 법제〉, 《한국사연구》 33.
13) 《고려사》 지18 예6 五服制度.

역시 오복제도의 3년상이 실제로 시행되다가 공민왕 4년에 폐지
된다고 이해한 바 있다.14) 이것은 관련 기사의 오해인바, 3년상
제도 역시 초기부터 변용된 기복제起復制로 대치되어 제대로 시
행되지 못하였음이 근래의 연구에서 밝혀졌다.15)

④ 유교문화 과장 서술의 사료비판 결핍은 보다 광범한 문제
들에 연쇄적으로 얽혀 있다. 고려사회와 맞지 않아 제대로 시행
될 수 없었던 오복제도를 도입한 성종 대의 정책 방향에 대한
사료의 통설적 이해 역시 근본적 문제가 있었다. 예로서 그 핵심
적 사안 하나만을 보면, 관련 모든 연구들이 아래의 최승로의 건
의의 내용을 태조의 유훈과 같다고 이해하여 온 것이다.

〔최승로 시무 28조의 제11조〕 화하華夏의 제도는 준수하지
  않을 수 없으나, 사방의 습속이 각기 지역에 따라 다르니
  모두 변화시키기는 어려워 보입니다. 그 예악시서禮樂詩書
  의 가르침과 군신부자君臣父子의 도道는 마땅히 중화를 본
  받아 비루함을 혁파할 것이요, 그 나머지 거마의복車馬衣服
  의 제도는 토풍土風에 의거하여 호사함과 검소함의 중용을
  취하게 할 것이므로 반드시 같을 필요는 없겠습니다.16)
〔태조유훈의 제4조〕 우리 동방東方이 옛부터 당풍唐風을 동

---

14) 최재석, 1984, 〈고려시대의 喪·祭〉, 《정재각박사고희기념 동양학논
   총》, 동양학논총편찬위원회.
15) 황향주, 2011, 〈고려 起復制와 14세기말 起復論爭〉, 《한국사론》 57.
16) 《고려사》 권93 列傳6 崔承老傳.

경하여, 문물예악文物禮樂이 모두 그 제도를 준수하는데,
지역이 다르고 사람의 성품이 각기 다르므로 반드시 같을
필요는 없다.[17])

위 기사들에서 최승로가 태조유훈과 관련한 언급을 하게 된
배경 및 그 추구 내용에 대해서는 자세한 것은 다음 장에서 검
토된 것을 참고하기로 하고, 여기서는 이 장의 논지와 연관해서
그 요점만을 보기로 하겠다.[18]) 즉 태조는 모든 문물에 대해 국
풍과 당풍을 선별적으로 추구하자는 것이며, 최승로는 생산물 내
지 경제를 고려하여 '거마의복'의 경우만 선별적으로 하고, 나머
지 모든 문화는 비루한 국풍(＝土風)을 혁파하고 화풍(＝唐風)으
로 바꾸자는 것이다.

그 결과를 현저하게 보여주는 것들 가운데 하나는, 앞에서 보

---

17) 《고려사》 권2 世家2 태조 26년 4월.
　　今西龍은 태조의 훈요를 위작이라 하였고(〈高麗太祖訓要十條に就きて〉,
　　《東洋學報》 8권 3호, 1918), 근래에도 그 설을 따른 글들이 발표되고
　　있다. 이에 대해서는 위작설의 오류를 여러 가지 면에서 지적한 연구
　　를 참고해야 할 것이다(이병도, 1980, 〈태조 십훈요에 대한 신고찰과
　　거기에 나타난 지리 도참〉, 《개정판 고려시대의 연구》). 특히 태조유훈
　　이 본래는 '일반 신민에게 내린 것이 아니고, 오직 은근하게 후사왕을
　　위하여 지은' 것이라는 유훈의 특성에 대한 지적은 중요하다. 위 사료
　　에서 보듯이 최승로가 태조유훈에 교묘하게 빗대어 자신의 주장을 편
　　것도 태조유훈이 현종 대 이후의 위작이 아니라는 증거이다.
18) 노명호, 1999, 〈고려시대의 다원적 천하관과 해동천자〉, 《한국사연
　　구》 105; ＿＿＿, 2012, 《고려태조 왕건의 동상: 황제제도·고구려 문
　　화 전통의 형상화》, 지식산업사, pp.162~165.

앗듯이 최승로는 중국과는 전혀 다른 고려 사람들의 일상생활의
가족·친족관계조차 완전히 이질적인 중국식의 오복제를 도입하
여 바꾸려 한 것이다. 또 다른 한 가지는, 태조가 유훈 제6조에
서 가감을 건의하는 자를 '간신姦臣'이라 하며 반드시 그대로 시
행할 것을 지시한 팔관회와 연등회를 사실상 폐기하고 중국식
원구圓丘와 방택方澤 제사를 도입한 것이다. 태조와 최승로의 정
책적 추구 방향이 이처럼 근본적으로 현저하게 차이가 남에도
불구하고 학계의 많은 연구자들이 양자를 같은 것으로 이해하여
왔다.[19] 그것은 국풍(토풍)의 존재를 거의 보이지 않게 만든 《고

---

19) 최근에 구산우는 이 문제에 대해 필자의 이해에 동의하는 견해를 발
표하였다(2015, 〈고려시기 제도와 정책의 수용과 배제: 성종대 화풍과
토풍의 공존과 갈등을 중심으로〉, 《한국중세사연구》 42). 이 논문에서
구산우는 성종대 화풍 추구정책을 비판한 이지백李知白이 복구를 건의
한 대표적인 토풍으로 연등회, 팔관회, 선랑仙郎 등을 거론한 것을 주
목하였다.
　이 중에서 연등회는 토속문화보다는 불교문화에 가깝다고 보는 견
해들이 많다. 그 점은 원천적인 면을 고려할 때 필자도 동의하는 바이
다. 다만, 이지백의 언급을 통해서 이해한다면, 연등회가 불교문화라
해도 새로이 들어온 불교문화가 아니라 오랜 역사과정을 통해 이미
고려사회에 깊이 뿌리를 내린 것이었다고 이해된다. 고려 당시에 언급
되는 '토풍'이라는 것이 꼭 순수하게 토속적 기원과 발달에 따른 것만
을 의미하는 것이기보다는, 외래문화라도 이미 오랜 기간에 걸쳐 고려
사회에 깊이 뿌리를 내려 토착화된 문화를 의미하는 것이라는 점에서,
연등회 역시 '토풍'에 해당하는 것으로 볼 수 있을 것이다.
　팔관회 및 연등회에 대해서는 다음과 같은 최근의 연구성과들도 참
고된다. 안지원, 2011, 《고려의 국가불교 의례와 문화》, 서울대출판부,
제1장 및 제2장; 정순일, 2014, 《고려 팔관회의 의례문화 연구》, 원광

려사》 등에 대한 사료비판에 근본적인 문제가 있었던 때문이다.

　⑤ 유교문화 과장 서술에 대한 사료비판 결핍은 당시의 천하
관·유학사상·정파별 정책 방향 등의 이해에 혼선을 초래하고, 고
려시대 대부분의 시기를 주도한 천하다원론과 그 정파를 포착하
지 못하게 만들었다. 《고려사》 등의 유교문화 과장 서술로 파편
적 기사들만이 남은 토풍(토속문화)이나 그와 관련된 인물의 언
행이나 사실 등은 다른 사실들처럼 선명하게 드러나지 않는다.
토풍과 관련된 사실은 극단적으로 그에 편중된 부류들이 일으킨
대사건에서나 눈에 띄는 기록을 남겼다. 일찍이 단재는 묘청난을
주목하며, 당시의 사상적 경향, 문화적 경향, 대외정책적 경향을
양파로 나누어 이해하였다. 묘청 일파는 '낭불양가郎佛兩家'를 바
탕으로 한 '국풍파國風派', '독립당獨立黨'이라 하고, 김부식 일파
는 '유가儒家'로서 '한학파漢學派', '사대당事大黨'이라 하였다. 그
리고 '칭제건원稱帝建元'을 주장했다는 점을 들며 윤언이尹彦頤
같은 인물도 국풍파라 하였다.[20] 그런데 윤언이는 김부식의 어

　　대 박사학위논문; 한정수, 2014, 〈고려 태조대 팔관회 설행과 그 의
　　미〉, 《대동문화연구》 86; 채상식, 2015, 〈고려시기 연등회의 운영과
　　추이〉, 《한국민족문화》 54.
20) 신채호, 1929, 〈조선역사상 일천년래 제일대사건〉, 《朝鮮史研究草》
　　(《개정판 丹齋申采浩全集》 中, 형설출판사, 1977 수록). 묘청 일파 자체
　　로 보는 것과는 약간의 차이가 있으나 근래의 연구 중에서도 윤언이
　　를 '친서경세력'으로 보기도 한다(김병인, 2001, 《고려 예종·인종대 정
　　치세력 비교연구》, 경인문화사, p.204). 부족한 자료 속에 조금씩 견해
　　를 달리하는 여러 관련 연구들을 열거하는 것은 이 글의 성격에 맞지

전御前 《주역周易》 강론에서 정연한 토론으로 김부식을 압도한 바도 있고, 《역해易解》를 저술한 인물이기도 하였다. 단재와 달리 이 사건을 다룬 많은 연구들은 윤언이를 유학자로 보았다.[21] 윤언이를 유학자로 보는 쪽에서는 김부식과의 갈등을 양자의 사상적 이념적 문제보다, 윤관이 작성한 대각국사의 비문을 김부식이 다시 쓴 일이나 어전 주역 강론에서 한 토론 등, '사감私感' 또는 '파벌대립'의 문제에 비중을 두어 이해하는 경향이 있다.

양자 가운데 어느 하나, 예컨대 다수설이기도 한 후자가 옳고, 전자는 잘못된 것일까? 두 가지 이해는 모두 윤언이의 한 측면만을 부각시킨 것이다. 윤언이는 당대의 손꼽히는 유학자였지만, 고려도 나름의 소천하의 중심국가로 보는 천하다원론자天下多元論者로서 '칭제건원'을 주장한 것이었다. 윤언이가 그 주장의 전례로 든 것은 고려 태조 대나 광종 대의 칭제건원 사실이었다.[22] 태조의 다원론적 천하관은 앞서 든 훈요 제4조에서도 볼 수 있으며, 태조 대의 이러한 기조는 광종 대에도 이어졌다고 파악된다.[23]

않고, 지면의 여유도 없다.

21) 이병도, 1927, 〈인종조의 묘청의 서경천도운동과 그 반란〉, 《사학잡지》 38-9(《고려시대의 연구》, 을유문화사, 1948 수록) ; 김상기, 1960, 〈묘청의 천도운동과 칭제건원론〉, 《국사상의 제문제》 6(《동방사논총》, 서울대출판부, 1974 수록). 이와 유사한 이해는 이 두 연구 이후에도 최근까지 발표된 많은 논저들에서 발견된다.

22)《고려사》 권96 열전 尹瓘 附 彦頤.

23) 고려의 천하다원론에 대해서는 다음의 논문 참고. 노명호, 1997, 〈동명왕편과 이규보의 다원적 천하관〉, 《진단학보》 83 ; 노명호, 1999, 앞

그 점에서 유학자 중에서 당·송 등이 진정한 천하의 중심이고, 기본적으로 '이夷'인 고려는 제후국제도를 시행하고 금金에 대해서도 권도적權道的 사대를 해야만 한다는 화이론자인 김부식 일파나, 고려가 장차 온 천하의 중심국가가 될 '지덕地德'을 가진 나라라는 것 등을 내세우며 '칭제건원'과 금에 대한 강경책을 주장한 자국중심론자인 묘청 일파, 양쪽 모두와 천하관이라는 사상적 기본 틀에서 큰 차이가 있었다. 다만, 천하다원론은 그 사상적 내용이 화이론과 자국중심론의 양극단 중간에 위치하여, 구체적 사안을 두고 하나의 선택을 해야만 할 경우 사안에 따라 양자 가운데 어느 하나와 같은 선택을 할 수밖에 없는 경우도 있었다. 하지만 그것은 전체의 정책적 지향의 큰 차이 속에서의 부분적 유사성에 지나지 않은 것이었다. 이러한 것은 유교문화 과장 서술에 대한 사료비판을 통해 토속문화나 천하다원론 관련 파편적 기록들을 재구성할 때 파악되는 사실들이다. 부족한 자료 속에서 《고려사》 등의 서술에 그대로 끌려가다 보면, 고려 태조의 문화정책과 화이론자인 최승로의 그것이 근본적으로 다르지만, 양자가 같게 보이는 착시 현상에 빠지게 되듯이 김부식과 윤언이, 윤언이와 묘청 일파의 경우도 그렇다.

⑥ 유교문화 과장 서술에 대한 사료비판의 결핍은 주자학적 유교문화가 사회영역 가족예법에까지 깊이 확산된 조선 후기의

의 논문; 노명호, 2009, 〈Ⅴ.해동천자의 '천하'와 藩〉, 《고려국가와 집단의식: 자위공동체·삼국유민·삼한일통·해동천자》, 서울대출판문화원.

문중이나 동족촌을 고려시대에까지 소급하여 그 연장선상에서 이해하는 결과를 초래하기도 하였다. 철저한 사료비판을 통해 복원되는 고려시대의 가족 구성, 가문 구성, 향촌사회의 혈연관계망, 지배층의 사회관계망, 정치세력의 혈연적 구성, 토지상속, 국가의 각종 실제 혈연관계에 대한 문서식이나 제도 등에 내재된 것은 토속적 제도들이다. 그 중요한 중심 원리인 '촌수寸數'제도 역시 동아시아에서 고려에만 있는 제도였다. 상속문서에 보이는 한문 용어가 아닌 고유용어인 '부변父邊', '모변母邊'은 부계나 모계와 근본적으로 다른 남녀의 다양한 모든 조합의 계보를 포괄하는 출계원리였다. 부측父側(patrilateral)과 동일한 의미인 '부변'과 모측母側(matrilateral)과 동일한 의미인 '모변', 모두로 구성되는 양측적(bilateral) 혈연관계는 중국이나 일본 등의 혈연관계와 근본적으로 다른 토속적 제도였다. 필자는 1979년 이후로 이러한 고려시대의 혈연관계에 대해 19편의 논문을 발표해 왔다. 근래에는 필자 외에도 양측적 친속 개념을 적용한 고려시대 친족제도 연구논저들도 적지 않게 발표되고 있다.[24]

그러나 아직도 상당수의 한국사연구자들은 고려시대의 혈연관계를 부계로 보아서, 필자의 연구들과 큰 거리가 있다. 그분들의 연구에는 부계와 모계의 개념만이 존재하여 두 가지 개념 밖의

---

24) 그 가운데 집중적인 연구로서 큰 문제를 규명해 준 연구 성과로는 다음을 들 수 있다. 권순형, 2006, 《고려의 혼인제와 여성의 삶》, 혜안; 이종서, 2009, 《고려·조선의 친족용어와 혈연의식: 친족관계의 정형과 변동》, 신구문화사.

사실들에는 접근하기 어려운 문제도 있지만, 또 하나의 큰 문제
는《고려사》등의 유교문화 과장 서술과 관련된 예제와 실제적
토속제도의 서술 특성에 대한 이해에서 필자와 큰 차이를 갖는
다는 점이다. 그 대표적인 연구가 고려시대의 성씨별 부계가문의
계보를 재구성하려 한 연구들이다.[25] 성씨별 부계 가문 연구들
은 1930년대의 후지타 료사쿠藤田亮策의 연구 이래로 개인들의
계보 자료를 부계를 중심으로 추적하여 집적하고 있다. 그러나
그렇게 모아 놓은 부계 계보상의 개인들이 실제의 혈연적 집단
으로 인식되고 기능한 구체적인 자료를 제시한 것은 찾을 수 없
다. 그 대표적 연구자인 박용운은 '귀족가문의 범위를 어디까지
해야 할지 문제'라고 하며, '부계 3세대 범위'를 추정적으로 언급
한 바도 있다.[26]《고려사》등의 사료비판에 유의하며, 필자가 각
종 법제 등의 바탕에 존재하는 토속적 혈연원리와 가문 범위를
추출한 바에 따르면, 고려시대의 가문은 총계總系(cognatic; 양측
적) 3세대 범위였다.[27]

---

25) 그러한 관점의 논문들은 수십 편에 달하며, 그중에서 집적된 연구성
　　과를 열거하면 다음과 같다. 박용운, 2003,《고려사회와 문벌귀족가
　　문》, 경인문화사; 황운용, 1978,《고려벌족연구》, 동아대출판부; 김광
　　철, 1991,《고려후기세족층연구》, 동아대출판부.

26) 박용운, 2003, 앞의 책, p.316.

27) Ro, Myoungho, 2017, The Makeup of Koryŏ Aristocratic Families:
　　Bilateral Kindred, *Korean Studies* 41. Univ. of Hawaii.
　　이 논문은 2013년 하와이대 한국학연구센터 국제학술대회에서 발표한
　　것이다. 당시 학술대회에 함께 참가한 채웅석은 최근 총계3세대로 구
　　성되는 가문 범위를 적용하여 고려 중기의 외척세력에 대해 분석한

⑦ 《고려사》 등의 유교문화 과장 서술을 초래한 주자학 이념
은 한국 고대에 뿌리를 두고 내려온 토속제례들을 이단으로 배
척하여 그에 대한 기록을 거의 배제하였는바, 그러한 것은 고려
왕조에서 가장 신성시된 핵심 제례문화 서술에서도 마찬가지였
다. 즉, 광종 2년(951) 무렵에 고구려계 토속제례법의 조각상 양
식으로 제작된 고려 태조 왕건 동상은, 고려 말까지 개경開京의
봉은사奉恩寺 태조진전太祖眞殿에 봉안되어, 왕조의 최고 신성 상
징물로서 국가적 제례의 대상이었다.[28] 그러나 《고려사》의 왕건
동상에 대한 기록은 파편적인 것들만이 여러 곳에 산재한다. 왕
건동상에 대한 조금 더 자세한 기록은 오히려 조선 《태조실록》
이나 《세종실록》, 《금성일기錦城日記》 등에 남아 있다. 한국사학
은 《고려사》 등의 이러한 토속문화를 축소·배제한 서술 특성을
제대로 주목하여 파악하지 않았다.

그 결과 한국사학이 제시하는 고려시대 문화상은 유교문화와
불교문화가 거의 대부분이고 토속문화는 미미한 것이 되었다. 그
것은 고려시대를 연구한 논저들에서, 그리고 각종 개설서들의 서
술에서 미미한 비중으로 나타난다. 그 만큼, 토속문화가 고려시
대 문화에서 큰 비중을 갖는 중요한 연구 대상이라는 사실 자체
도 한국사학계의 시야를 벗어나 있다.

그러한 한국사학계의 고려시대 토속문화에 대한 인식 실태는

바 있다(2014, 〈고려중기 외척의 위상과 정치적 역할〉, 《한국중세사연
구》 38).

[28] 노명호, 2012, 앞의 책, pp.106~128.

고려시대 왕조의 최고의 신성한 상징물이었던 왕건 동상에 대한 인식에서 그 단면이 노출된 바 있다. 왕건 동상이 세종 11년(1429)에 고려 태조 현릉역에 매장되었다가 1992년 현릉 확장 공사 도중에 출토되었을 때, 여러 해 동안 현대의 연구자들은 그 실체를 알아보지 못하였다. 왕건 동상은 개성의 고려역사박물관에 '청동불상'이라는 안내판과 함께 연화대를 만들어 앉힌 상태로 여러 해 동안 전시되었다.29) 그것이 사진과 함께 일본과 한국에 알려졌을 때, 현릉의 '부장품', 명부시왕상冥府十王像 등으로 추정하였다.30)

　　토풍에 대해 거론하는 것에 대하여 학계의 일각에서는 한국사의 특수성을 강조하는 것으로 보는 경향도 있다. 토풍, 일명 국풍은 동아시아의 국제문화였던 유교문화나 불교문화의 보편성과 대립하는 특수성으로 작용하기보다는, 그러한 문화들과 조화-융합하는 속에 새로이 문화적 개성이 창조될 기반을 제공한 고려시대의 중요한 문화유산이었다.

　　예컨대, 왕건동상은 토속제례문화와 함께, 유교정치문화와 불교문화가 융합되어 있는 동아시아에서도 다른 예를 찾기 힘든 개성을 가진 제례문화 조각상이다. 그 왕건동상은 고려시대의 "태조성훈太祖聖訓"이라는 정치이념과 결합되어, 고려시대 정치문화의 중요한 부분을 구성하고, 국가적 중요 국면에서 큰 역할을 하였다. 이러한 고려시대 역사상의 중요한 개성적 면모 역시 토

---

29) 蔡藤忠, 1996, 《北朝鮮考古學の新發見》, 東京: 雄山閣, p.155.
30) 《조선일보》 1997년 10월 3일자 보도.

풍에 대한 이해가 결핍된 속에서는 제대로 밝히기 어려운 것이다. 토풍은 한국사의 특수성이 아니라, 한국사의 개성을 구성하는 중요한 문화유산이었다.

⑧ 앞에서와 다른 사료비판의 문제는 《고려사》 등의 '직서'에 대한 재인식이 필요하다는 것이다. 주지하듯이, 정도전·정총은 태조 4년(1395)에 편찬을 끝낸 《고려국사》에서 고려의 황제제도를 '참람한 흉내〔僭擬之事〕'라고 규정하고 제후제도로 개서하였다. 《고려국사》를 개찬하며, 황제제도가 참람하지만 '사실대로' 직서하는 원칙이 세종에 의해 추진되어, 신료들의 강렬한 반대를 무릅쓰고 세종 6년(1424)에 《수교고려사》가 찬진撰進되었다. 한국사학계는 세종이 추구한 직서를 무제한적 직서로 이해하며, 실제의 편찬에서 직서 적용을 제한한 세부 지침들을 주목하지 않았다.[31] 그리고 그러한 제한적 직서가 적용되어 《고려사》나 《절요》로 편찬되기까지의 중간과정에 대해서도 제대로 주목하지 않았다. 그러한 것들은 이 두 책의 사료적 특성을 파악하는 데 중요하고 관련된 범위가 큰 사항인바 다음 절에서 자세히 검토하기로 한다.

---

31) 노명호, 2014, 〈《고려사》의 '僭擬之事'와 '大赦天下'의 '以實直書' : 핵심이 삭제된 고려의 황제제도〉, 《한국사론》 60; 이 책 제Ⅰ편 제一장.

4. 《고려사》와 《고려사절요》에 적용된 '직서直書'의 세부 지침

　　세종이 추진한 '직서'의 원칙은 실제의 적용 세부 지침에서는 크게 두 단계에 걸쳐, 고려 황제제도의 핵심에 해당하는 것을 서술에서 배제한 것이었다.[32] 그 결과물인 《고려사》와 《절요》의 사료적 특성에 대한 이해를 갖지 않고 읽으면, 고려의 황제제도란 별 의미가 없는 황제제도의 부수적 제도 명칭의 '참람한 흉내'에 지나지 않은 것으로 이해되기 쉽다.

　　더구나 후대의 명明, 청淸과의 관계나 그에 앞서 원元과의 관계에 익숙한 한국사학계는 10~13세기의 송·요·금과의 관계도 원·명·청과의 관계의 연장선상에서 보는 경향이 있다. 그것은 고려의 황제제도가 동아시아 국제관계 속에서 실질적 의미를 가질 가능성을 고려 대상에서 배제하게 하여, 부수적 제도 명칭의 '참람한 흉내'에 불과한 것이라는 이해를 강화시키는 것으로 보인다.

　　동아시아의 세력구조를 보면, 14세기 이후에는 원·명·청이라는 동아시아의 유일 초강대 세력이 주변국들을 압박하며 대부분의 시기에 거의 일방적으로 국제질서를 이끌었다. 10~13세기의 동아시아는 북의 요-금과 남의 송, 양대 세력이 대치하여 경쟁하며 교류하였고, 동의 고려와 서의 서하西夏가 그 중간에서 세력 사이 균형추 역할을 하며 그 경쟁과 교류에 참여하였다. 특히 만주의 동남부에는 거란의 지배를 벗어나 자치적인 생여진生女眞 집단들과 발해유민 집단들이, 1115년에 건국한 금이 이 지역을

---

32) 노명호, 2014, 위 논문. 이 책 제Ⅰ편 제一장.

통합하기 전까지 존재했으며 때때로 '~국國'을 일컫기도 하였다.
이들은 고려와 대거란동맹을 결성하여 거란의 침공에 대비하였
는데, 그 관련 기록들이 《고려사》나 《요사遼史》·《속자치통감續資
治通鑑》 등에 보인다. 이들의 수장이 고려 임금에게 황제에게 드
리는 '표表'를 올린 기사들도 보인다. 고려 남쪽에는 1105년에
고려의 군현으로 편입되기 전 탐라국耽羅國도 존재하였다. 이처
럼 고려의 황제제도가 존재하였던 시기의 동아시아 국제사회는
14세기 이후와 구조적으로 달랐다.[33]

고려의 황제제도는 자체 세력권 안에서 기능하며, 대륙의 강
대세력들과의 관계에서는 대개 사대관계를 맺으며 칭왕稱王하는
외왕내제外王內帝에 해당하였다. 그러나 대륙의 강대세력들도 고
려의 자체 세력권 안에서의 칭제稱帝 사실을 알고 있었으나, 그
것을 문제 삼지 못하였다. 또한 그것을 부분적으로 인정하여 외
교의전 등에서 절충적으로 수용하기도 하였다.

《고려사》 등에 서술된 상태에 따라 고려의 황제제도가 '칭제'
가 빠진 부수적 제도 명칭의 흉내에 지나지 않는다는 식의 선입
견이 광범하게 존재하는 속에서 자료의 해석도 그 영향을 받는
것이 나타났다. 그 한 예를 들면, 《고려사》에 수록된 고려의 궁
중 의례용 속악俗樂 〈풍입송風入松〉의 가사 해석이다.[34] 그 가사
의 서두 부분, '海東天子當今帝/佛/補天助敷化來'에서 '佛' 다음을

---

33) 노명호, 2007, 앞의 책, 〈V. 해동천자의 '천하'와 藩〉.
34) 《高麗史》 권71 樂志2 俗樂 風入松; 노명호, 2014, 앞 논문; 이 책 제
   I편 제一장.

끊어, '帝佛'이라는 이상한 존재를 만들면서까지 '(고려)황제'를 부정하는 해석을 해 오고 있다.35)

고려 〈풍입송〉 서두 부분은 '帝/佛' 사이를 끊어 '해동천자이신 지금의 황제는/ 부처가 돕고 하늘이 도와 널리 교화를 펴시도다'로 해석해야 자연스럽다.36) 특히 주목되는 것은 이러한 번역의 문제점이 검토되고, 고려 황제제도에 대한 10여 편의 논저들이 나온 근래에도 종래처럼 번역하는 것이 계속되고 있다는 점이다. 이러한 상태를 벗어나기 위해서는 《고려사》의 '직서'가 적용되는 실제 대상이 제한적이었던 것을 파악할 필요가 있다.

세종이 추구한 '직서'가 크게 두 단계에 걸쳐, 고려 황제제도의 핵심 사항을 서술에서 배제하게 된 데는 제후제도로 개서할 것을 주장하는 신료들과 세종의 의견이 충돌하였던 때문이다.37) 신료들이 改書를 주장한 데는 크게 두 가지 요인이 있었다.

하나는 ㉮ 조선을 압박한 동아시아의 유일 초강대 세력 명나라의 위협을 의식한 것이었다. 명 태조 주원장朱元璋은 조선을 정벌하겠다며 노골적 위협을 한 바 있었다. 그는 조선 태조가 재위 2년(1393)에 보낸 사은표전賜恩表箋에 자신을 능멸하는 '침모

---

35) 동아대학교 고전연구실, 1965 《역주 고려사》에 이어서, 동아대학교 석당학술원, 2011 《국역 고려사》(경인문화사)에도 이렇게 끊어 번역하였다.

36) 노명호, 1997 앞의 논문. 북한 번역, 1963, 《고려사》(사회과학원출판사)에도 "해동천자 금상 폐하 / 부처님이 돕고 하느님이 도와서 덕화를 펼쳤네"로 끊어 번역하였다.

37) 노명호, 2014 앞 논문. 이 책 제Ⅰ편 제一장.

지사侵侮之辭'가 있다고 하고, 정식 책봉을 받지 못한 이성계가 '권지국사權知國事'라 칭한 것까지 '간사한 계획' 운운하며 문제 삼았다. 이후 조선으로서는 극히 조심하였는데도 태조 4년부터 6년 사이에 이른바, '표전문제表箋問題'가 연이어 세 차례나 일어났다. 그 첫 번째 사건에서 명은 표전문 작성자 정도전을 관송管送하라고까지 하였다. 이러한 사건들을 거친 변계량卞季良은 태종 15년에 올린 봉사封事의 '삼가하여 사대할 것'이라는 조항에서 "위를 거역하는 말은 입밖에 내서도 안 되고, 마음속에 싹트게 해서도 안 됩니다"라고 하였다. 이처럼 명나라와의 관계에서 극도로 말조심을 해야 한다고 한 변계량은 세종대에 가장 강렬하게 개서를 주장한 인물이다.

다른 하나는 신료들이 ㉯ 주자학 이념에 따른 사대명분론을 절대적 도리로 신봉하였던 때문이다. 《고려국사》의 개수를 맡은 변계량은 오히려 정도전도 개서하지 않은 '성사成事'에까지 개서를 더 확대하여 문제가 되었다. 세종으로부터 직서로 고치라는 명을 받고도 끝까지 개서가 옳다고 세종과 논쟁하며, 자신의 주장을 굽히지 않았다. 변계량을 대신하여 정도전이 개서한 것까지 모두 직서로 고치라는 명을 받은 유관柳觀은 즉각 조祖·종宗을 일컫는 묘호廟號 등의 직서가 옳지 않다고 반대하는 글을 올렸다. 개서가 옳다는 자신의 소신과 달리 왕명에 따라 직서로 《수교고려사》를 편찬한 윤회尹淮는 그 서문에서 '직서'는 세종의 '독단'에 따른 것이라고 천명하고, 형식적 미사여구를 덧붙였다. 이 서문은 변계량이 직서로 편찬된 《수교고려사》에 강력한 반대를 제기하는 계기를 만들었고, 그로 말미암아 《수교고려사》의 반포도 무산되고, 그 뒤 7년 동안 고려 역사편찬 사업도 중단되게 되었다. 이들은 조선 초기 당시와 구조적으로 달랐던 고려 전·중기의 국제 형세에 따른 고려 조정의 대처를 전혀 고려하지 않고, 그들이 신봉하는 이념에 따라, 고려의 황제제도를 '참람하게 흉내낸 일〔僭擬之事〕'이라고 부정적으로 규정하였다.

세종이 직서를 추진한 동기 내지 이유는 크게 두 가지였다. 한 가지는 ㉠ 세종의 현실 정치적 동기였다. 즉, 중국 내부 제후와 다른 독자적 권위의 상징으로서 조선 임금에 대하여 태조·태종 등 조·종을 일컫는 묘호 사용의 정당성의 근거를 확보하고, 정착시키는 것이었다. 그러기 위해서는 그 역사적 선례가 고려 정사 속에서 개서되어 사라지지 않고, 직서되어 그대로 드러나게 하는 것이 필요하였다. 개서를 주장하는 신료들은 조·종을 일컫는 묘호는 참람하니, 고려 역사를 서술할 때 모두 삭제하고 '~왕'으로만 일컫자고 주장하였다. 세종은 직서할 것을 변계량에게 처음 지시한 이후 매번 직서를 거론할 때마다 조·종을 칭한 고려 임금의 묘호를 그대로 서술할 것을 언급하였다.

다른 한 가지는 ㉡ 사실에 충실하고 풍부한 내용의 역사책을 만드는 것이었다. 개서로 편찬된 역사책은 역사적 사실을 제대로 전할 수 없었다. 많은 관청과 관직 등으로 구성된 관제까지 개서하면서 내용 혼란을 피하기 어려웠다. 이처럼 개서하면서 제대로 된 기사를 만들기 어려운 까닭에 《고려실록》 등 많은 원자료들이 있었지만, 편찬된 역사책은 내용이 소략한 상태를 벗어나지 못했다.

직서를 추진한 세종과 개서를 주장한 신료들의 생각이나 동기는 차이도 있었지만 공통적인 부분도 있었다. 그러한 면에서 처음 출발점부터 세종의 직서는 고려 황제제도에서 개서를 주장하는 신료들이 우려하는 바와 관련되는 일부를 제외한 제한적 직서로 출발할 소지를 가졌고, 신료들의 개서 주장에 좀 더 타협하여 추가로 조정될 여지를 지니고 있었다.

세종 역시 고려 황제제도가 '참의지사'라는 신료들의 생각에 반대하지는 않았다. 그리고 신료들이 우려하는 고려 황제제도의 직서가 명과의 관계에서 긴장관계를 유발할 가능성도 전혀 무시할 수는 없는 것이다. 그러한 점에서 세종의 직서 추진은 처음부터 매우 민감한 대상에 대해서까지 무제한적으로 시행한 것은 아니었다. 다만 조선 건국 초와 달리, 세종 즉위 무렵부터는 명의 위협적 기세가 완화 내지 감소되는 속에 세종은 매우 민감한 문제를 제외한 제한적 직서는 문제될 것이 없다고 판단한 것이다. 세종이 직서를 지시한 것이 처음 나타나는 것은, 재위 3년에 변계량이 정도전도 개서하지 않은 '성사'까지 확대 개서하여 《고려국사》의 개수를 끝낸 직후의 일이었다. ⓐ 제한적 직서란 처음에는 고려 황제제도에서 그 핵심인 '황제'·'천자'라는 위호를 금기어로 하여 배제하고 나머지만을 직서하는 것이었다. 이 위호는 고려 당시의 문헌들에서는 많이 나타나지만, 《고려사》, 《고려사절요》 등에서는 본문은 물론 '일러두기'인 〈범례〉에서조차 언급을 회피한 금기어였다.[38]

세종의 제한적 직서는 문제를 수습할 최소한의 것이었지만, 주자학 이념에 투철한 신료들에게는 현실의 실제 문제들이 눈에 들어오지 않았다. 격렬한 반대에 부딪힌 세종은 '황제', '천자'를 금기어로 배제한 것에서 더 후퇴하여 타협하였다. 세종 5년에는 ⓑ 고려 황제가 내리는 '대사천하' 등 황제제도의 핵심적인 민감한 제도나 사실들도 배제하는 세부 편찬 규칙을 정하였다. 이로써 직서의 대상은 묘호의 '조·종'이나 '폐하', '태자' 등 용어, 관제명, 제制·조詔·칙勅 등의 명칭과 같은 황제제도의 부수적 제도에 한정하였다.

이러한 제한적 직서 규칙에 따라 처음으로 편찬된 것이 《수교고려사》였다. 하지만 세종 7년에 변계량 등의 강력한 반대에 부딪혀, 반포도 되지 못하고, 세종은 일체의 고려 역사편찬 작업 자체를 그 뒤 7년 동안 중단해야 하였다. 그 뒤 변계량이 죽고, 세종의 조정 장악력도 커진 때인 세종 14년에 고려 정사 편찬은 재개되었다. 이후에는 적어도 제한적 직서 원칙 및 그 세부규칙에 반대하는 신료들은 없었다. 이때에 시작된 편찬 작업은 《고려사전문》을 거쳐 《고려사》의 편찬으로 이어졌다.

《고려사》와 《절요》에 적용된 제한적 직서는 고려 황제제도의 핵심이 제외된 부수적인 용어들에 대한 직서라는 한정적인 것이

---

38) 앞에서 검토한 《고려사》〈樂志〉〈風入松〉의 고려 '황제', '천자'의 위호와 고려 황제제도의 핵심에 해당하는 다른 파편 또는 단편적 기사들이 《고려사》에 수록 가능했던 것은 몇 가지 달라진 조건들이 있어 가능하였다. 그 자세한 것은 노명호, 2014, 위 논문 참조. 이 책 제Ⅰ편 제一장.

다. 그러나 그 세부지침의 실제 적용은 충실하게 수행됨으로써 사료적 특성을 이해한다면 고려 황제제도의 윤곽을 상당부분 복원할 수 있는 가능성을 열어 주었다.

첫째, 황제제도의 부수적 제도들도 그 여러 가지가 나타나는 시기가 있고 나타나지 않는 시기가 있으며, 두 가지 시기 사이에는 황제제도의 실시나 폐지와 관련된 일련의 사실들이 나타난다. 《고려사》 등이 아닌, 고려 당시에 만들어진 문집들이나 고문서, 금석문 등에서 고려 황제제도가 나타나는 시기도 《고려사》 등과 같다.

둘째, 제한적 직서를 하는 속에서도 고려 황제제도의 핵심에 해당하는 고려 '황제'나 그 '천하' 등에 대한 파편적인 기사들이 눈에 잘 띄지 않는 곳에 적지 않게 흩어져 있다는 것이다. 고려 황제제도의 핵심에 해당하는 제도들은 고려 당시에 만들어진 자료들에는 더 잘 나타난다. 물론 이러한 기사들이 나타나는 시기는 고려 황제제도의 부수적 제도들이 나타나는 시기와 일치한다.

고려 황제제도와 관련된 사실은 송이나 요-금과의 관계에서도 일부 나타난다. 고려 국경 밖에서 고려 황제제도가 실질적으로 기능한 사실은 여진족 집단들이나 발해유민 집단들과의 관계에서 나타난다. 그와 관련된 자료는 《고려사》에도 단편적인 것들이 있지만, 《조선실록》에도 나타난다. 고려 태조 왕건상은 고려 황제제도의 복식을 보여주는 물증 자료이기도 하다. 이상과 같은 적지 않은 자료들을 통해 고려의 황제제도는 그 윤곽을 복원해 볼 수 있다.

위에서 본 《고려사》 등의 제한적 직서의 사료비판 결핍 역시 광범한 사실 해석에 오해를 초래한다. 고려 황제제도의 주된 시기였던 고려 전·중기는 물론이고, 고려 말의 사실에서도 그러하다. 그 한두 예만 보기로 하자.

근래에 《고려사》의 '직서'에 의한 편찬의 충실성에 문제를 제기한 연구가 있었던바, 당시의 직서 원칙을 무제한적 직서로 이해하여, '황제국으로서의 용어가 철저하게 환원되지 못한 사례들'이 있다는 견해이다.39) 그러나 그 가운데 '황제'·'천자' 등 황제제도의 핵심용어는 당시의 '제한적 직서' 원칙에서 처음부터 직서 대상에서 제외된 것은 앞에서 보았다. 그리고 전면적 직서로 보며 《고려사》의 오류라고 한 것 중에는 당시의 사실과 맞지 않는 것도 있다. 즉, 고려 전기 황제제도 시행 시기에 많이 보이는 '교서教書' 기사들이 '조서詔書' 등을 개서한 것을 직서로 환원하지 않은 것이라고 하였다. 그런데 고려 황제제도에서는 제후제도의 교서와 달리, 문장 가운데 황제제도의 용어가 사용되기도 하는 '교서'가 별도로 있었다. 《보한집》에서는 그러한 교서를 중국 황제의 문서에 연원을 둔 것으로 설명하면서, 마제麻制와 함께 교서가 수여되는 제도 또는 관례도 서술하였다. 《동국이상국집》 권34에서는 이연수李延壽 등의 인물에게 실제로 두 문서가 함께 내려진 사실과 그 내용도 확인된다.40) 황제제도가 시행되던 때

---

39) 장동익, 2010, 〈고려사의 편찬과정에서 개서〉, 《퇴계학과 한국문화》 46, 경북대 퇴계연구소.

40) 노명호, 2000, 〈고려시대의 공신녹권과 공신교서〉, 《한국고대중세고

의 '교서'는 개서된 것이 아니라 사실대로 직서된 것이다.《고려
사》의 제한적 직서는 비교적 충실히 적용되어, 교서 등 왕언王를
문서식에서도 의미 있는 사료적 신빙성이 있는 것이다.

　비슷한 문제는 고려 말 사실의 이해에서도 있으니, 그 한 예
가 무제한적 직서로 보는 견해를 인용하여 적용한 공민왕 대의
사실에 대한 최근의 연구에서도 발견된다.[41]《고려사》 공민왕
11년 3월 정미일조에는 '교왈敎曰'로 시작하여 본문에 '칙서勅書',
'선宣' 등의 용어가 섞여 있다. 모두 공민왕의 왕언을 일컫은 용
어들이다. 이 본문의 내용은《목은문고牧隱文藁》권11〈죄삼원수
교서罪三元帥敎書〉와 비교하면, 서두부 '선지宣旨'와 종결부 '고자
교시故玆敎示 상의지실想宜知悉'이 삭제되고, 인물의 관직 등은
약간 축약되었다. 여기서의 '교敎'에 대하여, 조서·칙서 등이 교
서로 개서되었다가 직서 방침에 따라 환원되지 못하고 개서된
상태로 남은 것이라는 견해가 검토의 대상이다. 이 견해는 논문
에서 서술했듯이,《고려사》의 직서 원칙은 전면적 직서이고, 교
서는 모두 제후제도의 문서라는 전제에 섰다. 이것은 고려 황제
제도의 교서의 존재를 제대로 고려하지 않은 것이다. 그런 때문
에 '교'·'교서'는 개서된 것이라고 하면서, 뒤에 나오는 '선지'·

문서연구(하)》, p.13; 노명호, 2015, 앞의 논문; 박재우, 2005,《고려
　국정운영의 체계와 왕권》, p.69.
41) 김난옥, 2013,〈공민왕대 기사의 수록양식과 원전자료의 기사 전환방
　식:《고려사》세가와《고려사절요》를 중심으로〉,《한국사학보》52.
　p.64. 공민왕 11년 교서에 대한 견해에 재고할 점이 있으나, 다른 사
　항들에 대한 견해들은 경청할 바가 있다.

'칙서'·'선' 등은 검토 대상으로 삼지 않은 것이다.

이 문서는 기본적으로 교서 양식이면서 칙서·선 등의 황제제도 용어도 사용된 고려 황제제도의 교서이다. 이러한 고려 전·중기 황제제도의 교서는 《고려실록》은 물론 여러 가지 형태의 기록들에 많이 남아 있었기 때문에— 현재도 그 예들을 볼 수 있다— 이색이나 《고려사》 편찬자들에게는 익숙한 것일 수밖에 없다. 그리고 '교'·'교서'가 '조詔'·'조서詔書' 등을 개서한 것이라고 보는 것은 함께 나오는 '선지宣旨'·'칙서勅書' 등이 개서되지 않은 것을 설명하기 어렵다. 특히 《목은문고》〈죄삼원수교서〉의 '교서'가 '조서' 등에서 개서된 것이라면, 종결부의 '故玆敎示~'도 '故玆詔示~'에서 개서된 것이 되는데, 제목과 종결부는 개서하면서 제목 바로 다음에 나오는 서두부의 선지나 본문의 칙서·선시는 개서하지 않았다는 것은 무리한 주장이다. 이것은 고려 말 조선 초에는 자료도 많이 남아 있었고 잘 알려진 고려 황제제도의 교서 양식에 따라 명명된 것이다.

〈죄삼원수교서〉의 문서식에 대해서는 종결부의 '고자교시~'에 근거하면, '교서가 틀림없다'고 하면서도, 서두부의 '선지'에 비중을 두어 선지로 본 연구가 있다.[42] 이 연구는 이 왕언이 처음부터 단일 문서로 작성된 것으로 이해한 것이다. 그리고 의종 16년의 왕명은 《고려사》에는 '선지'로 시작되고 《절요》에는 '조왈詔曰'로 시작되는 것도 참고하여,[43] 교서·조서·선지가 양식상 유사

---

42) 박재우, 2003, 〈고려전기 왕명의 종류와 반포〉, 《진단학보》 95.
43) 《고려사》 권18 의종 16년 5월 정사; 《절요》 권11 의종 16년 5월.

점을 가진 같은 종류의 문서라 하고, 그보다 '좀 더 가벼운 왕명'이 교지敎旨·왕지王旨라고 하였다.

이러한 이해는 두 가지 사실과 결합한 보완이 필요하다고 본다. ① 충렬왕 23년에 참람하다는 원 나라의 질책 때문에 '선지'를 고쳐 '왕지王旨'라고 명칭을 바꾸었으니,44) 선지는 왕지와 기본적으로 같은 문서식이고, 교서·조서보다는 왕지·교지와 동질성이 큰 문서이다. 지금까지 알려진 조선 초 왕지의 실물 사례를 참고해도, 교서의 문투인 '고자교시~'는 나타나지 않는다.45) 그렇다면 ② 성격이 다른 두 왕언 문서, 선지와 교서는 선후관계이고, 〈죄삼원수교서〉는 양자의 관계를 드러낸 것으로 보인다. 고려에서는 자료가 없지만, 두 종류 왕언이 선후관계로 작성된 것을 당나라 회창會昌 3년(843)에 작성된 '봉선찬奉宣撰'이라고 한 〈토유진제討劉稹制〉에서 볼 수 있다. 즉, 황제와 독대한 이상李相이 구두로 선宣을 받고, 중서中書에 돌아와 그것을 종이에 기록한 다음 병病으로 집에 있었던 덕유德裕에게 초제草制하게 하였다.46) 고려에서도 임금의 구선口宣을 받은 한 신하(승지)가 그것을 문서화한 선지宣旨를 만들고, 임금이 명한 대로 구선口宣을 직접 듣지 못한 문한文翰 담당 신하에게 그것을 전달하여 문장을 윤색하는 것은 충분히 가능한 일이다. 이때 교서·조서의 작성자는 그 근거를 명시해야 했으니, 서두에 선지宣旨의 내용임을

44) 《고려사》 권28 충렬왕 2년 3월.
45) 최승희, 1989, 《증보판 한국고문서연구》, pp.79~81.
46) 中村裕一, 2003, 《隋唐王言の研究》, 汲古書院(東京), pp.297~299.

표시해야 했을 것이다. 그렇게 작성된 교서가 〈죄삼원수교서〉이
다. 그리고 아마도 그렇게 작성된 조서가 '의종 16년의 조서'일
것이다. 이 문서들은 교서나 조서이지만, 같은 내용의 선행 선지
가 존재하였으니, 역사에 기록될 때는 선지에 근거하는 것도 가
능했을 것이다.

〈죄삼원수교서〉에는 몽고의 압박으로 격하되기 이전의 관제에
서 가져온 문하평장사, 동지밀직, 밀직부사 등의 관직들도 나타
난다. 잘 알려진 바처럼, 이렇게 격하되기 전 관제는 공민왕 5년
반원정책과 함께 시작되어 공민왕 11년 3월 갑자일까지 일차 시
행된 것이다. 공민왕 11년 3월 갑자일에서 17일 전인 〈죄삼원수
교서〉에 고려 황제제도의 교서·선지·칙서 등이 시행된 것도 이
시기 범위이다. 이와 관련하여 공민왕 5년 당시 왕사였던 보우普
愚는 남경南京으로 천도할 것을 건의하며 '제경帝京' 운운한 사실
도 주목된다.[47]

황제제도의 문서식이나 '제경'을 운위한 사실들은 기존 공민왕
대 대원정책의 연구에서 충분히 주목하지 않은 사실들이며, 특히
공민왕의 정책이 반원정책이라는 것에 부정적인 이들이 주목해
야 할 사실들이다.[48] 이러한 사실들이 당시, 적어도 공민왕 5년

---

47) 노명호, 1999, 〈고려시대의 다원적 천하관과 해동천자〉, 《한국사연
구》 105; 노명호, 《고려국가와 집단의식: 자위공동체·삼국유민·삼한일
통·해동천자》, p.182.

48) 김경록, 2007, 〈공민왕대 국제정세와 대외관계의 전계양상〉, 《역사와
현실》 64; 이강한, 2009, 〈공민왕 5년(1356) '반원개혁'의 재검토〉,
《대동문화연구》 65; 이강한, 2010, 〈'친원'과 '반원'을 넘어서:13~14세

부터 11년 3월까지에서, 당시의 고려지배층이나 몽골에 주는 상
징적 의미는 고려 안의 기황후세력을 비롯한 부원세력의 제거에
그치지 않고, 몽골의 압제 이전으로 고려 국왕권 및 국권 회복의
기치를 높이 드는 것이었다. 그것의 실현 가능성과 별도로, 이러
한 공민왕의 시책은 몽골의 압제에 순응하던 국내 정치세력들이
몽골의 고려국왕 폐립에 대항하여 고려국왕 편에 서도록 분위기
를 크게 전환시켰다. 이러한 고려의 변화는 몽골 복속 후 몽골의
국왕 폐립을 그대로 받아들이기만 하던 고려 국권의 무기력한
상황을 벗어나게 하였다. 그 뒤 몽골의 공민왕 폐위 조치를 공민
왕이 군사적 대결로 좌절시킴으로써 여몽관계를 복속관계에서
단순 사대관계로 근본적으로 변화시킨 것이다. 그리고 일련의 정
치적 제도들은 대내외 정세와 함께 대변동을 하는데, 그 이면에
서 공민왕의 정책적 대응 방향도 몇 차례 변화되어 갔다.

　이상에서 본 사례들에서처럼 《고려사》 등의 제한적 직서에 대
한 정확한 인식은 고려 전·중기는 물론 공민왕 대의 사료 해석
에도 큰 차이를 초래하는 것이다. 그리고 이 장에서 검토한 사례

　기사에 대한 새로운 이해〉, 《역사와 현실》 78. 이들 연구에 대해서는
이익주의 비판적 검토(2015, 〈1356년 공민왕 반원정치 재론〉, 《역사학
보》 225)가 기본적으로 타당하다고 본다. 공민왕 대에 해당하는 시기
의 고려와 원 각각의 국내외의 정세와 양국관계는 지각변동에 해당하
는 큰 변화가 비교적 단기간에 걸쳐 여러 차례 일어나고 있었던 때인
데, 반원정책 재검토론은 너무 긴 기간의 정세 및 관련 사실들을 포괄
적으로 보는 데 치중한 문제가 있다. 그러한 점을 보완한다면, 경청할
부분들도 있다고 생각된다.

들은 사료비판에 따라 이해와 해석이 달라지는 많은 사실들 가
운데 적은 일부에 지나지 않는다는 것을 주목할 필요가 있다.

5. 맺음말

　머리말에서 언급한 바와 같이 체계적이고 정밀한 자료 정리와
사료비판의 문제를 《고려사》와 《절요》라는 고려시대 연구의 중
심자료를 대상으로 하여 살펴보았다.

　제2절에서 검토한 체계적이고 정밀한 자료 정리의 중요성은
한국사 전반에서 비교적 많은 연구자들이 느끼고 있을 것이다.
상대적으로 자료 정리가 오래 진행된 조선시대 이전의 자료에서
보면, 한국의 전적典籍은 아직 그 제대로 된 통합목록조차도 작
성된 것이 없는 실정이다. 영인된 전적은 더 좋은 선본이 아닌
경우가 비일비재하며, 중요 전적들의 이본들의 존재 파악이나 그
특징의 파악 및 이본교감은 더욱 갈 길이 멀다. 연구자들이 알려
진 여러 이본들 가운데 어느 하나만을 이용하다가 뒤늦게 다른
이본에서 시대상이나 사실 파악 등에 중요한 다른 기록들을 발
견하는 일이 있어서는 안 된다. 정도의 차이는 있지만 많은 전적
들이 이러한 문제들을 가지고 있으나, 어느 한 이본만을 이용하
여 연구한 경우들이 많다.

　자료 정리가 진행된 기간이 짧은 근대사나 현대사의 경우 국내외에 산재하는 방대한 자료의 체계적 파악과 정리 문제는 더욱 클 것이다. 자료의 중요 소장처들에 대한 종합적 연구, 소장자료 종합목록의 작성 및 정밀한 사료비판을 수반한 자료해제도 필요하다. 나아가서는 근대사나 현대사의 발견된 자료들의 충실한 서지정보와 해제가 들어간 종합목록 데이터베이스가 만들어지고 정기적인 추가와 갱신이 필요하다. 중요 주제의 자료들에 대한 정밀하고 깊이 있는 사료비판 연구들도 필요하다. 그리고 국내외에 존재하는 종류도 많고 양도 방대한 중요한 자료들을 발굴하고 체계적으로 정리할 본격적이고 근본적인 장기적 대책이 필요할 것으로 생각된다.

　사료비판적 특성 파악과 관련한 제3절과 제4절에서 검토된 문제들은 사료의 해석을 달라지게 하는 문제로서 고려시대 역사인식의 폭과 깊이에 관련되는 사안이다. 이것은 고려시대의 경우도 이 글에서 다룬 것에 그치지 않고, 앞으로 보다 정교하고 체계적 검토가 이어지며, 주제별 연구들로 연결되어야 할 문제이다. 한국사학의 강점에 해당하는 이러한 문제들에서 지속적 발전을 이루어야 인접학문들이 할 수 없는 한국사학의 역할을 십분 발휘할 수 있을 것이다. 동일 주제에 대한 자료가 많을수록, 상충되는 자료가 많을수록 정밀하고 체계적인 사료비판을 통한 사료 특성 파악의 중요성은 더욱 클 수밖에 없다.

제二장

고려시대 새로운 영역의 연구에서 사료와 개념체계의
관계 : 실제 사례를 통한 고찰

1. 머리말

조선 전기에 편찬된 《고려사》나 《고려사절요》의 역사서술과
비교할 때, 근현대에 편찬된 한국사 저술의 고려시대 역사서술에
는 새롭게 주목되고 재구성되어 새로이 파악된 사실들이 많이 발
견된다. 그것은 새로운 영역의 연구들이 점차로 증가해 온 결과
이다. 근현대 연구성과들의 바탕을 형성한 새로운 요소들은 여러
가지가 있고, 그 모두를 열거하는 것은 어려운 일이다. 그 중요한
요소들로 일반적으로 주목되고 있는 것으로는 사관史觀 내지는
관점, 연구방법, 사용된 사료, 사료비판의 정밀도 등을 들 수 있다.
새로운 영역의 연구를 가능하게 한 또 다른 중요 요소로는
새로운 개념체계의 등장이다. 개념은 연구 대상의 기본적 속성을
개괄하여 구체화시켜 드러내 준다. 그것이 없이는 연구 대상을

구체화하여 인식하는 것 자체가 어렵고 때로는 사료해석도 잘
되지 않는 만큼, 그 중요성은 크다. 특히 단일 개념만이 아니라,
복수의 개념들로 구성된 개념체계는 대상인 사물이나 사실들의
분류체계이기도 하고, 그것들의 기본 속성이나 구조적 윤곽을 분
명히 인식할 수 있게 해 준다는 점에서 중요하다. 이 글에서는
근현대에 들어와 이루어진 고려시대 새로운 영역의 연구에 도입
된 개념체계의 문제를 검토해 봄으로써 앞으로의 연구를 위한
개념체계 문제의 판단기준과 전망을 모색해 보려 한다.

개념의 내용은 일반적으로 그것을 지칭하는 용어가 있으므로,
새로운 개념은 새로운 용어와 함께 등장한다. 그러한 면에서 개
념체계란 개념-용어체계이기도 하다. 다만 동일 개념에 다른 용
어를 사용하는 경우도 종종 있다.

근현대에 새로이 등장한 개념체계 가운데는 특정 사관이나 이
론에 부수된 것도 있다. 예를 들면, 사적유물론이나 고전적 사회
진화론에서 제시한 일련의 개념체계는 한국사연구자들에게 비교
적 널리 알려진 것들이다. 그런데 이 부류의 개념체계는 다른 사
관이나 관점·이론 등에서는 부정하거나 일부 조정하여 이용하기
도 한다. 그만큼 특정 사관이나 이론에서 파생된 개념체계를 적
용한 연구의 사실 파악이나 사료 해석은 가설적이거나, 부수된
가치관이나 이념 등에 의해 연구자의 주관이 작용할 여지가 크
지만, 그것을 검증할 객관적 기준의 확보는 어렵다.

개념체계 가운데는 연구자가 입각한 특정 사관이나 이론과 관
계없이, 사물에 대한 파악을 가능하게 해 주는 사실 기반의 개념

체계도 있다. 이에 해당하는 개념체계는 검증의 객관적 기준이 분명하여 핵심적 사실 파악 또는 사료 이용과 해석에 중요성을 갖는 것이 있지만, 오히려 학계에서 그다지 큰 주목을 받지 못한 감이 있다. 연구에 대단히 중요하면서 연구자가 입각한 특정 사관이나 이론과 거리가 먼 개념체계는 크게 두 가지가 발견된다.

(가) 그 하나는 검증 가능한 분명한 범위의 일반적이고 객관적 사실에 입각하여 기본 속성을 분류하고 개괄하여 구체화시켜 드러내 주는 개념체계이다. 특정 관점이나 이론과 무관한 일반명사들도 지칭하는 대상에 대한 개념을 갖고 있듯이, 역사연구의 대상에 적용되는 개념체계 가운데에도 사관이나 이론과 관계없는 것들이 존재한다. 이들은 특정 공간과 시간에 한정되지 않고 해당 사실들이 분포한다는 점에서 일반적이고, 검증 가능한 방식으로 확보되었다는 점에서 '객관적'인 사실에 입각하고 있다.

일반적이고 객관적 사실에 입각한 개념체계는 구체적이고 분명한 범위의 대상에 대한 풍부한 사실 검토에 의해 높은 논리적 완결성을 가지며, 그만큼 주관이나 이론적 가설이 개입되기 어렵다. 이 장에서는 고려시대 친족제도 유형의 개념체계를 예로 삼아, 기존 연구들에 영향을 준 고전적 사회진화론에 입각한 개념체계와 객관적 사실에 입각한 개념체계의 차이점을 비교하고, 그것이 사료해석과 사실 파악에 미친 영향을 검토하려 한다.

(나) 다른 하나는 고려시대 역사상의 핵심 부분과 관련된 고려시대나 조선 초의 개념체계이다. 이 경우의 개념체계는 연구자가 입각한 사관·관점·이념과 500년 이상의 시간적 거리를 두고

존재하였고, 검증 가능한 사료에 나타난다. 당시의 역사상의 핵심 부분과 관련된 개념체계는 당시에 큰 쟁점이 되고 있어서, 고려시대 사료의 전반적인 빈곤 속에서도 비교적 사료가 검토 가능할 만큼 남아 있다.

근현대에 이루어진 연구성과를 돌아보면, 당대의 중요한 핵심적 개념체계들에 대한 검토가 소략하고 근본적으로 재검토해야 할 오류들이 있다. 그 결과 근현대에 재구성되어 파악된(서술된) 고려시대의 역사상에는 주요 부분들이 극히 축소되거나 거의 배제된 것들이 있다. 고려시대 문화를 구성하는 요소로 기록된 '토풍土風(국풍國風)'과 '당풍唐風(화풍華風)'은 그 중요한 것이다. 고려시대 황제제도에 대한 《고려사》나 《고려사절요》 편찬의 원칙인 '직서直書·개서改書'의 개념 역시 그러한 것이다.

이 글에서는 위의 가), 나) 두 종류 개념체계와 사료의 문제를 고려시대 역사상의 구조적인 새로운 이해에 관련되는 예들을 중심으로 검토해 보려 한다. 이 글에서 검토되는 내용의 일부는 앞서 발표한 《고려사》 등 주요 전적의 이본 정리와 사료비판에 대한 글에서 부분적으로 언급된 것이다.[1] 사료 정리 및 사료비판의 문제에 초점을 둔 글에서 다룰 수 없었던 많은 내용들과 함께 개념체계에 대한 집중적이고 심층적인 검토를 하는 것이 이 장의 목표이다. 직서·개서에 대해서는 이 책의 제Ⅰ편 제一장에서 상세히 검토한 바 있으므로, 그것을 참고하기 바란다.

---

1) 노명호, 2015, 〈"고려사"와 "고려사절요"의 재인식과 한국사학의 과제〉, 《역사학보》 228; 이 책 제Ⅱ편 제一장.

2. 객관적 사실에 입각한 개념체계와 사료 : 친족제도 연구의 경우

객관적 사실에 입각한 일련의 개념들로 구성된 개념체계와 사료 이용 및 해석 사이의 관계를 검토하는 것은 자칫 매우 추상적인 논리의 전개가 될 수 있다. 여기서는 가능한 한 구체적인 사실을 기반으로 논의를 전개하기 위하여 고려시대 친족제도에 대한 연구를 예로서 검토해 보기로 하겠다.

근현대 한국사 연구에 일차로 도입된 새로운 친족제도의 개념체계는 직접·간접으로 모어건(Lewis Henry Morgan)의 고전적 사회진화론에 영향을 받은 것이었다. 그 이론에 따르면 사회발전 단계에서 일정한 배우자가 없는 짝짓기 상태의 단계와 중간단계를 지나 모계가 먼저 출현하고 부계가 다음 단계에 출현하게 되었고, 출계율(descent)은 모계와 부계로 구성되었다. 이 고전적 이론의 영향은 실로 광범하였다. 모계사회 선행론과 모계·부계 씨족 등의 친족집단이라는 개념체계는 통설이 되었고, 그러한 서술은 남한과 북한에서 간행된 개설류를 비롯한 수많은 논저들에서 발견된다. 1930년대의 유물사관에 의한 한국사 저술 등에서도 그것은 마찬가지였다. 그것은 고전적 사회진화론을 도입한 엥겔스나 마르크스의 저작을 그들이 그대로 따른 때문이었다.[2]

2) 프리드리히 엥겔스, 《가족 사유재산 국가의 기원》(김대웅 역, 1991, 도서출판 아침)의 1884년판 〈서문〉은 Lewis Henry Morgan, 1877, *Ancient Society, or Researches in the lines of human progress from savagery through barbarism to civilization*, London, Macmillan & Co.에

고려시대의 친족제도 역시 초기 인류학에서 기원한 친족 유형 개념체계들을 토대로 하여 이해되었다. 그리고 상층사회 구성의 기초적 실체로서 사료에 보이는 '가문家門'이 부계 종족으로 추정되었고, 그 결과 여러 성씨별 부계父系 인물을 찾아 계보도를 만드는 성씨별 부계 가문 연구가 유행하였다.3) 이러한 고려시대 부계가문론 연구는 최근까지도 이어지고 있다.

한편, 인류학의 친족관계에 대한 연구는 1960년대 후반에서 1970년대 전반 무렵에는 1세기 정도에 걸쳐 축적된 방대한 연구들이 집대성되고 체계적으로 정리되어 발표되고 있었다.4) 현지

대한 언급으로 시작된다. 엥겔스의 이 책은 McLennan의 난혼설 등도 인용하고 있으나, 모어건의 영향이 그 기반을 이루고 있다.

엥겔스는 자신도 대체로 그렇지만 "마르크스가 모어건의 연구 성과를 자신의 유물론적 역사 연구의 결론의 입장에서 서술함으로써, 비로소 그 의의를 명백히 밝히려고 했다"고 하였다. 그는 마르크스가 모어건의 저서에서 광범위하게 발췌하고 평주를 달아 놓은 것을 자신이 소장하고 있다고 하면서, 자신의 저작은 세상을 떠난 마르크스를 대신하여 수행한 것에 불과하다고 하였다. 그리고 본문 제1장도 모어건의 인용으로 시작한다.

3) 후지다 료사쿠藤田亮策의 1933년 인주仁州 이씨李氏 가문에 대한 연구를 비롯하여, 1960년대부터는 윤경자, 변태섭, 김연옥, 박용운, 이수건, 이만열, 황운용, 김광철 등도 여러 성씨별 연구를 발표하였다. 이 중에서도 성씨별 귀족가문을 가장 많이 연구한 것은 박용운이다. 그는 뒤에 그것을 모아 단행본을 출간하였다(박용운, 2003, 《고려사회와 문벌귀족가문》, 경인문화사).

이에 대한 연구현황을 근래에 이윤정이 검토한 바 있다(이윤정, 2009, 〈고려시대 귀족가문 연구의 성과와 과제〉, 《한국중세사연구》 27).

4) 그러한 인류학의 새로운 연구동향은 부분적으로 이광규에 의해서 소개

조사에 의한 민족지(ethnography)적 연구성과들을 종합하며 기존
에 알려져 있던 친족 유형을 깊이 있게 다룬 논저들이 간행되었
다.5) 또한 친족관계에 대한 초기 연구인 L. H. Morgan 이래로
친족관계의 여러 측면들은 부계와 모계의 친족집단만을 대상으
로 검토되다가, 근본적으로 새로운 유형들이 심화된 연구들을 통
해 알려지게 되었다. 즉 양측적(bilateral) 또는 총계적(cognatic)
친족관계나 친속(kindred) 등의 친족 유형을 새로이 개념화한 연
구들이 발표되었다.6)

　친족관계에 대한 연구가 심화되며 그 성과를 집대성하여 체계
화한 저작들이 출간되었다. 우선 친족관계에 대한 소주제들로 장
절 체계를 세우고 여러 중요한 연구들을 정선하여 편집한 책들
이 간행되었고,7) 친족관계에 대해 개념을 체계적으로 정리한 개

　되고 있었다(이광규, 1975, 《한국가족의 구조분석》, 일지사).

5) 예컨대, 아래의 책은 모계 친족관계에 대해 심화된 연구성과를 수록하
　고 있어서, 기존과 다른 새로운 중요한 측면들에 대해서 알 수 있었다.
　David M. Schneider & Kathleen Gough(editors), 1961, *MATRILINEAL
　KINSHIP*,　Berkeley: Univ. of California Press.

6)　George Peter Murdock(editor), 1964 *Social structure in Southeast
　Asia,* Chicago, Quadrangle Books; J. D. Freeman, 1960, "On the
　Concept of the Kindred"(*Kinship and Social Organization*, 1968 ed. by
　Bohannan and J. Middleton); G. P. Murdock, 1964 "The Kindred",
　American Anthropologist v.66.

7)　필자가 큰 도움을 받은 책으로는 다음과 같은 것이 있다.
　Paul Bohannan and John Middleton(editors), 1968, *Kinship and Social
　Organization,* The Natural History Press; Nelson Graburn(editor),
　1971, *Readings in Kinship and Social Structure,* Harper & Row, New

설서들이 출간되었다.[8] 새로운 지식의 일반화는 더욱 진전되어, 1974년에 간행된 18권 분량의 사회과학백과사전에도 새로이 알려진 친족 유형을 포함하여 친족관계에 대한 전반적인 체계가 정리되어 소개되고 있었다.[9]

한국사 연구에서 일반화되어 있었던 '부계·모계 집단' 개념을 인류학의 새로운 연구성과와 비교하면, 그것은 친족관계 유형들의 일부에 불과하였다. 〈표 1〉 친족관계 유형의 여섯 범주[10] 가운데 한 범주인 '단계單系의 종족이나 씨족'에 지나지 않았던 것이다. 따라서 나머지 다섯 범주의 유형에 대한 개념은 당시 한국 사학계에 전혀 존재하지 않았다. 이 다섯 범주는 일종의 개념의 사각지대가 되고 있었다. 여섯 범주는 크게 두 가지의 축, 친족관계의 충원방식이라는 축의 세 부류가 친족관계의 기준이라는 축의 두 부류로 다시 분류된 것이다.

여섯 범주로 정리된 개념체계는 어떤 인류학적 이론에서 도출된 것이 아니라,[11] 오랜 기간에 걸쳐 많은 사회들을 현지조사하

York.

8) Robin Fox, 1969 *Kinship and Marriage*, Penguin Book; Burton Pasternak, 1976, *Introduction to Kinship and Social Organization*, Entice-Hall, New Jersey.
위에서 Robin Fox의 책은 최근까지 여러 차례 거듭 재판되고 있으며, 여러 논저들에서 많이 인용되고 있다.

9) Fred Eggan, Jack Goody, Julian Pitt-Rivers, 1974, "Kinship", *International Encyclopedia of Social Science*, The Macmillan Company & The Free Press.

10) Diagram 35; Robin Fox, 1967, p.167.

<표 1> 친족 관계 유형의 범주들

Recruitment (충원)		Focus(기준)	
		ego('나')	ancestor(조상)
Unrestricted (비한정적)		cognatic kindred (총계적　親屬) = bilateral kindred (兩側的 −)	unrestricted cognatic lineage, clan (비한정 총계적 종족, 씨족)
Restricted(한정적)	by sex(성별 한정)	unilateral kindred (一側的 친속) patrilateral − matrilateral − (부측, 모측 친속)	unilineal lineage, clan (單系의 종족, 씨족) matrilineal − patrilineal − (모계, 부계의 씨족, 종족)
	other (다른 방식)	restricted cognatic kindred (한정 총계적 친속)	restricted cognatic lineage (한정 총계적 종족) (예: ramage)

여 축적된 사실들을 비교연구하고 분류하여 개념을 추출한 것이
었다. 예컨대 출계(descent)의 종류별로 기술단계와의 상관관계를
검토한 연구에서는 560여 사회들을 대상으로 하였다. 부계 출계
가 240여 곳, 양측적(bilateral) 출계의 경우는 200곳이 넘는 사회

---

11) 인류학에도 결혼에 대한 서로 다른 관점과 관련된 alliance theory와
descent theory처럼 '객관적 사실' 이외의 중요한 요소를 내포한 이론도
있다. 이러한 이론과 별도로 친족 유형의 여섯 가지 개념체계는 주관
적 요소가 거의 없는 검증 가능한 분명한 범위의 '객관적 사실'을 토
대로 한 것이다.

를 대상으로 하였다.12)

여섯 범주의 친족유형의 개념체계가 객관적 사실에 토대를 둔 것이라 해도, 기존의 고려시대 부계가문론이 고려 당시의 사실과 일치하였다면, (개념상의 세부적인 문제 외에는) 구조적인 큰 문제는 없다. 문제는 그 해석과 주장이 당시의 사실과 일치하지 않기도 하고, 개념의 사각지대에 들어가는 중요 사실들을 인식 대상에서 누락하고 있다는 것이다. 앞서 언급하였듯이 연구자가 가지고 있는(연구자에게 형성되어 있는) 개념체계의 틀 속에서 사실들을 인식하게 되고, 그것을 벗어나는 사실들은 이해할 수 없거나 그대로 흘려보낸 때문이다. 그것은 어떤 사실이 둘 이상의 개념에 해당하여 추가 검토가 필요할 경우에도, 불완전한 개념체계를 가진 연구자는 추가 검토를 건너뛰어 자신에게 형성된 개념 범위에만 연결시켜 해석하는 경향으로도 나타난다. 그 예를 〈그림 1〉 팔고조도의 계보를 통해 보기로 하자.

고려시대나 조선시대에는 고조부모 세대까지 소급된 직계조상 8쌍을 모두 '고조부·모'라 하기도 하였고, (3)~(16)까지를 '외고조부·모'라 하기도 하였다.13) 그런데 여기서 부계에 해당하는 것

---

12) M. Schneider & Gough(editors), 1961, p.677.

table17-4 Descent and Types of Subsistence

Subsistence Type	Descent System				
	Patrilineal	Bilateral	Matrilineal	Duolineal	Total
Plough agriculture	69(28)	38(19)	9(11)	1(4)	117(21)
Horticulture	109(44)	86(42)	57(68)	15(53)	267(47)
Pastoral	51(21)	19(9)	5(6)	4(14)	79(14)
Extractive	19(8)	61(30)	13(16)	8(29)	101(18)
Total	248(101)	204(100)	84(101)	28(100)	564(100)

(%)

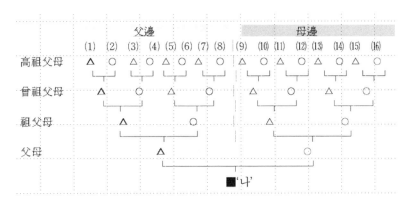

〈그림 1〉 팔고조도의 계보

은 '나'부터 (1)까지로 연결되는 계보선이고, 모계에 해당하는
것은 '나'부터 (16)까지로 연결되는 계보선이다. 그러므로 부계
가문론이 의거한 '부계·모계 집단'만의 개념체계는 (2)~(15)에
해당하는 친족관계를 전혀 고려할 수 없다. 이들은 개념의 사각
지대에 들어 있었다. 게다가 '부계·모계' 중에서 모계에 대한 개
념은 정확하지 않은 경우가 많았다.[14] 그런 까닭에 (2)~(15)에
해당하는 것을 모계적인 것이라고 이해하는 경우도 적지 않았다.

---

13) '외고조'라고도 했던 직계조상의 門蔭을 받는 등 실질적 관계도 금석
문에 나타난다.

중국에서 '고조부모'라는 한자어는 (1)과 (2)만을 의미하며, '외고조부
모'라는 말도 존재하지 않았다.

14) 이러한 모계 개념의 부정확한 이해의 오류를 지적한 다음과 같은 연
구들이 있었다.

이기동, 1975, 〈신라중고시대 혈족집단의 특질에 관한 제문제〉,《진단
학보》40; 김의규, 1979, 〈신라모계제 사회설에 대한 검토〉,《한국사
연구》23; 이문웅, 1985, 〈신라친족연구에서 혼인체계와 출계의 문
제〉,《한국문화인류학》17.

또한 초기의 고전적 진화론의 영향을 강하게 받아, 모계사회를 모권제 사회로 생각하며, 성별 사회적 관계가 부계와 대칭적으로 달라진다는 이해도 문제였다.

'나'로부터 (1)~(8)의 범위는 '부측(patrilateral)' 개념과 일치하며, 전통시대에는 이것을 '부변'이라 하였다. (9)~(16)의 범위는 '모측(matrilateral)' 개념과 일치하며, 전통시대에는 '모변'이라 불렀다. (1)~(16) 전체를 포괄하는 범위가 '양측(bilateral)'이다. '양측'은 '총계(cognatic)'라는 용어와 혼용된다.

기준(focus)의 문제에서는 조상을 기준으로 하여 씨족이나 종족宗族(lineage)과 같은 집단을 형성하는 친족관계의 개념만이 한국사학계에 있었다. 한국 현대에서 예를 찾는다면, 실생활에서의 의미는 많이 탈락하였지만, 성씨별로 그 시조나 중시조의 후손들로 구성된 대소의 문중門中들이 여기에 해당한다.

'나'(ego)를 기준하여 '나'와 개별적인 친족관계를 갖는 친속親屬(kindred)의 개념도 고려시대를 비롯한 한국사 연구에서 고려되지 않은 개념이다. 고려시대부터 확인되는 '나'의 '~촌'으로 계산되고 호칭되기도 하는 촌수寸數제도는 친속의 전형적인 것이다. 한국 현대에서 보면, '나'의 형제, (외)삼촌, 할아버지 등으로 구성되는 일상생활 속의 친족관계가 여기에 해당한다. '나'의 형제가 '나'의 부모에게는 아들이 되는 것에서 보듯이, 친속은 각 개인 '나'가 기준이 되어, 부모 자식 사이에도 달라진다.

고려시대 부계가문론은 8고조도의 16가지 계보 가운데서 '나'에서 (1)에 이르는 계보 형태에 해당하는 것만을 조사하여 모아 놓음으로써 '~성씨가문'이라고 파악한 것이다. 그 계보 형태는 총계(＝양측적)에서도 존재하는 것이어서, 두 가지 개념에 해당할 사실을 한 가지 개념에만 연결시킨 것이다. 부계가문론은 이렇게 논리적으로 문제 있는 가설을 기반으로 부계 계보의 인물들만을 모아 계보도를 작성하고, 그것이 부계 가문이라 하였다. 그러나 그 부계로 모아 놓은 인물들이 부계 가문으로 집단적 기능을 한 것에 대한 구체적인 증거 사실은 많은 논저들 가운데 어디서도 제시하지 못하였다. 오히려 정치적 사건 등이나 여러 가지 제도들에서는 그것과 상충하는 반증이 되는 사실들이 발견된다. 이 설은 (2)~(16)까지의 계보 형태 등을 아우르는 사실들에 대해서는 그 개념체계를 크게 벗어나기 때문에 제대로 접근하고 이해할 수가 없다. 예컨대 음서제를 검토하면서, 《고려사》〈범서공신자손조〉나 〈범서조종묘예조〉의 많은 기록들에 보이는 '협녀挾女'는 해석이 되지 않았다. 그 때문에 대단히 큰 범위의 인원들을 대상으로 적잖은 빈도로 시행된 이 계통의 음서를 검토대상에서 제외하였다. 연구자의 사고에 사실을 파악할 수 있는 개념체계가 형성되어 있지 않으면, 사료가 있어도 해석할 수 없고, 사실 자체를 간과하게 되는 예이다. 8고조도나 그와 유사한 많은 자료들 역시 검토대상에 들어갈 수 없었다. 상속제도나 전정연립田丁連立을 다루면서는 양자의 근본적으로 다른 법조문을 혼동하기도 하였고 사료 해석에도 부계 개념의 제약으로 근본적인 문제가 있었는데,15) 그 학설을 많은 연구자들이 오랜 기간

---

15) 旗田巍, 1957, 〈高麗時における土地の嫡長子相續と奴婢の子女均分相

그대로 따랐다.16) 이러한 예는 고려시대 친족제도 영역 전반에 걸쳐 나타난다.

부계와 모계만으로 된 부계가문론의 개념체계는 그 범주에 해당하는 사실들이 존재하는 조선 후기 이후의 사회나, 중국 등 그에 해당하는 부계 친족집단을 기반으로 한 사회를 이해하는 데는 큰 문제를 일으키지 않는다(다만 세부적으로는 재검토해야 할 사항은 남는다). 그러나 고려시대 친족제도의 사실들은 부계가문론이 가지고 있는 19세기 후반 인류학적 개념체계의 불완전한 범주 밖에 존재하는 것이어서, 그것에 무리하게 맞추어 정리하면 시대상의 왜곡이 대단히 커진다.

문제는 연구자가 가지고 있는 개념체계가 연구자의 사고의 폭을 제한하는 때문에 그러한 한계와 모순을 인식하기 어렵게 만들기도 한다는 것이다. 있는 사료를 이용할 수 없어 방치한 것이 발견되고, 사료 속의 근본적으로 서로 다른 사실들을 구분하지 못하고, 사료의 해석이 되지 않아 사실을 추출할 수 없는 상태가 발견된다면, 연구자가 가지고 있는 개념체계를 근본적으로 재점검해 보아야 한다. 개념체계에 근본적인 문제가 있는 한, 연구는 한계에 도달한 뒤 더 나아가기 어렵고, 연구자는 문제가 있다는 사실도 인식하기 어렵다.

부계가문론과 다르게, 자료에 나타나는 사실은 비교적 광범하

續〉,《東洋文化》22.

16) 이에 대한 자세한 검토는 노명호, 1989, 〈고려시대의 토지상속〉,《중앙사론》6 참조.

게 검토하면서도, 인류학의 친족관계 유형 개념체계를 부정한 연구자도 있었다. 최재석은 초기에는 부계집단으로 고려시대를 파악하였지만, 1970년대 말 이후에는 부계집단의 존재를 부정하는 자료들을 소개하며, 신라시대의 부계적 요소와 비부계적·비단계적 요소가 공존하던 상태에서, 비부계적(비단계적) 요소가 점차 약화되고 부계적 요소는 점차로 강화되어 조선 후기에는 거의 부계적 색체만 띠게 된다고 하였다. 그런데 그는 한국의 비부계적 요소는 현재까지 알려진 모계적, double descent, ramage, ambilineal, cognatic, bilateral 등 어느 것에도 해당하지 않는 독특한 것이기 때문에 그러한 용어를 사용할 수 없다고 하였다.17) 하지만 그는 '한국의 비부계적 요소'가 그가 열거한 용어-개념들과 어떤 점에서 부합되지 않는지에 대한 구체적인 검토나 제시는 한 바 없다.

사료의 발굴과 그에 입각한 최재석의 연구에는 의미 있는 부분들도 있다. 그러나 그의 연구에 도입된 개념체계를 보면 큰 문제가 있다. 앞에서도 언급했듯이 1960년대에는 다양한 기술 단계의 많은 사회들의 친족관계들에서 공통적 요소를 추출하여 개괄함으로써 〈표 1〉과 같은 친족관계의 개념-용어 체계가 만들어진 것을, 최재석은 깊이 주목한 것으로 보이지 않는다. 그는 그러한 정밀한 개념-용어 체계를 구체적인 검토 없이 부정하였고, 그를 대신할 개념들을 제시하지도 않았다.

무엇보다도 그가 사용한 '부계', '단계', '비단계'라는 용어-개

---

17) 최재석, 1983, 《한국가족제도사연구》, 일지사, p.7.

념 역시 인류학적 용어-개념을 받아들인 것으로, 그가 인류학적 용어 사용을 부정한 주장과 모순되는 것이었다. 그는 인류학적 용어를 정밀한 검토 없이 도입함으로써 그의 친족 유형 개념체계에는 '나(ego)'를 기준으로 한 친속(kindred)의 세 범주는 없어서(〈표 1〉 참조), 친속을 기반으로 하는 고려시대 친족관계의 중요한 사실들을 제대로 파악할 수 없었다. 또한 '단계(unilineal)'란 부·모에서 자·녀로 이어지는 조합 가운데 남성에서 남성(부계), 여성에서 여성(모계)으로 이어지는 성별로 한정되는 조합인바, '비단계(non-unilineal)'란 그 성별 한정이 없는 조합이고, 그것이 바로 cognatic(총계)= bilateral(양측적)이다. '비단계'는 긍정하면서, 후자는 부정하는 것은 논리적으로 합당하지 않다. 그는 이러한 용어를 깊이 검토한 것으로 보이지 않는다. 그는 정밀한 친족관계 개념-용어 체계를 외면함으로써 자신이 의거한 용어-개념이 불명료하고 모순을 갖게 되었다. 그러한 까닭에 그가 거듭 자신의 해석을 수정한 토지상속에 대한 연구에서 보듯이 사료 해석에서도 문제를 보이기도 하였다.[18]

고려시대 친족제도 연구는 풍부한 객관적 사실들을 토대로 성립된, 논리적으로 가능한 모든 경우를 포괄한, 여섯 범주의 개념체계를 준거로 삼아야 한다. 그것을 준거로 한 연구는 1970년대 말 이래로 필자와 다른 연구자들에 의해 기존에 이용하지 않던 자료, 잘못 해석된 자료를 이용하여 부계가문과는 구조적으로 다른 양측적 친속제도와 그에 기반을 둔 사회상을 규명한 바 있다.

18) 이에 대해서는 노명호, 1989 앞 논문 참조.

고려시대 상속제도, 전정연립제도, 음서제도, 노인봉양제도, 양자
녀제도, 호적양식 및 분가제도, 상피제도, 사심관제도, 제왕제도,
가족구성, 가문구성, 촌수제도, 혼인제도, 주거지 선정의 혈연관
계, 촌락의 혈연관계망, 정치적 집단 형성에 작용한 혈연, 혈연에
따른 유대관계 및 친목단체, 친족호칭 등에 해당하는 자료는 여
섯 범주의 친족제도 유형 가운데 모두 양측적 친속(bilateral
kindred) 개념에 합치되는 것을 보여준다.19)

　고려시대 친족제도 연구에 도입된 개념체계의 경우는, 연구에 도
입된 개념체계가 사실에 입각한 논리적 완결성이 어떤지에 따라,
사료 이용의 폭이 달라지고 그 해석도 근본적으로 달라짐으로써
시대상의 파악도 근본적으로 달라지는 것을 보여주는 좋은 예이다.

3. 연구대상 당시의 핵심적 개념체계와 사료: 토풍·화풍의 경우

　고려시대 당시의 핵심적 개념체계는 당시의 시대상을 이해하

---

19) 필자는 이와 관련하여 지금까지 10여 편의 논문을 발표한 바 있다.
관련 연구논저들을 여러 편 발표한 연구자들로는 우선 이종서, 2009,
《고려·조선의 친족용어와 혈연의식—친족관계의 정형과 변동》, 신구문
화사; 권순형, 2006, 《고려의 혼인제와 여성의 삶》, 혜안; 채웅석,
2014, 〈고려중기 외척의 위상과 정치적 역할〉, 한국중세사연구 38 외
여러 논문이 있다.

는 데 중요한 의미를 갖지만, 시간적 격절이 큰 만큼 현대의 문물과 달라 쉽게 접근하기 어려운 면이 있었다. 그 때문에 중요한 개념이지만 그 이해에 근본적 문제를 갖게 되는 경우가 있었다.

그 좋은 예의 한 가지는 고려시대의 황제제도에 대한 서술 방침과 관련된 직서와 개서의 일련의 개념 파악에서도 볼 수 있는데, 사료비판과 관련한 이 책의 제Ⅰ편 제一장에서 자세히 검토한 바 있다. 이 장에서는 다른 중요한 한 가지 예로 국풍(토풍)-당풍(화풍), 개념체계를 검토하기로 한다. 다음 태조유훈과 최승로의 건의, 두 자료는 그 개념을 이해하기 위해 많이 인용되는 자료이다.

〔태조유훈의 제4조〕우리 동방東方이 옛부터 당풍唐風을 동경하여, 문물예악文物禮樂은 모두 그 제도를 좇는데〔悉遵其制〕, 지역이 다르고 인성人性이 각기 다르므로 반드시 같을 필요는 없다. 기란契丹은 금수의 나라이라 풍속이 다르며 언어 또한 다르니 의관제도衣冠制度를 삼가하여 본받지 말라.20)

〔최승로 시무28조의 제11조〕화하華夏의 제도는 준수하지 않을 수 없으나, 사방四方의 습속이 각기 지역에 따라 다르니 모두 변화시기기는 어려워 보입니다. 그 예악시서禮樂詩書의 가르침과 군신부자君臣父子의 도道는 마땅히 중화를 본받아 비루함을 혁파할 것이요, 그 나머지 거마의복

---

20) 《고려사》권2 世家2 태조 26년 4월.

車馬衣服의 제도는 토풍土風에 의거하여 호사함과 검소함의 중용을 취하게 할 것이니 반드시 같을 필요는 없겠읍니다.[21]

태조의 유훈에서 문물예악은 정치·경제·사회 영역의 문화와 협의의 문화 영역을 아우르는 광의의 문화에 해당하는 것이다. 그 문물예악은 크게 두 영역으로 나뉜다. 하나는 오래전부터 동방의 지배층이 따르려 해 온 당풍, 즉 중국의 선진문화이다. 나머지 하나는 중국과 지역이 다르고 인성이 다른 동방의 문화, 즉 최승로의 글에 보이는 토풍이다. 태조는 비록 부정적으로 낮게 평가하였지만 거란도 나름의 문화를 갖는 존재로 보았으며, 고려에 작게나마 그 문물이 들어오는 것을 경계하였다. 태조유훈은 '문물예악' 전반에 걸쳐 당풍의 좋은 점을 받아들이되, 동방의 실정과 인성에 맞게 토풍의 좋은 것도 살리라는 문화정책의 원론적인 방향제시이다.

최승로의 시무28조에서 '화하의 제도'는 태조의 유훈에 보이는 당풍에 해당하는 것이다. 최승로는 태조가 언급한 동방의 예악문물인 토풍은 비루하다고 보았다. 그 때문에 당풍으로 가능하면 모두 바꾸어야 하니, 경제적으로 바꾸기 어려운 '거마의복'만 토풍에 의거하자는 것이다. 그가 말한 당풍의 '예악시서의 가르침과 군신부자의 도道'는 '문물예악'에서 '거마의복' 문화를 제외한 나머지 전부를 지칭하는 것이다.

---

21)《고려사》권93 列傳6 崔承老傳.

학계의 대다수 연구자들은 위의 태조와 최승로의 국풍과 당풍에 대한 정책적 방향을 같은 것으로 이해하여 왔다.[22] 그러한 이해에 따르면, 고려 태조가 추구한 토풍은 최승로와 마찬가지로 '거마의복'에 한정한 것이고, '거마의복'을 제외한 토풍의 '문물예악'은 비야하고 누추한 상태의 보잘것없는 것이어서, 문화의 나머지 모든 영역에 해당하는 예악시서의 가르침과 군신부자의 도는 당풍(화풍)을 따른 것이 된다. 즉, 토풍은 전반적으로 비루한 상태여서, 고려 초의 정책에서 '거마의복' 외에는 살릴 만한 것이 없었다는 것이 된다. 토풍의 개념은 극히 축소된 반면, 당풍은 대단히 확대된 것이다.

토풍의 개념이 이처럼 축소된 것이 통설이 된 상태에서는 토풍에 대한 자료가 제대로 검토될 수 없고, 심화된 연구가 나올 수 없었다. 연구와 역사이해가 그러하니, 개설서의 고려의 문화에 대한 서술은 당풍에 해당하는 유교문화와 불교문화로 채워지고, 토풍에 해당하는 서술은 미미하여 보잘것없게 되었다. 고려시대의 유교문화나 불교문화도 국제적 일반성과 함께 나름 문화적 개성을 가졌지만, 고려시대 문화에서 가장 풍부한 개성을 포

---

22) 학계에 통설로 자리잡아 광범하게 퍼져 있는 이해를 그 일부 논저만을 나열하는 것은 무의미할 것이다. 최근에 구산우는 태조와 최승로의 국풍·화풍에 대한 정책이 근본적으로 다른 것이라는 필자의 이해에 동의하는 견해를 발표하였다(2015, 〈고려시기 제도와 정책의 수용과 배제: 성종대 화풍과 토풍의 공존과 갈등을 중심으로〉, 《한국중세사연구》 42). 이 논문에서 그는 성종 대 화풍 추구정책을 비판한 이지백李知白이 복구를 건의한 대표적인 토풍으로 연등회, 팔관회, 선랑仙郎 등을 거론한 것을 주목하였다.

함한 토풍을 제대로 파악할 수 없게 되고 말았다.

태조와 최승로의 토풍과 당풍에 대한 정책방향은 과연 같은 것이었을까? 기존 연구들이 양자를 같다고 보게 된 것은 우선 시무의 제11조와 태조가 원론적인 문화정책방향을 언급한 훈요의 제4조만을 비교하는 것에 국한한 때문이다.

훈요 제4조는 당풍의 좋은 점을 받아들이되, 동방의 실정과 인성에 맞게 토풍의 좋은 것도 살리라는 문화정책의 원론적인 방향을 제시했지만, 추구할 화풍이나 토풍의 구체적인 내용에 대해서는 언급하지 않았다. 이에 견주어 시무 제11조는 훈요 제4조와 문화정책의 원론적 방향은 같게 언급하는 한편, 살릴 토풍은 '거마의복'만으로 제시하였으며, 토풍의 나머지는 비루하여 모두 화풍으로 바꾸어야 한다고 하였다. 뒤에서 보겠지만, 시무 제11조는 훈요 제4조의 원론적 방향을 가져온 것으로 판단되며, 그 부분에서는 양자가 같다고 할 수 있다. 그러나 시무 제11조의 '토풍은 비루하고 거마의복만 취할 것이 있다'는 주장은 훈요 제4조의 어디에서도 보이지 않는다. 이러한 확인되지 않는 부분이 있는데도 양자가 같다고 속단한 기존의 통설적 이해는 논리적 비약이다.

토풍은 거마의복에만 한정한다는 부분에서도 양자가 같다는 기존의 통설적 이해는 증거가 없을 뿐 아니라, 그것이 잘못되었다는 증거가 발견된다. 우선 양자의 문장에 보이는 토풍과 당풍에 대한 태도에서 양자 사이에 큰 간격이 나타난다. 훈요는 '당풍'이라는 가치중립적 용어를 사용하고, 토풍과 관련된 표현에서

도 지역과 인성이 다른 데서 오는 차이라 했을 뿐 특별히 비하
하거나 높이는 표현이 없다. 반면에 시무는 '화하의 제도'라 하
여 떠받들어 숭상하는 용어를 사용하고, 토풍은 '비루하다'고 비
하하여 배척하였다.

또한 기존의 통설적 이해가 주목하지 않은 자료를 비교하면,
토풍·당풍에 대한 양자의 태도가 구체적 사안을 놓고 근본적으
로 다른 지향을 하고 있는 것을 확인할 수 있다. 훈요 제6조와
시무 제13조를 비교해 보기로 하자.

〔태조유훈의 제6조〕 짐朕이 지극히 원하는 바는 연등燃燈과
　　팔관八關에 있다. 연등은 부처를 섬기는 것이고, 팔관은
　　천령天靈과 5악嶽, 명산, 대천, 용신龍神을 섬기는 것이다.
　　후세에 간신이 가감을 건의하는 것을 절대로 금지하라.
　　나 또한 처음에 회일會日이 국가 기일忌日과 겹치지 않게
　　하여 임금과 신하가 함께 즐길 것을 마음에 맹세하였으
　　니, 마땅히 경건하게 따라서 거행하도록 하라.

〔시무28조의 제13조〕 우리나라는 봄에 연등회를 실행하고
　　겨울에 팔관회를 개최하는데, 많은 사람들을 징발해 노역
　　이 대단히 번거로우니, 바라옵건대 대폭 줄여 백성이 힘
　　을 펴게 해 주십시오. 또 갖가지 우인偶人을 만드느라 비
　　용이 매우 많이 드는데도 한 번 사용한 뒤 부수어 버리
　　니, 비평할 바도 못됩니다. 또한 우인은 흉례凶禮가 아니
　　면 사용하지 않으니, 서조西朝의 사신이 일찍이 와서 보고
　　상서롭지 못하다고 하면서 얼굴을 가리고 지나간 일도 있

습니다. 바라건대 지금부터는 그것을 사용하지 말게 하십
시오.

위 훈요 제6조에서 보면, 연등회와 팔관회에 대해 함부로 증
감을 시도하는 신하를 '간신'이라고까지 지칭하며, 그대로 시행하
라고 간곡하게 당부하고 있다. 이 태조의 지시는 토풍 중에 살려
나갈 문화요소가 존재하는 범위가 '거마의복'의 범위에 국한된
것이 아니며, 토속 제례 즉 '예악'의 범위를 아우르는 것임을 직
접 보여준다.

시무 제11조에서는 '예악'에 관련된 토풍은 비루한 혁파의 대
상으로 언급되었듯이, 제13조에서도 팔관회 등의 우인을 사용하
는 의례는 중국 사신이 상서롭지 못하다고 하고 얼굴을 가리고
지나간 것을 근거로 제시하며 철저히 부정하고 있다. 고려의 토
속제례의 의례과정을 이질적인 중국제례의 의례과정에 의거하여
일방적으로 바라보고 평가하고 있다. 최승로 등 화이론자들이 새
로이 도입한 중국식 제례를 위해 원구나 사직 등의 조성이나 제
례에도 적지 않은 비용과 노역 징발이 있었을 터인데, 팔관회 등
에 드는 비용과 백성의 동원만을 문제 삼고 있다. 그 결과 연등
회와 팔관회는 폐지되기에 이른다.

기존의 통설과 달리, 최승로의 시무28조와 태조의 유훈의 국
풍과 당풍에 대한 정책방향은 같은 것이 아니라 근본적으로 다
른 것이었다. 그것을 개념도로 나타내면 〈그림 2〉와 같다.

태조유훈과 최승로의 시무의 문화정책 방향은 이처럼 근본적

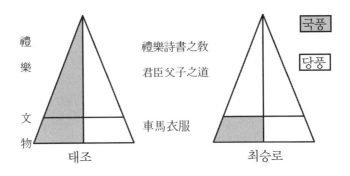

〈그림 2〉 태조와 최승로의 국풍·당풍 추구 비교

으로 다른 것인데, 최승로가 태조유훈의 원론적 정책방향을 따르
고 있는 것처럼 보이게 된 것은 어떻게 된 것일까? 이 문제를
이해하기 위해서는 태조유훈이 전해 오던 상황을 이해할 필요가
있다.

태조의 유훈은 조정 신료들에게 내려진 것이 아니라, 태조가
내전으로 박술희를 불러 후대의 임금들에게 전하라는 당부와 함
께 내려진 것이다.23) 그것이 조정 신료들에게 널리 공개된 것은
현종 즉위과정의 정치적 혼란으로 태조유훈이 현종에게 제대로
전승되지 못한 상태에서 거란침입으로 분실 위기를 넘긴 뒤 되
찾는 과정에서의 일이고, 그 전에는 왕실 내부에서만 후대의 왕
들에게 전해졌다.24) 국왕위의 승계와 함께 성종도 태조유훈을

---

23)《고려사》권2, 세가2, 태조 26년 계묘(943)

24) 금서룡今西龍은 태조의 훈요를 위작이라 하였고(1918, 〈高麗太祖訓要
十條に就きて〉,《東洋學報》8권 3호), 근래에도 그 설을 따른 글들이
발표되고 있다. 이에 대해서는 위작설의 오류를 여러 가지 면에서 지
적한 이병도의 연구가 있다(1980, 〈태조 십훈요에 대한 신고찰과 거기

전승받았음에 틀림없다. 그리고 그가 전적으로 신임하던 최승로와 정책을 의론하는 과정에서 유훈의 내용을 거론할 수밖에 없고, 최승로도 시무책을 만들며 태조유훈의 내용을 의식하지 않을 수 없었을 것이다.

　노회한 정치가인 최승로는 "사방의 습속이 각기 지역에 따라 다르니 모두 변화시키기는 어려워 보입니다"라고 태조유훈의 원론적인 내용만을 가져옴으로써 자신의 건의가 유훈과 다른 것이 유훈을 알고 있는 성종에게 두드러지게 나타나지 않도록 만드는 효과를 거두고 있다.[25] 아직 태조유훈이 일반 조정 신료들에게는 공개되지 않은 때이어서, 그가 공식적으로 유훈을 언급하기는 어려웠을 것이다. 그것이 공개되어 있지 않은 것은, 태조유훈의 다른 조항과도 근본적으로 다른 정책 방향을 최승로가 추진하는데 유리한 것이기도 하였다. 하지만 그가 성종을 설득하기 위해서는 태조유훈과의 차이를 정면으로 노출시켜 제기하기보다는 우회적으로 표현할 수밖에 없었던 것이다.

　우회적 표현은 유훈의 다른 조항의 내용을 근본적으로 혁파하는 데도 적용되었다. 화이론자이자 화풍론자인 최승로는 성종 원

　에 나타난 지리 도참〉,《개정판 고려시대의 연구》, 아세아문화사). 특히 태조유훈이 본래는 '일반 신민에게 내린 것이 아니고, 오직 은근하게 후사왕을 위하여 지은' 것이라는 유훈의 특성에 대한 지적은 중요하다. 최승로의 시무28조의 이 조항은 태조유훈이 현종 대 거란침입 후 위작되었다는 설을 부정하는 자료이기도 하다.

25) 노명호, 1999, 〈고려시대의 다원적 천하관과 해동천자〉; ____, 2012, 《고려태조 왕건의 동상: 황제제도·고구려문화 전통의 형상화》, pp. 162~165.

년에 시무28조를 임금에게 바쳤고, 대부분 실행되었다. 그 결과 태조가 유훈에서 변경도 금지하며 존속을 강력히 강조했던 제전인 팔관회와 연등회의 개최를 성종 6년에 정지한다 하여 사실상 폐지하였다. 팔관회와 연등회는 이미 성종 6년 전부터 제대로 개최되지 않았던 것으로 보이며 대신 당풍인 사직社稷·적전籍田·원구圓丘 제도를 도입하였다. 그러나 그는 팔관회와 연등회의 폐지를 정면으로 거론하지 않고, 두 제전이 많은 사람들을 징발하여 노역이 심히 번거롭다는 폐단을 지적하면서, 일회 사용 우인偶人을 많이 만들기 위해 비용은 많이 드는데 유교적 예법에 맞지 않고, 중국사신이 와서 보고 상서롭지 못하다고 한 것을 들어, 우인의 사용을 금지하자고 하였다. 그리고 그 결과는 우인의 사용 금지에 그치지 않고 팔관회와 연등회의 사실상의 폐지인 동시에 중국 제례의 도입이었다. 급진적인 화풍 도입은 생활문화에까지 확대되어 고려사회의 친족제도와는 전혀 맞지 않는 중국의 친족제도이자 상례인 오복제도五服制度가 도입되는 데까지 이르렀다.

태조가 언급한 동방의 예악문물에 해당하는 토풍은 전 시대로부터 전래하는 문화이다. 고려시대의 동명신앙東明信仰은 국가적 제례나 민간신앙으로도 위치하였고, 왕건 동상 양식에도 영향을 주고 있는바, 그 기원은 고대로부터 내려오는 것이었다. 토풍의 개념과 관련하여, 뒤에 이지백李知白이 화풍華風(=당풍)을 추구한 최승로 등에 의해 혁파된 연등·팔관·선랑 등을 다시 행하고 타방이법他方異法을 행하지 말 것을 건의한 것이 주목된다.[26] 이

---

26)《고려사》권94 列傳7 徐熙傳; 구산우, 2015, 앞 논문 참조.

자료에 따르면, 연등·팔관·선랑은 토풍을 구성하는 요소이다.

토풍은 선랑처럼 토속으로 기원하여 발달한 문화요소도 내포하고, 연등·팔관에서 나타나는 토속문화와 불교문화처럼 외래문화 중에서 오랜 기간에 걸쳐 토착사회에 뿌리를 내리고 토속문화와 습합된 문화요소들도 내포한다.[27] 물론 토풍을 구성하는 요소들은 대단히 광범하였다.

지배층과 피지배층 모두에 걸쳐 사회의 기본 구성원리를 이루고 개인의 삶의 공사公私에 걸친 큰 부분에 작용한 양측적 친속제도도 토속적 기원에 의한 중요 구성요소였다. 양측적 친속제도의 중심 원리인 '촌수寸數'제도는 동아시아에서 고려에만 있는 제도였다. 언어를 비롯한 각종 생활문화, 민간 예술 등이 토풍에 해당하였다. 유교윤리와도 구별되는 사회적으로 중요한 작용을 하는 토속적 효孝와 같은 토속윤리도 그것에 해당한다.[28] 토풍은 고려국가의 최상층에도 분포하였으니, 고려왕조에서 가장 신성시된 핵심 제례문화에도 중요 구성요소가 되었다. 광종 2년(951)쯤에 고구려계 토속제 예법의 조각상 양식으로 제작된 고려 태조 왕건 동상은 고려 말까지 개경開京의 봉은사奉恩寺 태조

---

27) 팔관회 및 연등회에 대해서는 다음과 같은 최근의 연구성과들도 참고된다. 안지원, 2011, 《고려의 국가불교 의례와 문화》, 서울대출판부, 제1장 및 제2장; 정순일, 2014, 《고려 팔관회의 의례문화 연구》, 원광대 박사학위논문; 한정수, 2014, 〈고려 태조대 팔관회 설행과 그 의미〉, 《대동문화연구》 86; 채상식, 2015, 〈고려시기 연등회의 운영과 추이〉, 《한국민족문화》 54.

28) Ro, Myoungho, 2017, "The Makeup of Koryŏ Aristocratic Families: Bilateral Kindred", *Korean Studies* vol 41.

진전太祖眞殿에 봉안되어 왕조의 최고 신성 상징물로서 국가적 제례의 대상이었다.[29]

왕건 동상은 고려 토풍문화의 대표적인 예이다. 동상은 1992년에 출토되었지만, 동상에 대한 관련 기록은 《고려사》나 《조선왕조실록》 고려 말 조선 초 지방문헌, 금석문 등에 상당한 양이 존재한다. 토풍문화에 대한 개념이 극도로 축소되어 있던 속에서 그러한 자료들이 주목되기는 어려웠다. 그 결과 1992년에 동상이 현릉의 공사 중에 출토되고 나서, 여러 해 동안 '청동불상', '명부시왕상冥府十王像', '현릉의 부장품'이라고 하였다. 제대로 된 개념이 형성되어 있지 않으면, 사료가 있어도 제대로 활용될 수 없고, 제대로 이해될 수도 없는 또 하나의 좋은 예라고 하겠다.

4. 맺음말

이상으로 근현대에 새로이 이루어진 고려시대 연구에서 사실 파악에 중요한 바탕이 되었던 개념체계 문제를 검토하였다. 그 가운데에서도 이 글에서 중점을 둔 것은 사관이나 이론에 입각

---

29) 노명호, 2012, 《고려태조 왕건의 동상: 황제제도·고구려 문화 전통의 형상화》, pp.106~128.

한 개념체계와 달리, 연구자 주관의 영향에서 멀리 벗어나 있는 개념체계에 대한 것이었다. 그러한 개념체계로 주목한 것은 ㈎ 객관적 사실에 입각한 개념체계와 ㈏ 연구대상 당시의 핵심적 개념체계, 두 가지였다.

그 검토 방식으로는 추상적인 논지전개를 피하고, 실제 연구에 밀착된 검토를 위하여, 연구에 도입된 두 가지에 해당하는 구체적인 개념체계의 사례를 분석하였다. ㈎ 객관적 사실에 입각한 개념체계의 경우는 인류학적 연구로 수립된 친족제도 유형을 검토하였고, ㈏ 연구대상 당시의 핵심적 개념체계의 경우로는 고려 당시에 문화정책 방향의 현안으로 논쟁의 중심에 있었던 '토풍'·'당풍'을 살펴보았다. 중복을 피하기 위해 생략하였지만, 이 책의 앞에서 상세하게 다룬 직서-개서 개념을 가지고 검토해도 개념체계와 사료를 통한 사실파악의 관계에서 동일한 결론을 얻을 수 있다.

두 가지 개념체계의 사례는 서로 다른 종류였지만, 그 개념체계가 사료 이용 및 해석, 사실 파악에 미친 영향에서 동일한 경향이 나타났다. 그것을 종합하여 요약하면, 다음과 같다.

㈀ 검증에 충분한 객관적인 사실들에 근거한 논리적으로 합당한 개념체계에 입각할 때에 사료의 해석 및 이용이 제대로 되고, 사실 파악도 정밀해질 수 있다.

㈁ 연구에 바탕이 된 개념체계가 일부라도 사실과 다르게 설정되거나 일부 사실들에만 입각하여 범위가 좁게 설정되면, 연구

대상이 되는 사실들 가운데 그 개념체계의 범위를 벗어나 파
악될 수 없는 사실들이 존재하는 범위인 개념체계의 사각지대
가 생겼다.

㈐ 개념체계의 사각지대에 들어가는 사실들에 대한 사료는 연구
자들이 제대로 해석할 수 없고, 또한 주목하지 못하고 지나쳐
버려 방치되었다. 그것은 개념의 사각지대가 대단히 커서 관련
범위도 넓고 사료가 적지 않은 경우에도 마찬가지였다.

㈑ 개념체계의 사각지대에서 비롯된 사실 파악의 상태를 보면,
연구자는 그에게 형성되어 있는 개념체계가 그의 사고의 폭을
제한하는 속에 그 범위에 들어가는 사실만을 파악하는 경향이
대단히 강하였다. 다시 말하면 그 범위 밖의 사실들은 사실상
파악하지 못하였다. 더 큰 문제는 연구자가 자신의 사실 인식
이 오류를 내포한 개념체계에 제약되고 있다는 것을 자각하기
어렵다는 것이다. 이것은 이 장에서 검토한 ㈎, ㈏와 관련된
개념체계 가운데 근현대 연구가 시작된 이래 지금까지 통설화
된 오류를 내포한 개념체계를 받아들인 수많은 연구자들의 연
구가 오류를 반복하여 재생산하고 있는 것에서 ― 필자 역시
그 개념체계의 문제점을 발견하지 못했을 때의 사실 파악은
마찬가지였다 ― 입증되는 사실이다.

㈒ 사료를 이용할 수 없어 방치한 것이 발견되거나, 사료 속의 근
본적으로 서로 다른 사실들을 구분하지 못하거나, 사료의 해석
이 되지 않아 사실을 추출할 수 없는 상태가 발견된다면, 연구
자가 가지고 있는 개념체계를 근본적으로 점검해 보아야 한다.

兩漢書及元史事實與言辭皆書之

凡稱宗稱陛下太后太子節日制詔之

類雖涉僭踰今從當時所稱書之以存

其實

제 III 편

이본들의
성립시기와
그 상태

其子忻荼丘與本國有宿憾將若加釘又呪狀慶脫罪

貽禍於國以鐵索圍其首若將加釘又呪狀

者擊其頭裸立終日天極寒肌膚凍如潑墨

제1장

《고려사》와 《고려사절요》의 인쇄·보급과 이본들

1. 머리말

《고려사》와 《고려사절요》의 이본들 사이에는 교정에 의해 달라진 내용들을 가지고 있는 것들이 존재한다. 학계에서는 오래동안 이러한 이본들에 대한 정밀한 조사·연구가 사실상 이루어지지 않아 그 특성을 파악하지 못하였다. 그러니 그 이본들에 대한 이해도 활용도 제대로 되지 않았다. 두 책이 한국사의 허리 부분 500년에 대한 가장 기본적이고 많은 정보를 제공하는 중요한 책이라는 점을 생각하면, 학계의 자료 이용 실태에 대한 반성이 필요한 부분이다.

두 책의 편찬 후 인쇄·보급의 추이에 대한 연구도 부족한 상태이다. 《조선왕조실록》에는 이와 관련된 적지 않은 자료들이 존재하는바, 그것은 현전하는 두 책의 이본들의 상태와 그 자료로서의 특성을 이해하는 데도 시사해 주는 것이 적지 않다.

2. 《고려사》

2014년과 2015년에 걸쳐, 연구책임자로서 《고려사》를 교감하는 공동연구를 기획하고 진행한 바 있다. 그 결과 이본 사이에 보이는, 조선시대에 진행된 교정을 비롯한 이본들의 세밀한 상태 및 내용들에 대한 새로운 면들이 파악되었다. 또한 그 결과를 《실록》 등의 부족한 기록과 결합함으로써 이본들의 서지적 면에 대해서도 새로운 것이 밝혀지게 되었다.

《고려사》는 문종 원년(1451) 8월 25일에 지춘추관사知春秋館事 김종서金宗瑞 등이 국왕에게 편찬된 원고본을 전문箋文과 함께 바치니, 왕이 그 공을 치하하고 받아들임으로써 완성된 관찬 사서가 되었다.[1] 그 인쇄는 단종 즉위년(1452) 11월에 춘추관의 건의로 시행되었다.[2] 이때의 인쇄는 《고려사》에 수록된 사람들의 시비득실 서술이 갈등을 불러올 것을 우려하여 김종서 등이 소량만 인간印刊하여 내부內府에만 간직하였다고 한다.[3] 이것을 〈내부본內府本〉으로 부르기로 한다. 이때에 인간된 책은 활자본이었을 것이며, 김종서의 진전進箋을 수록하고, 수찬자도 김종서로 되어 있었을 것이다. 단종 원년에 인간된 《고려사절요》가 갑인자였으므로, 이때의 《고려사》 역시 같았을 수도 있으나 불분명하다. 세조 원년(1455)에 을해자를 주자하는 데 녹여서 사용하

---

1) 《문종실록》 권9 문종 1년 8월 경인.
2) 《단종실록》 권4 단종 즉위년 11월 병술.
3) 《단종실록》 卷12 단종 2년 10월 신묘, 李克堪의 啓.

였다는 경오자庚午字를 사용했는지 여부도 단정할 수 없다. 내부
소장용으로만 극소량 인쇄한 이 초간본 《고려사》, 〈내부본〉은 지
금 남아 전하는 것이 없다.

내부內府 소장용으로만 인간하였으므로, 단종 2년(1454) 10월
에 이극감李克堪은 《고려사》를 널리 반포할 것을 아뢰어, 임금의
재가裁可를 받았다.[4] 그런데 그 실행은 세조의 찬탈에 따른 어
지러운 정국으로 말미암아 지연되었던 것으로 보인다. 그 때문에
세조 2년(1456) 2월 20일 경연에서 양성지梁誠之가 《고려사》의
반포를 건의하였던 것으로 보인다.[5]

세조 2년에 《고려사》의 반포가 이루어졌던 것을 방증하는 자
료들이 나타난다. 같은 해 3월 28일 양성지의 상소의 한 조항에
서는 과거시험에서 강하는 서책으로 《고려사》가 포함되었다.[6] 또
한 같은 해 11월 사간원이 세조의 찬탈에 반대한 신료들에게서
적몰한 서책을 줄 것을 청한 것 가운데 《고려사》가 들어 있다.[7]

이때에 간행된 《고려사》는 을해자를 사용하였고, 그 진전進箋
의 문장은 《문종실록》에 수록된 〈내부본〉의 문장과 동일하나, 진
전을 올린 주체의 명의는 계유정난에서 격살된 김종서를 정인지
鄭麟趾로 바꾼 것이었다. 그리고 각 권에 기록된 편찬대표명 역
시 정인지로 바꾼 것이었다. 《절요》의 경우 진전에 김종서가 있

---

4) 위와 같음.
5) 《세조실록》 권3 세조 2년 2월 기미.
6) 《세조실록》 권3 세조 2년 3월 정유.
7) 《세조실록》 권5 세조 2년 11월 경오.

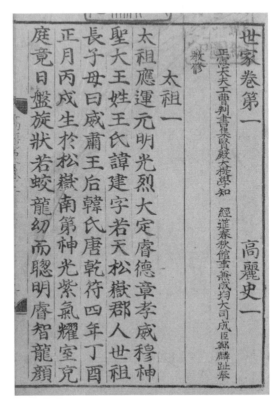

〈그림 1〉 奎貴5554《고려사》권1의 첫면

고, 각 권의 첫머리에는 편찬대표자명이 들어가 있지 않다.

　중국 정사正史에서 보면, 현대활자본에는 권 첫머리의 편찬자명이 삭제·생략되어 있으나, 전통시대의 목판본들에는 편찬자명이 들어가 있다.《고려사》의 권 첫머리 편찬대표명도 정사로서 중국정사의 형식을 참고한 것이다.

　처벌되어 적몰 당한 신료들의 서책 가운데《고려사》를 줄 것을 사간원에서 청한 것을 보면, 세조 2년에는 소량이 한정된 신료 범위에만 배포되었던 것으로 보인다. 그리고 그 후에는《고려

사》의 추가 인쇄·배포는 여러 가지 이유로 회피되고 있었으니,
예종 원년(1469)에 양성지는 상서하여 의견을 개진하면서《고려
사》의 반포를 다시 건의하고 있다.

　　《고려사》를 반포하는 일입니다. 신이 생각하건대,《고려
　사》는 전조前朝의 치란治亂을 기록한 것으로 후세에 권징勸懲
　이 되므로 하루라도 없어서는 안 되는 것입니다. ① 만약
　역란逆亂의 일{을 보고 배울 우려} 때문이라면 소위 역란한
　자는 역대 역사에 모두 있으니, 어찌 홀로 전조 역사에만
　있겠습니까? ② 만약 참칭僭稱한 일이 있기 때문이라면 전
　조의 태조는 삼한을 통일하였으며, 연호를 세워 황제의 시
　호인 종宗을 칭하였고, 금나라 사람은 받들어 황제라 하였습
　니다. 그리고 명나라 고황제高皇帝는 {삼한이} 스스로 제왕帝
　王의 교화를 하게 하였으니, 이것이 어찌 참칭의 혐의에 해
　당하겠습니까? 이른바 번국蕃國은 황제의 직할령 안의 제후
　와 비교해서는 안 됩니다. ③ 만약 {서술된} 가까운 시대近
　代의 일 때문에 유전流傳할 수 없다면, 지금 명나라도《원
　사元史》를 행하니, 어찌 그 이목耳目이 미칠 것을 헤아리겠습
　니까? ④만약 숨겨야 할 {비밀의} 일이 있다면, 삭제하고서
　행하면 가할 것입니다.
　　단지 국내에서만 행할 것이 아니라《사략史略》{《고려사절
　요》}처럼 중국에 전하거나 일본에 전해도 또한 좋겠습니다.
　이는 일시의 계책이 아니라 만세에 무궁한 계책입니다. 바
　라옵건대 우리나라에서 찬술한 여러 서적 속의 부득이한 비
　밀 문서 외에 ⑤《고려전사高麗全史》와 같은 것은 예전처럼

전하면 매우 다행이겠습니다.8)(※ { } 속은 저자의 보충)

위에서 양성지는 당시 《고려사》의 추가 반포를 반대하는 여러 가지 주장들에 대하여 일일이 반론을 제기하고 있다. 그 서술 내용의 ① 역란의 일, ② 황제를 참칭한 일, ③ 가까운 시대의 일, ④ 숨겨야 할 비밀에 해당하는 일 등이 국내나 중국 등에 알려질 경우 문제라는 여러 가지 이유로 추가 반포의 반대가 있었던 것이다. ⑤ 《고려전사》는 《고려사전문》이 아니라, 《고려사》의 이칭으로 당시에 자주 쓰였다. 그 《고려사》가 유통되어 전해지던 "예전"의 시점은 그것이 처음 신료들에 반포된 세조 2년이다. 그러나 이때에도 추가 반포는 이루어지지 않았던 것으로 보인다. 양성지는 성종 13년(1482) 무렵에도 《고려전사》의 간행을 주청하지만 해당 관서에서 반대하여 이루어지지 않았고, 그 손녀 사위 송질宋軼이 다시 성종에게 그 간행을 권하였지만, 성종은 그 보관본 책을 궁내로 들여보내 보라는 명령만 하고 간행을 지시하지는 않았다.9)

조선 조정의 지극히 소극적인 안일함 속에 양성지가 고군분투하였지만, 세조 2년에 을해자본이 소량 반포되는 것에 그치고 추가 반포는 이루어지지 않았다. 이러한 상태에서 1592년 임진왜란이 일어났다. 선조가 피난하여 도성을 떠나자 백성들이 궁성을 불지른 상태에서 다른 서책들과 함께 보관되어 오던 《고려사》를

---

8) 《예종실록》 권6 예종 원년 6월 신사.
9) 《성종실록》 권138 성종 13년 2월 정묘.

수찬할 때의 초고인 "전조前朝의 사초史草"도 모두 불타버렸
다.[10] 《고려실록》을 비롯한 고려시대의 각종 정부의 문서나 기
록대장 등도 임란 중에 모두 소실된 것으로 보인다. 500년 역사
의 기록이 위급한 상황에 처한 것을 알게 된 광해군은 1610년
서둘러 《고려사》의 추가 인쇄를 추진하였다.

> 전교傳敎 하기를 "《고려사》를 즉시 내려보내어, 급속히 정
> 교하게 인쇄하게 하여, 원본책과 함께 올려보내는 일을 교
> 서관校書館으로 하여금 각별히 분부하게 하라"[11]

위 전교의 문장 속 독촉하고 강조하는 어구에는 문제의 위급
함에 대한 광해군의 느낌이 잘 드러난다. 이때에는 목판본을 서
울과 지방[京外]에 나누어 간행하게 하였으며, 그 판각 작업은
광해군 4년(1612)에도 진행 중인 상태였다.[12] 목판본 《고려사》
의 반포는 이 무렵에 이루어진 것이다.

이상에서 살펴 본 《고려사》 인쇄·보급 상황을 보면, 그 이본
의 존재 상태가 이해된다. 현존하는 활자본의 전부인 규장각 소
장 《고려사》 을해자본들은 모두 초기에 만들어진 같은 조판으로
인쇄된 것이다.

을해자본 이전의 활자본으로 유일한, 단종 즉위년에 인쇄를

---

10) 《선조수정실록》 권26 선조 25년 4월 계묘.
11) 《광해군일기(중초본)·(정초본)》 광해군 2년 12월 임오.
12) 《광해군일기》 광해군 4년

명한 것은 내부 소장용에 한정한 극소량이었다. 그에 견주면 여러 부가 인쇄된 을해자본조차 현전하는 완본이 없는 것을 볼 때, 단종 대 간행 〈내부본〉이 현전하는 것은 기대하기 어렵다.

《실록》을 통해 보면, 을해자본은 세조 2년 즈음에 조판하여 인쇄·보급한 후로 추가 인쇄·보급이 없었던 것으로 나타나는바, 이것 역시 현존 을해자본의 상태와 일치한다. 을해자본은 규장각 소장본이 유일하며, 奎5553, 奎3467, 奎貴5554, 奎5874 그리고 6면만 남은 奎26637이 존재한다.13) 규장각 소장 을해자본들은 모두 활자나 조판 상태가 깨끗한 것이어서, 조판 초기의 것이다. 을해자본 5종 사이의 인쇄 상태의 차이는 조판 자체의 문제가 아니라, 인쇄할 때 잉크의 부분적 과다·과소, 종이 밀림에 따른 인쇄된 글자획의 번짐 등 인쇄상의 문제이거나, 오랜 세월 속에서 종이 자체의 부분적 탈락 또는 변색, 표지에 칠해진 밀랍이 침투되어 일으킨 변색 등이다. 을해자 이본들에서 같은 권의 같은 면의 내용을 보면, 조판 초기의 자획 등에 일체의 손상이나 변화가 없는 물리적 형상도 동일하지만, 글자 하나하나의 내용도 완전히 일치한다.14)

---

13) 이 책 제Ⅲ편 제二장 〈표 1〉 규장각 소장 을해자본 《고려사》에 각 권별 현존상태가 정리되어 있다. 奎3467은 30책으로 목판본들 속에 제6책의 권52, 제26책의 권135, 제27책의 권3, 제28책의 권9, 10, 44, 45, 46, 110, 115가 을해자본이다. 奎5874도 목판본 속에 제3책 권131, 132가 을해자본이다.

14) 현재 서울대학교출판문화원에서 출판 작업 중인 《定本 高麗史》를 편찬하며, 을해자본 모두를 글자 단위로 대조하여 교감한 결과로 파악된 사실이다.

《고려사절요》는 여러 갑인자 이본들 사이에 글자나 단어 단위에 달라진 경우도 있을 뿐 아니라, 일부 문장의 내용이 다른 것이 확인되었다. 즉 그 이본들은 첫 인쇄를 한 뒤 일부 내용을 몇 차례에 걸쳐 조금씩 교정한 조판들로 인쇄된 것이다.[15] 현전하는 《고려사》 을해자본 5종의 경우는 내용상으로도 글자와 자구 모두가 동일하다. 현전하는 을해자본 5종 모두가 동일한 세조 2년쯤에 만들어진 초기 조판의 인쇄물인 것이다. 갑인자본 《절요》가 여러 이본들이 존재하는 것에 견주어, 을해자본 《고려사》가 한 가지밖에 남아 있지 않은 것은 세조 2년 무렵의 인쇄·반포 이후 을해자본의 추가 인쇄·반포가 없었던 때문으로 보인다. 뒤에서 보듯이, 그것은 양성지의 거듭되는 《고려사》 추가 반포 건의가 받아들여지지 않은 채 임진왜란으로 큰 변화를 맞게 되는 것을 통해서도 밑받침된다.

목판본도 여러 이본들이 있지만 모두 을해자본을 그대로 복각한 것이다. 복각목판본이기 때문에 목판의 상태가 좋은 때에 인쇄된 목판본 이본은 자획의 윤곽을 주의 깊게 관찰하지 않으면, 글자의 모양이 을해자본과 매우 흡사하여 혼동할 수도 있을 정도이다. 이 같은 복각본이지만, 을해자본과 비교하면 자구의 차이가 발견된다. 특히 그중에는 을해자본의 글자 순서가 바뀐 것을 바로잡는 등 초기의 내용을 교정한 것이 분명한 글자들이 존재한다. 예컨대 전자에 '功號臣'이 후자에 '功臣號'로 되어 있는 것 등이 그것이다.[16] 이러한 교정이 분명한 내용은 물론이고, 인

---

15) 노명호 외 편간, 2016, 《교감 고려사절요》.

〈그림 2〉 奎3539 목판본,《고려사》세가1의 권 첫머리.
을해자본 복각본의 특징이 글자 배치, 동일한 조판, 흡
사한 글자체이되 필획 세부는 차이 있음에서 잘 드러난다.

명이나 숫자 등의 글자가 을해자본과 다른 경우는 목판본에서
다수 확인되었다.

　《고려사》는 경연에서도 강론되고, 각 관청에서도 전조의 선례
를 찾으며 읽고 있었기 때문에 이러한 교정할 부분은 계속 발견

16)《고려사》권2 세가2 태조 23년.

되고 있었을 것이다. 그러한 것들은 춘추관春秋館이나 교서관에서 계속 모았을 것이고, 그것이 목판본을 판각할 때 반영된 것으로 보인다.

을해자본의 맞는 글자가 목판본에서 틀린 글자로 바뀐 것이 명백한 경우도 적지 않다. 이것을 보면 목판본을 만들 때 을해자본과 함께 교정 내용을 표시하여 판각하게 하였지만, 판각할 때 잘못된 것을 새로 찾아 교정할 시간적 여유는 없었던 것으로 보인다. 앞에서 보았듯이 광해군은 자칫 5백 년 역사 기록의 전승이 끊길 위태로운 상황에서 황급하게 《고려사》의 판각을 급속하게 완성할 것을 지시하였다.

을해자본의 복각목판본은 규장각 소장이 12종이고, 그 외에 중요한 이본으로는 〈연세대학교소장본〉(경인문화사 영인본)과 〈동아대학교소장본〉이 있다.17) 목판본들은 기본적으로 모두 같은 판목을 사용한 인쇄본이다. 판각한 후 비교적 이른 시기에 인쇄된 것은 자획의 상태가 좋지만, 시간이 경과될수록 일부 자획이나 글자 자체가 탈락되고 있었다. 예컨대 상태가 좋은 목판본 奎3539보다 〈연대소장본〉(일명 〈최한기수택본崔漢綺手澤本〉)은 자획 결손이 훨씬 많은데, 그만큼 시간이 경과된 후의 인쇄본인 때문이다. 일부 글자의 자획은 〈연대소장본〉이 奎3539보다 상태가 좋은데, 이는 판목 자체의 문제보다는 인쇄과정에서 잉크의 양이나 가해진 압력의 균일성 문제 등에 따른 것으로 판단된다.

---

17) 이 책 제Ⅲ편 제二장 2절 참조.

3. 《고려사절요》

《절요》의 주요 이본을 크게 나누면 단종 원년(1453)에 인출된 갑인자본甲寅字本과 중종대 중반 무렵에 인출된 을해자본乙亥字本이 있다. 그 외에 필사본과 영인본이 있다. 영인본은 조선사편수회에서 1932년에 일부 권질이 누락된 규장각 소장본을 대본으로 영인본을 만들고, 1938년에 누락된 부분을 일본 봉좌문고蓬左文庫 소장본에서 보충하여 《고려사절요보간高麗史節要補刊》으로 간행한 바 있다. 그리고 일본 학습원學習院 동양문화연구소東洋文化硏究所에서 1960년에 〈봉좌문고본〉을 영인본으로 간행한 바 있다. 국내 아세아문화사 영인본은 학습원 영인본을 다시 복제한 것이다.

갑인자본은 모두 같을 것으로 종래에 짐작해 왔으나, 교정에 따른 내용상의 일부 차이를 가지며 인출 시기에도 선후 단계별 차이가 있는 것이 갑인자 이본 10종과 을해자 이본 2종을 교감하는 과정에서 발견되었다.[18] 활자본은 특성상 상대적으로 교정이 쉽다. 그 결과 제1단계 인쇄 갑인자본에서 1차 교정하면, 그것이 제2단계 인쇄본에 반영되고, 다시 2차 교정하여 만든 제3단계 인쇄본에는 1차와 2차의 교정 내용이 누적된다. 이러한 것을 추적하면, 갑인자본 이본의 단계별 선후관계를 정할 수 있다. 다만 갑인자본에서 을해자본으로 넘어갈 때의 변화를 보면, 앞 단계인 갑인자본들의 교정이 기본적으로 반영되어 있지만, 완전

18) 노명호 외 편간, 2016, 《교감 고려사절요》.

히 새로 조판하는 과정에서 생겨난 새로운 오자가 발견된다.

갑인자 10종의 이본은 우선 〈학봉 김성일 종손가본鶴峰金誠一宗孫家本〉(이하 〈학봉가본〉, 보물 제 905- 7호)을 갑인자본A, 나머지 9종을 갑인자본B로 종류를 나눌 수 있다. 갑인자본A와 B 사이에는 문장 단위의 차이도 있고, 글자의 차이도 많다.

〈학봉가본〉은 갑인자본A의 유일본으로 가장 앞선 조판으로 인출한 것이다. 총 13권의 영본이지만, 다른 갑인자본B 이본 9종들과 가장 많은 차이가 발견된다. 갑인자본B에서는 〈봉좌문고본〉이 가장 앞서 인쇄되었고, 나머지 8종의 이본들, 규장각 〈古4240-3〉, 고려대 소장 〈치암 귀137〉 등은 그보다 뒤에 인쇄되었다. 영본으로 남아 있는 권이 적은 규장각 〈고4240-3〉, 고려대 소장 〈치암 귀137〉 등 사이에서는 비교할 수 있는 부분이 적어 선후관계의 판별이 쉽지 않다. 갑인자본은 비교적 교정이 정밀하여 갑인자본B 〈봉좌문고본〉 단계 이후에는 오자가 매우 적다. 그에 견주어 을해자본은 뒤에 만들면서도 오자가 상당히 많은 편이다. 갑인자본과 달리 을해자본이 만들어질 때, 투입된 인력이나 관심이 상대적으로 적었던 것으로 보인다.

〈학봉가본〉에는 나머지 이본들과 문장 단위의 차이도 발견된다. 그것은 교정에 의해 달라진 것이다. 《절요》 범례의 편찬 방침에 따르면, 임금의 단순한 사원행차는 그 왕대의 첫 번째 것만 기록하게 되어 있다. 그런데 〈학봉가본〉에는 '王如～寺院' 기사를 명종 원년과 2년에 두 번 넣는 오류가 있었다.

갑인자본B에서는 이것을 교정하면서, 잘못된 명종 2년 기사

대신 제대로 된 명종 원년 기사 11자를 삭제하였다. 그런데 그 삭제된 빈자리를 뒤의 내용을 당겨서 채우지 않았다. 그렇게 하는 대신《고려사》〈세가〉로부터 명종 원년의 '設消災～三日' 기사 11자를 넣었다. 제대로 된 기사를 삭제하고 잘못된 기사를 살리는 이러한 변칙적 교정으로 얻을 수 있는 효과는 명종 2년 기사를 삭제함으로써 106면의 조판을 해체하고 수정하는 작업을 피한 것이다. 그 대신 명종 원년 기사를 같은 글자 수의 다른 기사로 바꾸어 3행만 손댐으로써 겉으로 드러나는 문제를 없앤 것이다.[19] 그러한 효과가 필요했다면, 그것은 시간에 급박하게 쫓긴 상황밖에 없다.

갑인자본 10종 가운데 〈학봉가본〉을 제외한 9종 모두가 갑인자본B이고, 그중에서 가장 이른 것으로 보이는 〈봉좌문고본〉은 발문과 간기까지 모두 있는 공식 인출본이다. 그리고 그 간기는 단종 원년(1453) 4월이다. 그렇다면, 공식반포일이 촉박한 상태에서 갑인자본A로부터 뒤늦게 오류가 발견되어, 제대로 된 교정을 함으로써 106면의 조판을 새로 할 시간이 부족했던 것일 수밖에 없다. 그것은 당시의 간행 진행상황에서도 나타나는 정황이다.

《문종실록》에 따르면, 김종서 등이 《절요》의 편찬을 완성하여 문종에게 바친 것은 1452년 2월 20일(갑신)이다. 그날 문종은 인쇄하여 반포할 것을 명하였다.[20] 〈봉좌문고본〉에 수록된 〈발문〉 간기刊記는 단종 원년(1453) 4월 일의 인출을 기록하였다.

---

19) 이에 대한 자세한 검토는 이 책 제Ⅰ편 제二장 2절 참조.
20) 《문종실록》 권12 동년월일조.

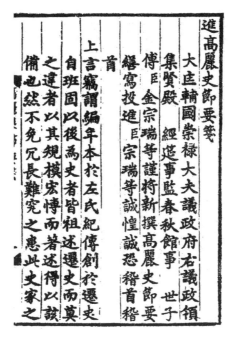

〈그림 3〉 김종서 이름으로 작성된
〈고려사절요진전〉(〈봉좌문고본〉)

단종 원년 4월의 인출 사실은 《실록》에 보이지 않는다. 다만 그
세 달 후 7월 22일에 성삼문이 반포 대상 신료들을 축소하지 말
것을 건의하였고, 그날 집현전에 54질秩을 하사하여 소장하게 하
였으므로,21) 그전에 이미 인출이 시작되어 공식 반포가 있었던
것이 확인된다.

　간기의 1453년 4월은 문종의 명이 있고 나서 14개월이 경과
된 때로, 그것이 공식적인 첫 인출이었던 것으로 보인다. 편찬
기간 6개월의 두 배가 넘는 시간이 걸린 것이다. 그간의 사정을

21) 《단종실록》 권7 원년 7월 22일조.

보면, 문종의 명이 내려진 지 불과 세 달도 안 되어 1452년 5월 14일부터 문종의 국상을 치렀고, 정치적 긴장 속에 어린 나이로 단종이 즉위하였다. 편찬책임자인 김종서는 당시 문종의 고명顧命을 받은 정승으로 국정의 한복판에 있었다. 이러한 사정들은 조판·교정·인쇄 과정의 빠른 진행에 장애가 되었을 것이고, 김종서로서는 그 과정을 충분히 살피기도 어려웠을 것이다. 간행이 지체되는 속에 공식 반포일은 다가오고, 그 최고 책임자는 다른 국정을 맡아 충분히 살펴주지 못하는 상황이었다. 그런데 뒤늦게 〈범례〉의 편찬원칙에 어긋나는 오류가 발견되었던 것으로 보인다. 갑인자본B의 변칙적인 교정이 이루어진 정황은 이렇게 추정된다.

갑인자본B와 차이 나는 내용으로 볼 때, 〈학봉가본〉은 단종 원년 4월 반포 전 가까운 때에 인쇄된 이본으로 보인다.

1453년 4월 갑인자본 《절요》의 인출이 시작된 지 세 달 뒤인 7월 22일 성삼문의 건의를 좀 더 살펴보면, 반포 하루 전(21일)에 인출본의 첫 반사 대상자를 기록한 '반사기頒賜記를 환수還收하여 50여 인을 삭제'하였다.22) 어떤 정치적 동기에서 신료 등에 대한 《절요》의 반포 규모가 실행 직전에 갑자기 축소된 것이다. 그리고 다시 세 달 뒤 10월 10일에 김종서는 집으로 찾아온 수양대군에게 기습적으로 피살되고, 반역죄로 몰려 효수梟首되었다.23)

---

22) 위와 같음.
23) 《단종실록》 권8 단종 원년 10월 10일.

〈그림 4〉 규장각 古貴4240 갑인자본
《고려사절요》 권3 첫 면

이 계유정란 후, 《고려사》와 《절요》의 최고 편찬책임자 이름
은 김종서에서 다른 인물로 바뀌었던 것으로 보인다. 《고려사》를
보면, 현재 남아 있는 을해자본에는 실제 대표 편찬자였던 김종
서가 삭제되고, 대신 정인지로 바뀌었다. 반역으로 몰린 김종서
가 정사의 대표 편찬자인 사실을 새로 인쇄하는 책들에서는 바
꾼 것이다.[24] 《절요》의 경우도 이미 반포된 갑인자본의 진전進箋
에 대표자로 명시된 김종서가 계유정란 이후에 배포된 것에는

---

24) 김종서가 신원되는 것은 사육신 등보다도 훨씬 늦은 영조 22년이었다.

바뀌었을 가능성이 있지만, 계유정란 전에 인쇄·반포된 것이 분명한 〈봉좌문고본〉 이외의 《절요》의 다른 이본들에는 진전 부분이 남아 있지 않아 확인되지 않는다. 《절요》의 각 권의 첫머리에는 《고려사》와 달리 편찬자가 인쇄되지 않았다. 따라서 〈진전〉 부분의 편찬대표자만 바꾸거나 〈진전〉 부분만 삭제해 버리면, 《절요》의 갑인자본 조판은 그대로 사용할 수 있었다. 《절요》본의 갑인자본 이본들은 교정의 진행 상태에 따라 갑인자본A, 갑인자본B1, 갑인자본B2로 나누어지고, 갑인자본B2 이후에도 교정이 진행되었을 가능성이 있어서, 교정이 진행되면서 여러 차례 인쇄·반포가 이루어진 것이다. 단, 전통시대 활자인쇄는 소량 인쇄에 적합한 방식이라, 소량만이 인쇄되었던 것으로 보인다. 그래도 《고려사》가 〈내부본〉을 제외하면 을해자본의 경우 한 차례 인쇄·반포된 후에 추가 인쇄·반포가 없었던 것과 달리, 《절요》는 소량씩 여러 차례 인쇄되어 보급되었던 것으로 보인다.

김종서가 피살된 계유정란癸酉靖難 다음 해에 이극감은 김종서가 '《절요》만을 인쇄하여 반사頒賜'한 것과 '《고려사》는 조금 인쇄하여 내부內府에만 보관'하게 한 것을 지적하고, 《고려사》를 널리 인간印刊할 것을 건의하였다. 그리고 그 건의는 일단 받아들여졌다.25) 이렇게 보면, 김종서 피살 세 달 전 신료 등에 대한 반포 규모가 하루 전에 갑자기 축소된 배경과 수양대군 일파와의 정치적 갈등의 관련성에도 의심이 간다. 그 정치적 갈등은 김종서가 피살될 때까지 고조되어 갔다. 그리고 김종서가 피살되고

---

25) 《단종실록》 권12 단종 2년 10월 13일.

반역으로 몰린 직후 《절요》의 인출에는 매우 부정적인 상황이
되었다. 관심을 받지 못하는 속에서 자연히 갑인자본 조판도 오
래 유지되기 어려웠을 것이다.

이러한 상황이 달라진 것은 예종 원년 무렵에 나타난다. 예종
원년(1469)에 양성지는 적극적으로 《고려사》를 반포할 것을 건
의하는 한편 경연의 강론서講論書로 《절요》를 추천하였다.26) 《절
요》가 군신君臣 사이에서 공공연하게 다시 중요 서적으로 부상
된 것이다. 이 무렵에는 을해자본이 조판되어 보급되고 있었을
가능성이 크다. 하지만 을해자본의 교정 상태를 보면, 갑인자본B
단계에서 없었던 많은 오자가 발생하였다. 그리고 그에 대한 교
정이 진행되지도 않았던 것으로 보인다. 이는 을해자본의 인쇄·
보급도 충분하지는 않았던 것을 의미한다. 경연 등에서는 그 후
에도 《절요》를 강론한 경우가 적지 않았지만, 일반 신료 등에 대
한 보급은 활발하지 않았던 것이다.

성종 13년(1482) 양성지의 상소에는 앞서 문제된 잘못을 개
정해 놓은 《개정 고려사전문》의 인쇄를 건의하는 한편, 중요 서
적을 깊이 수장하자는 대상 속에 《절요》를 포함시키고 있다.27)
이 시점의 건의에서 《절요》는 인쇄가 아니라, 인쇄되어 깊이 수
장되는 것이 필요한 대상이었다.

그 후의 《절요》의 인쇄·보급 상황은 중종 37년(1542) 어득강의
상소 가운데 《동국통감》의 수정 간행을 건의하며, 사론史論을 비

---

26) 《예종실록》 권6 예종 원년 6월 신사(29)일
27) 《성종실록》 권138 성종 13년 2월 13일.

교한 것에 부수된 언급에서 일부 볼 수 있다.

> … 《삼국사기》는 慶州에서 간행하여 그 板이 아직도 있는
> 데, 《절요》는 鑄字로 찍어 반포하여 그것을 본 儒者가 드뭅
> 니다. …28)

위 언급에 따르면, '목판이 아직도 있는'《삼국사기》와 달리
활자로 조판한《절요》는 본 사람이 적었다. 목판과 달리 활자 조판
이 해체된 후, 더 이상 새로운 인쇄가 안 되고 있었던 것이다. 이
무렵엔 을해자본도 절판되어 구하기 쉽지 않은 책이었음을 알
수 있다.

4. 맺음말

《고려사》와 《절요》는 고려 황제제도의 개서와 직서 문제에 따
른 논쟁과 갈등으로 오랜 시간이 걸려 편찬되었지만, 그 인쇄와
반포에서 또 다시 조선 조정의 소극적이고 소심한 대응이라는
장애물에 걸리게 되었다. 단종 즉위년(1452)에 《고려사》는 내부
소장용만 인쇄되고, 세조 2년(1456)에 을해자본으로 다시 조판되

---

28)《중종실록》권98 중종 37년 7월 27일.

어 소량만이 보급되는 것으로 그쳤다. 지금 남아 있는 완질도 아닌 을해자본은 이때의 조판 초기에 인쇄된 것들뿐이다. 양성지는 여러 차례에 걸쳐 그 추가 반포를 건의하였지만, 담당 관서의 반대 등으로 실현되지 않았다. 예종 원년(1469) 양성지의 상서에 따르면, 그 인쇄·반포를 꺼리는 이유로 여러 가지가 제기되고 있었다. 황제제도의 핵심이 제외된 제한적인 직서에 그쳤음에도 "참칭"의 서술이 아직도 문제시되었고, 모역과 반란의 사실들이 서술된 것, 시비의 소지가 있는 가까운 시대의 역사를 서술한 것, 국가적 비밀스러운 일이 서술된 것 등도 문제시되었다.

임란이 일어나자 《고려사》 편찬 당시의 초고와 함께 고려시대 자료들이 모두 불타버렸다. 1610년 광해군은 서둘러 《고려사》 목판본을 간행하게 하였다. 목판본이 간행될 때는 을해자본의 추가 인쇄가 안 되던 속에서 교정할 부분을 모아 오던 것이 반영된 것으로 보인다. 그러나 목판이 판각될 때 오자가 발생하기도 하였다.

《절요》는 《고려사》에 견주면, 활자본으로 여러 차례 인쇄·반포되었다. 지금 남아 전하는 갑인자본의 교정에 따른 변화과정을 보면, 적어도 3~4차례의 교정·인쇄·반포가 반복되었다. 그리고 을해자본으로 조판되어 추가 반포가 되기도 하였다. 그렇지만 모두 소량 인쇄되어 반포되는 데 그쳤다.

제二장

규장각 소장 《고려사》·《고려사절요》·고려시대 문집

1. 머리말

한국학 자료의 보고寶庫인 규장각 소장 자료에서 고려시대 자료를 모두 찾아내어 정리하는 것은 방대한 작업이어서 앞으로 연차적으로 계속 조사·연구되어야 할 것이다. 이 장에서는 고려시대와 관련된 많은 자료 가운데 고려시대 연구에 가장 기본적으로 많이 이용되는 전적典籍인 《고려사》, 《고려사절요》 그리고 수십 종 문집들의 여러 가지 판본들에 대해 검토하려 한다. 이 고려시대 연구의 기초 자료가 되는 전적들의 여러 판본의 소장만으로도 규장각은 고려시대 자료의 최대 소장처이다.

이 기초적인 전적들은 현재 영인본이 연구자들에게 보급되고 있지만, 규장각에 소장된 좋은 판본들을 저본으로 이용하지 못한 경우도 많다. 또한 규장각 소장본을 영인하면서도 규장각 소장 여러 이본異本 가운데 가장 좋은 선본이 아닌 그보다 못한 판본을 영인한 경우도 적지 않게 발견된다. 더구나 소장된 여러 판본들을 활용하여 교감한 판본을 만드는 것은 전혀 이루어지지 못하였다.

그 이유는 첫째, 각 전적에 어떤 이본들이 있는지도 정확하게 파악하지 못한 경우가 많기 때문이다. 규장각 목록집 등에는 이들 전적의 판본들에 대해 기초적인 사항이 잘못 파악되어 있는 경우도 많고, 알 수 있는 것도 '불명'으로 기록한 것도 많다.

둘째는 이러한 여러 가지 이본들을 연구에 활용하는 것의 중요성에 대한 학계의 인식이 부족하기 때문이다. 각 전적이 후대에 중간重刊되면서 오자誤字의 발생, 정정訂正, 탈락, 첨삭 등이 있게 되었고, 어떤 경우에는 원래의 편제를 변형시켜 새로이 편집되는 경우도 있었다. 이러한 여러 이본들을 종합 정리하여 교감한 현대의 표준본을 만드는 것이 현재는 물론 미래의 연구에도 얼마나 중요하고 연구의 기초를 다지는 일인지 인식되지 못하고 있는 것이다.

이 장에서는 이러한 규장각 소장 고려시대 기초사료의 이본異本들의 활용을 활성화하는 데 토대가 되는 이본들에 대한 기초적인 서지적 내용을 재검토하여 정리하려 한다. 어떠한 판본이 선본인지, 소장되어 있는 판본이 어떠한 판본이고, 어떠한 특성을 갖는지를 파악하여, 영인본이나 교감본의 저본이 될 것을 찾고, 저본을 보충해 줄 대교對校에 이용될 수 있는 이본들이 어떤 것이 있는지를 정리하려 한다.

이 장에서는 각 책의 저자에 대한 소개를 비롯한 해제에 해당하는 소개는 생략할 것이다. 이미 기존 해제들이 몇 가지씩 있고, 특히 규장각 소장본의 해제집이 간행되어 동일한 일을 반복하는 것은 불필요한 일이기 때문이다. 그보다는 기존 목록집이나 해제에서도 소홀히 하여 파악하지 못하거나 잘못 소개한 각 판본의 기초적인 문제들에 대해 조사·소개하는 것에 중점을 두면서, 그 영인본 발간 실태에 대해서도 검토할 것이다. 그리고 영인본에 대한 검토도 현재 연구용으로 많이 사용되는 것들의 저본이 된 판본들에 대한 문제에 비중을 둘 것이다.

2. 《고려사》

규장각에는 고려시대에 대한 가장 중요한 기본 사료인 《고려사》의 18종 간본이 다음과 같이 소장되어 있다.

① 奎3539 : 世系1 목록2 137권 85책, 목판본
② 奎3579 : 世系1 목록2 137권 85책, 목판본
③ 奎3269 : 목록2 137권 101책, 목판본
④ 奎7157 : 卷首1 목록2 137권 50책, 목판본
⑤ 奎5553 : 卷首1 목록2 137권 46책, 을해자본, 일부 필사본
【제8책(권19,20,21), 제26책(권73,74), 제29책(권81,82,83)】

⑥ 奎4720 : 목록2 世系1 137권 61책, 필사본

⑦ 가람951.04-J464ga : 89책(영본), 목판본

⑧ 奎3467 : 30책(영본), 목판본, 일부 을해자본【제6책(권52),

제26책(권135), 제27책(권 3), 제28책(권9, 10, 44, 45, 46,

110, 115)】 및 필사본 포함

⑨ 奎5908 : 56책(영본), 목판본

⑩ 奎5554 : 32책(영본), 을해자본(卷首, 권9~16, 23~25, 29~35,

40~52, 56~70, 75~76, 79~82, 86~124, 129~137)

⑪ 가람951.04-J464g : 19책(영본), 목판본(필사본 포함)

⑫ 奎5874 : 8책(영본), 목판본, 일부 을해자본(제3책 권131,

132), 일부 필사본

⑬ 일사951.04-J464gb : 7책(영본), 목판본

⑭ 가람951.04-J464gc : 1책(영본), 필사본

⑮ 일사951.04-J464ga : 2책(영본), 목판본

⑯ 가람951.04-J464g : v.21, 1책(영본), 목판본

⑰ 古951.04-J464g : 1책(영본), 목판본

⑱ 奎26637 : 1책(영본, 권110의 제21, 22, 23帳만 있음), 을해

자본

《고려사》 규장각본 18질 중에는 지금까지 알려진 최고의 선본

善本인 을해자본의 거의 대부분이 들어 있고, 목판본 중에서도

을해자본을 복각復刻한 최고 선본이 들어 있다. 1613년(광해군光

海君 5)에 인간印刊된 ①과 ②는 정교하게 복각된, 목판의 상태

가 가장 좋을 때 인쇄된 선본이며 완본이다. 연세대학교 도서관에 최한기崔漢綺의 수택본인 목판본과 동아대학에 목판본 완질이 소장되어 있고, 국립중앙도서관에 〈열전列傳 권7〉 필사본이 있을 뿐이니, 규장각은 《고려사》의 최고의 소장처이다.

그런데 《고려사》 규장각 소장본에 대한 목록이나 해제의 소개는 자세하지 않고, 관리상의 번호와 권호의 차례가 일치하지 않는 것들이 있어, 가장 중요한 을해자본을 새로이 조사하여 표로 정리하면 다음 〈표 1〉과 같다. 특히 기존 서지연구에서 판본마다 책冊의 번호만을 소개하고 권卷의 번호를 소개하지 않아, 실제의 책을 보지 않으면 어떤 권이 있고 없는지도 알 수 없었기 때문에 각 권별 상태를 대조하여 놓았다.

광곽匡廓의 크기를 보면, 같은 청구기호 내에 들어 있는 간본이라 해도 크기에 차이가 있지만, 활자본과 목판본 사이에는 현저한 차이가 발견된다. 광곽의 가로 크기는 활자본이나 목판본 모두 비슷하나, 세로는 활자본이 220~222mm인데 견주어 복각 목판본은 199~215mm로 활자본보다 전반적으로 작고 편차도 크다. 이는 복각이라 해도 판목이 수축하거나 인쇄방법의 차이로 인쇄한 종이가 수축하는 데에서 기인하는 것으로 보인다. 여하튼 정교한 복각본이라 해도 목판본은 활자본과 판이 조금씩 다르다.

〈표 1〉에서 보는 바처럼 을해자본들은 같은 권이 2~3개씩 동시에 존재하는 경우들이 있다. 이들을 대조해서 검토한 결과, 이들은 대체로 동일한 조판을 가지고 찍은 것으로 보인다. 전체적인 조판의 형태가 일치할 뿐만 아니라, 활자가 약간 돌아간 글

〈표 1〉 규장각 소장 을해자본 《고려사》

권	奎貴5553		奎貴5554		기타	
	책	상태	책	상태	청구기호/상태/책	
篋,世系 수사관 범례	1		1			
목록	1		1			
1	2					
2	2					
3	2				奎3467	책27
4	3					
5	3					
6	3					
7	4					
8	4					
9	4		2		奎3467	책28
10	5		2		奎3467	책28
11	5		2			
12	5		2			
13	6		3			
14	6		3			
15	6		3			
16	7		3			
17	7					
18	7					
19	필사8					
20	필사8					
21	필사8					
22	9					
23	9		4			
24	9		4			
25	10		4			
26	10					
27	10					
28	11					
29	11		5			
30	11		5			

31	12						
32	12						
33	12						
34	?						
35	13		5				
36	13						
37	13						
38	13						
39	14						
40	14		6				
41	14		6				
42	15		6				
43	15		6				
44	15		7				
45	15		7		奎3467	책29	결락
46	15		7		奎3467	책29	
47	16		8				
48	16		8				
49	17		9				
50	17		9				
51	18		10				
52	18		10		奎3467	책6	
53	19						
54	19						
55	20						
56	20		11				
57	20		11				
58	21		11				
59	21		12				
60	21		12				
61	22		12				
62	22	결락	13				
63	23		13				
64	23		13				
65	23	결락	14				
66	24	결락	14				
67	24		14				
68	24		15				
69	25		15				
70	25		15				

71	25					
72	25					
73	필사26					
74	필사26					
75	27	16				
76	27	16				
77	28					
78	28					
79	28	17				
80	28	18				
81	필사29	18				
82	필사29	18				
83	필사29					
84	30					
85	30					
86	31	19				
87	31	19				
88	32	20				
89	32	20				
90	32	20				
91	33	20				
92	33	21				
93	33	21				
94	33	21				
95	34	22				
96	34	22				
97	34	22				
98	34	23				
99	35	23				
100	35	23				
101	35	24	결락			
102	35	24				
103	36	24				
104	36	24	결락			
105	36	25				
106	37	25				
107	37	25				
108	37	25				
109	37	26				
110	38	26		奎3467	결락, 책30	奎26637/ 21~23帳만

111	38		26				
112	38		26				
113	39		27				
114	39		27				
115	39		27	奎3467		결락, 책30	
116	40		28				
117	40		28				
118	40		28				
119	41		28				
120	41		29				
121	41		29				
122	42		29				
123	42		29				
124	42		29				
125	42						
126	43						
127	43						
128	43						
129	44		30				
130	44		30				
131	44		30	奎5874	책3		
132	45	결락	31	奎5874	책3		
133	45		31				
134	45		31				
135	46		32	奎3467	책26		
136	46		32				
137	46		32				

※'결락'은 일부 장帳에 결락이 있음을 뜻한다.

자까지 일치한다. 다만, 책간에 지질이 차이나는 경우가 있고, 같은 책, 심지어 같은 원 안에서도 지질이 다른 경우도 있다. 그리고 잉크가 뭉치거나 흐리게 인쇄된 차이가 있어, 같은 조판으로 인쇄하였어도 인쇄 상태에는 차이가 있는 경우가 적지 않다. 더구나 보존 상태에 따라 파손되거나 변색된 차이도 심하다. 따라서 이들 복본도 모두 긴요하게 사용될 수 있다.

〈奎貴5553〉은 가장 완질完秩에 가깝지만, 권19, 20, 21, 73, 74, 81, 82, 83의 여섯 권은 필사본으로 채워져 있다. 이 가운데 권81, 82는 〈奎貴5554〉의 제18책의 것으로 채워지나, 권19, 20, 21, 73, 74, 83은 을해자본이 없다.

또한 〈奎貴5553〉의 일부 권들은 몇 글자씩 탈락된 면(장)들이 있다. 권65는 제30~32장의 각 장이 1~6글자씩, 권66은 제5~28장이 2~20자씩, 권132는 제1~16장이 1~3글자씩이 결락되었다. 이들은 다행히 〈奎貴5554〉의 해당 권들이 양호한 상태라서 대치될 수 있다. 특히 권132는 〈奎5874〉에도 양호한 상태의 것이 들어 있다.

결락된 글자들은 〈奎貴5554〉의 활자본에도 있다. 권101의 전체가 하단 1~3글자씩이 불에 타 떨어져 나갔고, 권104의 제31~55장은 1~8글자씩이 종이가 삭아 떨어져 나갔다.

글자의 탈락과는 별도로 표지에 먹인 밀랍이 녹아 스며들거나, 물에 젖거나, 불에 타는 등으로 지면이 심하게 변색되고, 훼손된 권질도 있다. 〈奎貴5553〉에서 권10의 제1~4장, 권31의 제29~37장, 권42의 제1~4장, 권51의 제1~2장, 권66 전체, 권67의 제1~18장, 권75의 1~5장, 권85의 45~7장, 권112 전체가 그렇다. 밀랍으로 변색된 면들은 변질된 밀랍 때문에 검붉게 변색될 뿐만 아니라, 딱딱하게 경화되어 부스러질 위험도 있다. 〈奎貴

5554)의 권16의 제46장은 변색되고, 권62, 63, 64 전체는 각 장의 여백 부분이 조금씩 불탔다.

《고려왕조실록》이나 기타 《고려사》 편찬 때 참고된 중요 자료들이 전하지 않고 있는 현재로서는 《고려사》는 한국사의 허리 부분에 해당하는 500년의 역사에 대한 최고의 사적史籍으로서, 그 가운데 최고의 선본인 을해자본과 을해자본의 누락을 보충해 주는 목판본들은 국보國寶 내지는 보물寶物로 지정되어 특별 관리될 필요가 있다. 그런데 현재 우리는 규장각에 소장된 이 훌륭한 《고려사》 판본들을 제대로 활용하지 못하고 있는 상태다.

현재 유포되고 있는 《고려사》는 우선 1908년 일본 국서간행회國書刊行會에서 활판본으로 간행한 것이 있으나 오자가 많고, 1948년 국제신문사에서 서울대 소장 목판본으로 영인한 것이 있으나 〈세가〉 부분만 영인 간행한 것이다. 게다가 이 두 가지는 구하기도 어렵다.

근래에 많이 이용되고 있는 판본으로는 1955년 연세대학교 소장 동방학연구소에서 최한기崔漢綺의 수택본 목판본을 중심으로 일부 누락된 부분을 규장각 소장본으로 보충하여 영인 간행한 것(경인문화사본)과 1972년 아세아문화사에서 규장각 소장의 을해자본을 영인 간행한 것이 있다. 그런데 《고려사》는 양장본으로 3책에 불과한 분량인데도, 이들 판본은 질이 낮은 염가의 인쇄 때문에, 글자들이 선명하지 않은 지면이 많을 뿐만 아니라, 너무 축소 인쇄하여 세주細注의 작은 글자들은 까맣게 뭉개져 읽기 어려운 것들이 적지 않다. 《고려사》는 아니지만 현존 《고려사절요》의 가장 좋은 판본인 일본 봉좌문고蓬左文庫 소장본 《고려사절요》를 일본에서 영인한 것이 작은 글자들도 선명하게 보이는 고품질의 인쇄로 되어 있는 것과 매우 대조된다.

《고려사》는 아세아문화사본이 현재로서는 보급되고 있는 영인본 가운데 유일하게 을해자본을 저본으로 하였다는 점에서 가장 나은 책이다. 그러나 조악한 인쇄상태도 문제이지만, 《고려사》의 여러 좋은 판본들을 제대로 활용하지 않은 문제점이 있다. 우선 을해자본을 영인하면서, 규장각에 있는 을해자본조차 활용하지 못하고 목판본으로 대신 찍은 부분들이 그것이다. 아세아문화사본은 권19, 20, 21, 31, 73, 74, 77, 78, 79, 81, 82, 83을 목판본으로 대신 넣어 찍었다. 이 가운데 권19, 20, 21, 73, 74, 83은 을해자본이 없으므로 목판본의 사용이 불가피하지만, 권31, 77, 78, 79, 81, 82는 을해자본이 있는데도 그것이 규장각에 존재하는 것을 파악하지 못한 상태에서 목판본을 영인한 것이다.

또한 같은 을해자본이라도 2개 이상의 판본이 동시에 남아 있을 경우 인쇄 상태나 보존 상태가 나쁜 면은 인쇄상태가 좋은 것을 찾아 영인하는 것이 필요하다. 앞에서 보았듯이 판본에 따라 인쇄 상태나 보존 상태에 차이가 있는 경우들이 적지 않은 것이다. 현재의 아세아문화사본에는 여러 판본들을 활용하지 못하고 인쇄상태가 좋지 않은 면을 그대로 영인하여 글자가 잘 보이지 않는 면들이 적지 않다.

1991년에 신서원에서 북한의 고려사 번역본에 이 을해자본을 단락별로 오려 붙여 간행한 《북역 고려사》가 있으나, 번역에도 문제가 많고 오려 붙인 영인본의 인쇄 상태 역시 아세아문화사본의 상태와 마찬가지이다. 이 신서원본 《북역 고려사》의 내용을 1999년 전산매체로 출판한 것이 국내 누리미디어(주)에서 출간한 《CD-ROM 고려사》이다. 출판 매체의 면에서 최신 기술이 도입되어 검색 등에 편리해졌으나, 내용면에서는 북한 번역본의 문제를 그대로 가지고 있고, 이미지 파일로 제공한 원문은 아세아문화사 영인본을 스캐닝한 것으로 보이는바, 상태가 아세아문화사본과 마찬가지이다. 1982년에 부산 동아대학교에서 간행한 《역주 고려사高麗史》는 2011년에 다시 번역되어 경인문화사에서 간행되었고, 그것을 네이버에서 인터넷으로 원문과 번역문을 함께 열람하도록 제공하고 있다. 국사편찬위원회에서도 인터넷으로 《고려사》의 국문번역과 원문, 그리고 사진본을 열람할 수 있다.

《고려사》의 국문번역은 앞서보다 진전된 면이 크지만, 앞으로도 계속 개선해 나가야 할 것이다. 그리고 이본들의 이용은 아직도 큰 진전이 없는 상태이다.

한국학계는 규장각에 소장된 국보급의 《고려사》 판본들을 제대로 활용할 수 있게 만들어야 한다. 그것은 크게 두 가지 작업을 통해 달성되는 것이 바람직하다고 생각된다.

첫째는 제대로 된 영인본을 간행하는 것이다. 세주細注도 잘 보이는 크기의 판형과 제대로 된 품질의 인쇄는 물론이고, 선본인 을해자본을 저본으로 하여, 모든 《고려사》 판본을 대조하여 다른 글자들을 注로 표시하는 교감을 해야 한다. 현재의 《고려사》 판본들에는 서로 다른 글자들이 발견되며, 선본인 을해자본에도 오자가 발견된다. 따라서 이렇게 하면, 연구자들은 한 책을 가지고 모든 판본들의 내용을 볼 수 있게 되는 것이다. 또한 《고려사》에 쓰이고 있는 여러 이체자들을 읽기 쉽게 정자로 주를 달아 주는 것 또한 필요하다.

교감본에는 아울러 기본적인 표점을 부가하여 읽기 쉽게 만들어야 할 것이다. 《고려사》에는 많은 인명과 제도명 등이 수록되어 있기 때문에 한문 해독능력과 고려시대에 대한 전문 지식을 겸비한 사람이라야 제대로 표점을 부가할 수 있다. 기존에 나와 있는 다른 책들을 보면 그 분야 전문가가 아닌 사람에 의해 표점작업이 될 경우 많은 오류가 발견된다.

이렇게 하여 만들어지는 정교한 교감 영인본은 《고려사》의 표준판본으로서 널리 활용되며, 길이 후대에 남을 것이다. 《고려사》의 초간본을 비롯하여, 을해자본조차 완본이 남아 있지 못한 실정을 고려한다면, 현대에 남아 있는 판본들을 토대로 온전한 《고려사》를 복원하여 남기는 일은 매우 중요한 일이라 생각된다.

둘째는 앞의 교감·표점 영인본이 완성되면, 그것을 토대로 교감과 표점을 더한 전산조판본을 만드는 것이다. 현재 《고려사》의 아세아문화사 영인본을 바탕으로 한 전산 텍스트파일이 서울대 중문과 허성도 교수가 중심이 된 한국사료연구소에서 만들어져 인터넷에서 공개된 바 있었다. 《고려사》 텍스트파일은 국사편찬위원회와 네이버에서 이미지 파일과 함께 제공하고 있다.

3. 《고려사절요》

《고려사절요》는 1424년(世宗 6)에 윤회尹淮 등이 찬한 《수교 고려사》를 바탕으로 한 책으로 《고려사》의 내용과 동일한 서술도 많지만, 《고려사》에는 없는 중요한 내용을 담고 있는 것도 적지 않아, 고려시대 연구에 중요한 자료이다. 즉 일반적으로 '절요'라는 명칭이 본사本史의 요약본인 것과 달리, 《고려사절요》는 나름의 독자적 내용을 포함하고 있는 고려시대 연구의 또다른 기본 사서인 것이다. 이 책은 현재 규장각에 5질이 소장되어 있는바, 기존 목록집에 잘못 소개되었거나 누락된 것을 보충하여, 다른 알려진 중요 간본들과 함께 정리하면 다음과 같다.

《고려사절요》

① 奎3556 : 31권 23책, 零本, 乙亥字本, 19자×10행, 권19만 甲寅字本, 17자×10행 권5·6·18 결본

② 奎3566 : 2권 2책, 零本, 甲寅字 初刊本, 17자×10행 권20, 권23만 있음

③ 古4240-3 : 11권 11책, 甲寅字 初刊本, 17자×10행 권3, 7, 8, 11-14, 17-20, 23-26, 29, 30, 33[1]

④ 古4240-1 : 35권 23책, 完帙, 필사본, 19자×10행

---

[1] 기존의 목록과 해제집에서는 권8, 14, 18, 20, 24, 26, 30이 결권缺卷인 것으로 잘못 소개되어 있다.

⑤ 奎15658 : 35권 23책, 完帙 필사본. 19자×10행

　　—————— (이상 규장각 소장본)

⑥ 國貴493, 일산 貴 2140-4 : 14권 8책, 甲寅字本,

　권4, 권7-10, 12-18, 27-28

⑦ 國貴-222, 한-53-나4 : 2권 2책, 영본, 乙亥字本, 권6, 11

　　—————— (이상 국립중앙도서관 소장본)

⑧ 일본 蓬左文庫本 : 35권 35책, 完本, 甲寅字 초간본

　① 奎3556은 기존의 목록과 해제에서 갑인자본으로 소개되어
있으나,[2] 제12책의 권19만이 갑인자본이며 나머지는 을해자본이
다. 또한 권19는 결권으로 소개되어 있으나, 갑인자본으로 채워
져 있다. 두 필사본 ④ 古4240-1, ⑤ 奎15658은 이 ① 奎3556을
필사한 것이다. 행당 글자수를 맞추어 필사하였고, 저본의 낙장
落帳 부분은 물론 글자가 떨어져 나간 것도 공백으로 표시하였
다. ⑤ 奎15658은 붉은 점선으로 탈락 부분의 형태를 나타내기
도 하였다. 근대에 들어와 필사된 것으로 보인다.

　갑인자본은 앞에서 언급한 ① 奎3556의 권19와 ② 奎3566,
③ 古4240-3이다. 이들은 봉좌문고본蓬左文庫本처럼 갑인자로 인
쇄되었다. 이들은 활자체나 판심 등이 같은 것은 물론 활자가 일
부 돌아가거나 좌우상하로 밀려 쏠린 것까지 그대로 일치한다.
봉좌문고본은 유일한 완본이지만, 이들의 일부 장帳들은 봉좌문
고본보다 잉크의 농담 등 인쇄상태가 좋은 것도 있다.

---

2)《奎章閣韓國本總目錄》, p.26;《奎章閣韓國本圖書解題:史部1》, p.8.

③ 古4240-3은 여러 권의 앞뒤 표지 안쪽에 '월성손씨가장月城孫氏家藏', '설파당장雪坡堂莊'의 장서자 표시가 있으며, 높은 열람 빈도로 종이가 닳아 판심쪽 접은 선은 전부 찢어지고 좌우 상단이 말려서 접힌 장이 많다. 특히 권19의 하단부 판심쪽은 일부 글자들이 결락되었고, 제1, 2장은 8자 정도씩이 결락되었다. 제책도 부서져 책장들이 떨어진 것이 있다.

① 奎3566은 2권만이 남아 있으나, 인쇄상태와 보존상태가 좋고, 파손이 전혀 없다. ① 奎3556의 제12책에는 권19, 20, 21이 함께 묶여 있는데, 이 가운데 권19만이 갑인자본이다. 인쇄상태가 좋은 장들이 많고, 보존상태도 양호하다.

을해자본은 ① 奎3556이 현재 알려진 을해자본 가운데 가장 충실한 판본이지만 결권이 있고, 일부는 파손이 심하다. 권3의 경우 앞부분은 각 장이 1~2자씩, 뒷부분은 20여 자씩 탈락되었다. 권33은 각 장의 하단 중앙이 불에 탄 듯 탄화되면서 결락되어 10~20여 자씩 결락되었다. 권34는 상단 책을 묶은 부분이 탄화되면서 결락되어 앞부분은 1~2글자, 뒷부분은 10여 자씩 결락되었는데, 중간 부분은 양호하다.

규장각 소장 활자본 《고려사절요》를 권별로 대조하여 표로 정리하면 다음 〈표 2〉와 같다. 권호에 따라서는 복본도 있지만, 갑인자본과 을해자본을 합쳐도 결권이 채워지지 않는 것이 있다.

국내 소장된 갑인자본의 일부 잔권만이 있는 것으로는 학봉 김성일 종손가본, 고려대도서관본, 경기도박물관 소장본이 조사되었다. 이들까지 모두 총괄한 국내소장본의 권별 분포상태를 정리하면 〈표 2〉와 같다.

〈표 2〉 국내 소장 《고려사절요》 이본의 권별 판본 잔존 현황

권	갑인자본	을해자본
1		奎貴3556-1
2	국립중앙도서관古2140-1	奎貴3556-1, 奎貴3556-2
3	규장각古貴4240	奎貴3556-1, 奎貴3556-2
4	국립중앙도서관一山貴2140-4	奎貴3556-1, 奎貴3556-2
5	학봉 김성일 종손가본	
6	학봉 김성일 종손가본	국립중앙도서관 을해자본
7	규장각古貴4240 국립중앙도서관古2140-1 국립중앙도서관一山貴140-4	奎貴3556-1, 奎貴3556-2
8	규장각古貴4240 국립중앙도서관고2140-1 국립중앙도서관一山貴2140-4	奎貴3556-1, 奎貴3556-2
9	국립중앙도서관一山貴2140-4	奎貴3556-1, 奎貴3556-2
10	국립중앙도서관一山貴2140-4	奎貴3556-1, 奎貴3556-2
11	규장각古貴4240 학봉 김성일 종손가본	奎貴3556-1, 奎貴3556-2 국립중앙도서관 을해자본
12	규장각古貴4240 학봉 김성일 종손가본 국립중앙도서관一山貴2140-4	奎貴3556-1, 奎貴3556-2
13	규장각古貴4240 국립중앙도서관一山貴2140-4	奎貴3556-1, 奎貴3556-2
14	규장각古貴4240 국립중앙도서관一山貴2140-4	奎貴3556-1, 奎貴3556-2
15	국립중앙도서관一山貴2140-4 학봉 김성일 종손가본	奎貴3556-1, 奎貴3556-2
16	국립중앙도서관一山貴2140-4	奎貴3556-1, 奎貴3556-2

	학봉 김성일 종손가본	
17	규장각古貴4240, 국립중앙도서관一山貴2140-4, 학봉 김성일 종손가본, 고려대 갑인자본	奎貴3556-1, 奎貴3556-2
18	규장각古貴4240, 국립중앙도서관一山貴2140-4 학봉 김성일 종손가본 고려대 갑인자본	
19	奎貴3556-1(이 권만 갑인자) 규장각古貴4240	
20	규장각古貴4240, 奎貴3566, 경기도박물관본	奎貴3556-1, 奎貴3556-2
21	학봉 김성일 종손가본	奎貴3556-1, 奎貴3556-2
22	학봉 김성일 종손가본	奎貴3556-1, 奎貴3556-2
23	규장각古貴4240, 奎貴3566,	奎貴3556-1, 奎貴3556-2
24	규장각古貴4240	奎貴3556-1, 奎貴3556-2
25	규장각古貴4240	奎貴3556-1, 奎貴3556-2
26	규장각古貴4240 고려대본	奎貴3556-1, 奎貴3556-2
27	국립중앙도서관一山貴2140-4 학봉 김성일 종손가본	奎貴3556-1, 奎貴3556-2
28	국립중앙도서관一山貴2140-4 학봉 김성일 종손가본	奎貴3556-1, 奎貴3556-2
29	규장각古貴4240	奎貴3556-1, 奎貴3556-2
30	규장각古貴4240	奎貴3556-1, 奎貴3556-2
31		奎貴3556-1, 奎貴3556-2
32		奎貴3556-1, 奎貴3556-2
33	규장각古貴4240	奎貴3556-1, 奎貴3556-2
34	학봉 김성일 종손가본	奎貴3556-1, 奎貴3556-2
35		奎貴3556-1, 奎貴3556-2

《고려사절요》의 근대 이후 간행본으로는 우선 1932년 조선사 편수회朝鮮史編修會가 규장각 을해자본 〈奎貴3556〉을 저본으로 《조선사료총간朝鮮史料叢刊》 제1로 영인·출판하였는데, 권5, 6, 18의 3권이 빠져 있었다. 현재의 규장각 소장 활자본들을 모으면, 우선 갑인자본에서 권18이 보충되고, 국립중앙도서관본을 이용하면 권18도 보충된다. 다만 권5의 누락은 보충할 수가 없다. 조선사 편수회 1차 영인 뒤 일본 나고야名古屋의 봉좌문고蓬左文庫에 갑인자 완본이 있는 것이 알려져, 앞서 영인할 때 빠진 3권 및 진전進箋, 범례凡例, 수사관修史官, 목록目錄을 1938년에 《조선사료총간》 제18, 《고려사절요보간高麗史節要補刊》을 영인·출판하였다. 봉좌문고본은 1959년 쓰에마쓰末松保和의 해제를 붙여 일본 도쿄東京 가쿠슈인學習院 동양문화연구소東洋文化硏究所에서 영인·출판하였다. 봉좌문고본은 《고려사절요》의 가장 좋은 판본이며, 유일한 완본이다.

그 후 1960년 서울대 규장각본(奎貴3556)을 저본으로 서울 동국문화사에서 영인본을 출판하였다. 글자의 탈락을 《고려사》나 《동국통감》 등의 내용을 참고하여 써넣는 등으로 보충을 시도하였으나, 봉좌문고본은 물론 국내 소장 《고려사절요》 활자본들도 제대로 이용되지 못하였다.

1972년 서울 아세아문화사에서 봉좌문고본을 저본으로 한 가쿠슈인 영인본을 다시 영인하여 재간하였다. 또 1966년 민족문화추진회에서 《국역 고려사절요》를 출간하며, 그 끝에 활자화한 원문을 덧붙였다.

현재 일반에 많이 유포되어 있는 것은 아세아문화사 영인본과 민족문화추진회의 국역본이고, 간혹 국내에서 구하기 쉽지 않은 일본 가쿠슈인 영인본이 이용되고 있다. 그런데 아세아문화사본은 가쿠슈인 영인본을 영인한 것인 데다가 질이 낮은 염가의 인쇄로 제작되어 글자가 선명하지 않아 읽기에 불편하고, 민족문화추진회 국역본에 수록된 활자화된 원문은 오자가 많다. 현재 국사편찬위원회에서 인터넷으로 원문 텍스트파일과 번역문을 제공하고 있다. 2016년에는 여러 갑인자본 이본들의 차이 나는 글자 및 내용을 교감하여 교감주를 달고, 《고려사》와의 차이도 대교주 對校註를 단 《교감 고려사절요》가 간행되었다.[3] 기존에 모두 같은 것으로 알았던 갑인자본들 사이에도 적지 않은 차이가 있는 것을 하나의 책에 통합하여 모았고, 을해자본의 차이 있는 글자도 교감주로 통합하였다.

4. 문집류

고려시대 사료의 중요한 한 가지는 문집류이다. 한 개인의 시 詩나 문文을 모아 놓은 문집은 자료가 부족한 고려시대 연구에

---

3) 노명호 외, 2016, 《교감 고려사절요》.

귀중한 문헌 자료이다. 더구나 문집자료는 대부분 그 당대인이 직접 쓴 글이라는 점에서 《고려사》나 《고려사절요》와도 달리 그에 수록된 것들은 1차 사료에 가까운 자료들이 많다.

고려시대에도 많은 문집들이 편찬되고 있었던바, 진정대사眞靜國師 천책天頙은 1241년에 쓴 〈답운대아감민호서答芸臺亞監閔昊書〉에서 그 당시 전해 오는 문집을 남긴 사람들이 '수십가數十家'라고 하였다.4) 지금 남아 전하는 고려시대 문집은 거의 대부분이 13세기 중반 이후의 것이므로 천책이 말한 수십 종의 문집은 대부분 현재 전하고 있지 않는 것이다. 게다가 13세기 중반 이후 인물의 문집도 지금 남아 전하는 것은 그 일부이다.

고려왕조가 망하는 1392년 당시 30세 이상이었을 인물들에 한하여 그들의 문집이 규장각에 소장되어 있는 것은 40여 종으로, 그 이본들 모두의 책수는 390여 책에 달한다. 지금까지 알려진 고려시대 문집 가운데 16세기 이전에 편찬된 것 1종과5) 17세기 이후 20세기 초에 편찬된 9종만이6) 규장각 소장 고서 속

---

4) 《湖山錄》 권4; 許興植, 1995, 《眞靜國師와 湖山錄》, 서울, 민족사.

5) 李承休(1224-1300)의 《動安居士集》(고려명현집1, 한국문집총간2)이 규장각에 고서로 소장되어 있지 않다. 단, 《제왕운기》는 규장각에 고판본이 소장되어 있다.

6) 閔思平(1295-1359), 《及菴詩集》(한국문집총간3); 鄭誧(1309-1345), 《雪谷集》(한국문집총간3)
　저자의 8대손 鄭述가 1609년 중간한 《西原世稿》(정포, 정총, 정해 등) 중에서 발췌 수록한 것이다(계명대 중앙도서관장본 고811.082, 2권).
　鄭樞(1333-1382), 《圓齋集》(3권 1책, 고대 중앙도서관 만송문고본 귀348, 일부 낙장 고대 중앙도서관장 《西原世稿》(D1-A1922)에서 보충, 한

에 들어 있지 않다. 고려시대 인물의 알려진 전체 문집의 대부분
이 소장되어 있는 규장각은 고려시대 문집의 최대 소장처이기도
한 것이다. 더구나 규장각에는 같은 문집이라도 중요한 선본을
비롯하여 여러 다른 이본들이 소장되어 있다.

　조선 후기 이후에 편찬된 문집들의 경우《동문선東文選》,《동
국여지승람東國輿地勝覽》, 기타 시문집 등에서 해당 인물의 시문
을 모아 편찬한 내용이 주류를 이루어서 대개 사료적 가치는 상
대적으로 적다. 그런데 한 개인의 글들을 여러 곳에서 조사하여
모아 놓음으로써 그 원자료를 대조·확인할 필요는 있으나, 연구
에 편리함과 참고되는 바가 있다. 또한 종종 문중 등에 내려오던
중요한 자료를 함께 묶어 놓은 경우도 있다.

　이제 규장각 소장 고려시대 인물의 문집을 그 생몰년을 기준
으로 차례로 하나씩 검토하면 다음과 같다.

　《서하선생집西河先生集》은 임춘林椿(1150년경~1190년경)의 문
집으로, 현재 규장각에는 다음과 같은 청구기호로 3개의 판본이

　　국문집총간5) ; 邊安烈(1334-1390),《大隱先生實記》(한국역대문집총서) ;
　　成石璘(1338-1423),《獨谷集》(한국문집총간6) ; 李存吾(1341-1371),《石
　　灘集》(고려명현집4, 한국문집총간6) ; 李詹(1345-1405),《雙梅堂篋藏集》
　　(한국문집총간6) ; 河崙(1347-1416),《浩亭集》(한국문집총간6) ; 鄭摠
　　(1358-1397),《復齋集》(한국문집총간7).

　　조선시대 후손 등이 고려시대 사람들에 대해 기록한 '~實記', '~遺
　　事', '~行狀' 등의 글들은 엄격한 의미에서 보면 문집이 아니므로 규장
　　각 소장본의 집계에는 포함시키지 않았다. 규장각에도 이러한 류의 서
　　적들이 적지 않게 소장되어 있는바, 이는 차후에 별도로 다루려 한다.

전하고 있다.

① 古 3428-466-1,2 : 2책 6권(제1~6권)

② 一蕢古 819.4-Im1se : 1책 3권(제1~3권)

③ 一蕢古 819.4-Im1s : 1책 4권(제3~6권)

①과 ②는 모두 계사(1713)년에 중간重刊된 목판본인데, 대체로 ①이 좀더 잉크가 고르게 찍히는 등 인쇄상태가 좋은 편이고, 6권 전권이 있는 완본이지만, ②는 3권만의 영본이다. 다만 내용에는 관계없지만, ①은 각권 첫머리 1,2행 하단 공란에 찍은 장서인으로 보이는 부분을 오려낸 것이 파손이라면, 파손이다. 권6의 경우 3개의 장서인을 찍은 것이 남아 있다. ②의 경우는 이러한 파손은 없다.

이 계사년 중간본은 자체가 미려하며 목판의 목각이 정교하고 오자도 적어, 대동문화연구소에서 영인한 《고려명현집 2》에 수록된 1865년 간행된 조악한 자체와 오자도 많은 목활자본과 비교하면 매우 좋은 판본이다. 하버드대학 옌칭도서관에 고려시대 목판본 《서하집西河集》이 있지만 완본이 아닌 제4, 5권만이 있는 영본零本이므로(TK5568.2/494), 이 고려시대 목판본과 《고려명현집》의 영인본을 대조해 보면, 달라진 글자들이 일부 나타나는데, 고려시대본의 것이 해석이 제대로 되는 것이 있다. 고려시대본은 아니지만, ①은 현존 서하집의 완본 중에서는 최선본이라 할, 귀중한 판본이다. 옌칭도서관본은 목판의 새김이 거칠고 자체가 미려하지 못하여, 이 면에서도 규장각본은 좋은 판본이다. 이 규장각 본 권6의 끝에는 목활자본에 없는 정우貞祐 11년 (1223)에 최우崔瑀가 쓴 발문跋文이 있다. 《한국문집총간2》의 영인은 이 판본을 저본으로 한 것이다.

③은 계사년 중간본의 복각본復刻本인데, 언뜻 보면 차이가 잘 나지 않지만, ①,②보다 목각이 정교하지 않아 필획의 굵기나 길이, 결구結句 등에서 조금씩 자체의 균형이 깨져 있다. 그러나 1865년에 간행된 목활자본에 견주면, 좋은 판본이다. 이 복각본은 갑오년 중간서重刊書가 있는바, 갑오년은 1774년이나 1834년으로 보인다. 책의 크기도 ①, ②가 193×285, 191×284mm인 것에 견주어 208×317mm로 훨씬 크다. 현재 제3~6권만을 한 책으로 묶은 상태로 남아 있는데, 분량이 적은 제1, 2권을 빼고 분량이 큰 4권을 함께 묶은 것은 원래의 제본이 아닐 가능성이 있다.

《파한집破閑集》은 이인로李仁老(1152~1220)의 저술로 규장각에는 1650년대 말에 중간重刊된 목판본 1책, 한 질이 소장되어 있다(奎 5275). 이 규장각본은 대동문화연구소의 영인본(《고려명현집》2)의 저본과 같은 목판으로 찍은 책인데, 영인본의 저본과는 달리 낙서가 되어 있지 않다. 권상의 첫장과 권하의 끝 장, 그리고 발문 부분에 부분적으로 종이가 낡아 획이 떨어져 나간 것이 있다. 그러나 전반적으로 보존상태가 깨끗하다.

《동국이상국집東國李相國集》은 이규보李奎報(1168~1214)의 시

〈표 3〉 규장각 소장 《동국이상국집》

	① 奎5270	② 奎4938	③ 古3428-834
印	侍講院	弘文館	蘇湖莊
册卷	1책 序, 年譜序, 　권1-3 2책 권4-7 3책 권8-11 4책 권12-15 5책 권16-19 6책 권20-23 7책 권24-26 8책 권27-29 9책 권30-33 10책 권34-37 11책 권38-41 12책 後集序 　권1-4 13책 권5-8 14책 권9-12, 　誄書, 墓地銘, 跋 　尾(嗣孫益培), 교 　감자 명단	1책 序, 年譜序, 　권1-3 2책 권4-7 3책 권8-11 4책 권12-16 5책 권17-21 6책 권22-25 7책 권26-28 8책 권29-33 9책 권34-37 10책 권38-41, 跋尾(嗣 孫益培) 교감자 명단 11책 後集序 권1-4 12책 권5-8 13책 권9-12, 誄書, 　墓地銘	(1)책 권9-11 (2)책 권34-37 (3)책 권38-41, 跋尾(嗣 　孫益培), 교감자 명단 (4)책 후집서, 권1-4 (5)책 　권5-8 (6)책 　권9-12 , 誄書, 　墓地銘
책 크기	202×312mm	272×195mm	298×200mm

문을 만년에 본인이 직접 편집한 문집이다. 규장각에는 세 가지
판본이 있는데, 같은 목판으로 찍어낸 것이지만, 찍은 시기는 상
당한 차이가 있었던 것으로 보인다. 세 판본은 책-권의 구성에
서도 약간의 차이가 있어 그것을 함께 대조하여 정리하면 〈표
3〉과 같다.

　위 세 가지 판본은 모두 같은 판목으로 찍은 것이다. 세 판본

모두 광곽匡郭의 크기, 서체, 판각상태 등이 동일하다. 그러나 제
책된 책의 크기나, 권-책의 구성도 조금씩 다르고, 인쇄한 시기
가 많이 차이 났던 것으로 보인다.

② 奎4938, 홍문관 장서인본은 세 판본 가운데 인쇄된 시기가
가장 이른 것이다. 이 판본은 판목의 상태가 보다 양호한 때에
찍은 것으로 필획이 뚜렷하게 제대로 살아 있다. ②에 견주어
① 시강원 장서인본이나 ③소호장 장서인본은 같은 글자의 필획
이 일부 떨어져 나간 것이 여러 곳에서 발견된다. 이 ② 판본은
다른 두 판본보다 오래 전에 인쇄된 가장 좋은 판본이며, 보존
상태도 좋다. ①보다는 ③이 인쇄된 시기가 더 앞섰던 것으로
보이며, 책-권의 구성도 전집全集에 해당하는 부분에서 ③은 ①
과 유사성이 더 많다.

② 홍문관 장서인본은 세 가지 가운데 최선본이다. 국립중앙
도서관에도 한 가지 판본이 있지만【國(貴-3, 한-46-가1850)】, 4
책(권18-22, 31-34, 35-37, 38-41)의 영본이고, 《고려명현집1》
의 《동국이상국집》 영인본의 저본은 장서인이 나타나지 않아, 규
장각본과 별도의 판본으로 보이는데, 이들 두 판본과 비교해서도
②는 최선본이다.

민족문화추진회에서 영인본으로 간행한 《한국문집총간1, 2》의
《동국이상국집》은 ①을 저본으로 한 것이다. ①도 판목의 글자상
태가 심하게 손상된 것은 아니고 보존 상태도 양호하지만, 가장
좋은 판본을 영인하지 않은 아쉬움이 있다.

경인문화사에서 간행한 《한국역대문집총서 7~10》의 영인본도

《고려명현집》의 경우처럼 저본을 밝히지 않았지만, 장서인과 인쇄 상태 등으로 보아 ①을 저본으로 한 것이다.

　《남양선생시집南陽先生詩集》은 백분화白賁華(1180~1224)의 시를 모아 놓은 것으로 규장각에 목판본 한 질이 소장되어 있다(奎 7670). 2권 1책(24장)의 얇은 책인데, 중간에 결락된 장이 여럿 있고, 판목의 상태가 훼손이 심하여 글자를 알아볼 수 없는 장이 대부분이다. 《한국문집총간2》의 영인본은 국립중앙도서관 소장본이고(국중 고3644-130), 《고려명현집5》의 것은 저본을 밝히지 않았지만 규장각본이 저본은 아니다. 세 판본은 모두 같은 판목으로 찍어 낸 것이고, 모두 이미 판목의 훼손이 심한 상태에서 찍어 내어 인쇄상태가 극히 나쁘다. 거의 알아 보기 힘든 글자들이 대부분이지만 그래도 장의 결락이 덜한 것이나 글자의 선명도를 기준으로 하면, 《한국문집총간2》 영인본의 저본이 된 국립중앙도서관 소장본이 약간 낫다고 할 수 있을지 모르겠으나, 큰 차이는 없다.

　세 판본 모두 상권은 3-8, 15, 16, 35, 36장이 결락되었고, 규장각본의 경우 11장도 결락되었다. 하권은 2-5, 16, 17장이 세 판본 모두에서 결락되었다. 그리고 규장각본은 6, 7장이 결락되었고 《고려명현집5》와 《한국문집총간2》 영인본은 12, 13장이 결락되었다. 그런데 결락되지 않은 장이라 해도 글자를 전혀 알아볼 수 없는 장 중에는 제본의 순서가 바뀐 것도 발견된다. 규장각본의 경우 하권 12, 13장 부분에 한 장이 더 들어 있지만,

장 번호를 판독할 수가 없다. 이것은 다른 장을 제본하며 잘못 집어넣은 것으로 보인다.

《보한집補閑集》은 최자崔滋(1188~1260)의 저술로 규장각에 다음의 두 질이 소장되어 있다.

① 奎 4580 : 목판본 1책, 序, 上, 中, 下卷
② 奎 4707 : 목판본 1책, 序, 上, 中, 下卷

두 판본은 1659년에 판각된 같은 목판으로 찍은 것으로 보인다. 목판이 손상되어 필획이 떨어져 나간 상태로 인쇄된 것까지 동일하게 나타난다. 다만, 두 판본 모두 책 앞부분 최자의 서문과 책 끝부분 하권 끝에 종이가 낡아 떨어져 나간 필획들이 있지만, 두 책의 떨어져 나간 부분이 달라 서로 보충될 수 있다. 시강원侍講院 장서인이 있는 ①은 책 군데군데 주서朱書된 것들이 있다.

《고려명현집2》의 영인본도 규장각본을 저본으로 한 것인데, 영인본을 찍을 당시만 해도 책장의 필획이 손상된 것이 거의 없는 상태였다. 더욱 아쉬운 것은 그 원형이 좋았던 때에 찍은 영인본의 인쇄상태가 조악하다는 점이다.

《매호유고梅湖遺稿》는 진화陳澕(?~1200~1215~?)의 시문을 모아 18세기 후반에 목활자본 1책으로 간행한 것인데, 규장각에는

이 목활자본 한 책이 소장되어 있다(奎 7003).《한국문집총간2》
와《고려명현집2》의 영인본도 이 규장각본을 저본으로 한 것이
다.《매호유고》는 동일 목활자 조판으로 여러 차례 인쇄되었던
것으로 보이는바, 현재영인된 판본중에서는 규장각본이 가장 선
본으로 보인다.《한국역대문집총서11》의 영인본은 저본을 명시하
지 않았으나 규장각본보다 후대에 인쇄된 것이라, 일부 목활자의
획이 떨어지거나 변형되었고, 발문에서는 조판을 다시하여 장수
를 줄이고, 부록으로 진화의 조선시대 후손 12명의 시문을 끝에
덧붙였다.

《지포선생문집止浦先生文集》은 김구金坵(1211~1278)의 시문집
으로 규장각에는 다음과 같은 세 질의 판본이 소장되어 있다.

① 奎 1330 : 3권 2책, 책233*363mm
② 奎 1331 : 3권 2책, 책235*363mm, 弘文館印
③ 古 3428-110 : 3권 2책, 책215*315mm

세 판본은 1801년에 처음으로 판각된 같은 판목으로 인쇄되
었다. 3권-2책의 구성(乾책 : 序, 목록, 1, 2권; 坤책 : 3권, 跋),
광곽의 크기, 서체, 판각된 상태 등이 일치한다. 다만 책의 크기
가 조금씩 다르나, 판목의 마멸 상태의 차이 등은 거의 발견하기
어려워 인쇄될 때의 판목 상태는 별 차이가 없었던 것으로 보인
다. 그러나 인쇄 상태나 보존 상태는 세 판본이 각각 다르다. 잉

크의 농담, 선명도 등 인쇄상태로는 ①과 ②가 정성들여 인쇄된
판본이며, ③은 이 점에서 뒤지며, 지질도 다른 두 판본만 못하
다. 한편 보존 상태는 ①이 두 책 모두 앞뒷장에 좀벌레 먹어
손상된 글자들이 있고, ②도 경미하지만 약간 좀이 먹었으나, ③
은 충해가 전혀 없다. 전체적으로 보면, 홍문관 장서인이 있는
②가 가장 좋은 판본이다.

　민족문화추진회의 《한국문집총간2》와 경인문화사의 《한국역대
문집총서11》의 영인본은 모두 ①을 저본으로 하였다. 《고려명현
집2》의 영인 저본은 장서인으로 보아 ①은 아니나, ①과 같은
판목으로 인쇄된 책이다.

　《회헌선생실기晦軒先生實記》는 안향安珦(1243~1306)의 시문 몇
편과 행적, 연보, 안향과 관련된 조선시대 저명 유자들의 글, 문
인록 등을 담은 조선 후기에 편찬된 책이다. 1764년에 초간된
이후 여러 차례에 걸쳐 중간되었는데, 규장각에는 다섯 질이 다
음과 같이 소장되어 있다.

① 一蓑古 819.4-Anlh : 목활자본, 4권 2책
② 古 4655-27A : 목활자본, 4권 2책
③ 古 4655-27 : 목판본, 5권 3책 가운데 권5 제3책이 결락된 영본
④ 奎 6882 : 필사본, 2권 1책
⑤ 古 4655-27B : 필사본, 4권 2책

①은 1884년에 3간刊된 목활자본으로 규장각본 중에서는 가장 오래된 간본이다. 내용도 다른 후대의 판본들에 증보된 것을 포함하지 않고 권4는 문인록으로 끝난다.

②는 ①과 같은 내용에 〈태학관유통유제도교원문太學館儒通論諸道校院文〉 등 약간의 내용이 더 있고, 발문이 ①은 22대손의 것이나, ②는 20대손의 것이다.

③은 기존의 목록집이나 해제집에는 결락 상태를 소개하지 않고 4권 2책으로도 소개되었고, 5권 2책으로도 소개되었다. 정확히 말하면 ③은 5권 3책 가운데 4권 2책이 남아 있는 영본이다. 규장각본 ③은 마지막 책인 제3책(제5권)이 결락된 영본이다.

20세기에 들어와 편찬된 ③은 ①, ②의 편차를 전반적으로 크게 바꾸고, 제향에 대한 글들과 안향을 숭상하는 글을 대폭 첨가하여, 5권 3책으로 늘어난 것이다. 《회헌선생실기》의 5권 3책 완본은 비교적 여러 질이 알려져 있는바,[7] 《한국역대문집총서35》의 영인본은 ③과 같은 판목으로 찍은 5권 3책 완본을 영인한 것이다.

④는 목차가 대개 ②와 같다. 그러나 필사된 내용은 제1책(제1, 2권)만인데 제1책 표지에는 '전소'으로 표시되어, 원래 부분만을 필사한 것일 수도 있지만, ②와 비교하면 영본인 셈이다.

⑤는 목차도 권4가 문인록으로 끝나고, ①의 내용과 대개 같

---

7) 20세기에 편찬된 5권 3책으로 구성된 《회헌선생실기》의 완본으로는 국립중앙도서관의 國(한-57-가253); 國(한-57-가27); 國(東谷古2511-傳45-11) 등과 국사편찬위원회 소장의 국편B9I-204 등이 있다.

으나 ①에 수록된 안향의 글 가운데 신증新增으로 표시된 〈시종충선왕여원시감음侍從忠宣王如元時感吟〉을 비롯한 일부 글들이 누락되어 있어, ①보다 앞선 간본刊本의 필사본으로 보인다.

《홍애선생유고洪崖先生遺藁》는 홍간洪侃(?~1266~1304)의 시문을 모아 조선시대에 편집되어 17세기에 중간된 책이며, 규장각에는 다음과 같은 중간 목판본과 필사본이 소장되어 있다.

① 古 3447-6 : 목판본, 1책(24張)
② 古 3447-6A : 필사본, 1책(41張)

②는 ①과 같은 중간본을 필사한 것으로 끝에 부록으로 〈수곡비문水谷碑文〉, 〈임하설전완의臨河設奠完議〉, 〈창암정사적蒼嚴亭事蹟〉, 〈제수식례祭需式例〉 등 18세기 중엽 홍애 후손인 문중의 기록을 첨부하였다. 《한국문집총간2》와 《한국역대문집총서11》은 모두 ①을 저본으로 영인한 것이다. 《고려명현집5》의 영인본은 ①과 같은 중간본을 영인한 것으로 판형은 동일하나, 장서인으로 보아 다른 책으로 영인한 것이다.

《익재집益齋集》, 《익재난고益齋亂藁》, 《역옹패설櫟翁稗說》은 이제현李齊賢(1287~1367)의 저술들로, 《익재집》은 《익재난고》와 《역옹패설》을 함께 묶은 것인 경우도 있고, 《익재난고》만으로 된 책인 경우도 있다. 규장각에는 이러한 이제현의 저술들이 여러

가지 판본으로 소장되어 있는바, 그것을 표로 정리하면 다음과
같다.

〈표 4〉 규장각 소장 《익재집益齋集》

청구기호	서명	책-권		반광곽	
① 奎3657	익재집	1책 : 序(李穡), 益齋亂藁 권1-4 2책 : 권5-8 3책 : 권9상-하, 10	목판	173* 222	제4책 缺
② 古3428 -295	익재집	同上	목판	同上	同上,① 과 같은 판목
③ 古3428 -837	익재집	天책 : 重刊序(1693,任相元), 序(李穡) 益齋亂藁권1, 권2, 重刊識,권3, 권 4, 5, 跋 地책 : 권6, 7, 8, 10 人책 : 권9상, 하, 拾遺(詩文8편), 年譜	목판	170* 208	제4책 缺
④ 奎4259	익재난고 (익재집)	1책 : 중간서(1693), 서(이색), 益齋亂 藁 권1, 권2, 중간지(계유년,2권 끝), 권3, 4, 5 2책 : 권6, 7, 8 3책 : 권9상-하, 10 4책 : 櫟翁稗說 前集1, 2 후집 1, 2; 습유(8편), 연보, 이제현묘지, 跋	목판	164* 206	4책 완본 ⑤와 동일판목 에 일부 첨가
⑤ 가람古 819.4 -Y58i	익재집	1책 : 서(이색), 익재난고 권1, 권2, 권3, 4 2책 : 권5, 6, 7, 8 3책 : 권9상-하, 10, 跋 4책 : 연보, 중간서, 跋, 묘지명, 습유(5 편) 櫟翁稗說 전집1, 2 후집 1, 2	목판	170* 206	4책 완본
⑥ 一蓑古 819.4	익재집	元책 : 서(이색), 중간서(임상원), 익 재난고 권1, 권2, 중간지, 권3, 4		164* 206	4책 완본 ⑤, ⑥은

−Y58ij		亨책 : 권5, 6, 7, 8 利책 : 권9상−하,10,跋(유성룡) 貞책 : 연보(4장)역옹패설 前集1,2후집 1,2 : 이제현묘지,습유(5편) 계유중간 　　발문(김빈)	목 판		동일판목
⑦	一蕢古 819.4− Y58i	익재집	1책 : 익재난고 권4, 5, 6 영본	목 판	168* 223	①, ②와 같은 판목
⑧	古0320	역옹패설	전집1, 2 후집1, 2, 습유: 5편/再思堂散藁/묘지명	목 판	164* 216	⑤와 같은 판목
⑨	古複 0320	역옹패설	櫟翁稗說 목록, 전집1, 2, 후집1, 2, 습 유(5편)/再思堂散藁/묘지명	목 판	170* 220	①, ②와 동류
⑩	一蕢古 818.4 −58y	역옹패설	전집1, 2 후집1, 2	목 판	170* 208	⑤에 補刻
⑪	奎4578	역옹패설	전1, 2 후1, 2/습유(5편)/묘지	목 판	173* 224	
⑫	奎6965		가) 전집1, 2 나) 후집1, 2/습유(5편)/묘지명	필 사		
⑬	奎중 5969−2 48− 399의 제284 −286책	익재집	284 : 이색서문, 권1−3 285 : 4−8 286 : 9상, 하, 10, 습유(5편)	목 판		

　　규장각에 소장된 이제현의 저술들은 모두 조선시대 이후에 만들어진 판본들이고, 이제현의 문집은 세종의 어명에 의해 조선시대에 들어와 처음으로 《익재집》으로 간행될 때부터 《익재난고》와 《역옹패설》을 합본한 것이었다. 그 후 《익재집》은 여러 차례 중간되었는바, 그 과정에서 부분적으로 새로운 내용이 첨가되고 있었다. 《익재집》의 판본별 내용 구성의 변화과정을 중간서들에 의거하여 크게 분류하고, 아울러 규장각 소장본의 판각 자체를 함께 고려하면 다음과 같이 나눌 수 있다.

　가) 《익재난고》와 《역옹패설》을 합본하여 1432년에 간행한 판본
　나) 위 가)에 《효행록孝行錄》을 첨가한 1600년 후손 이시발李
　　時發 중간본
　　습유拾遺(시문 5편)와 묘지명도 첨가되었던 것으로 보임.
　다) 《효행록》을 제외한 나)의 내용에 《재사당산고再思堂散藁》
　　(이제현의 7대손 이원李黿의 글과 행록)를 부록으로 첨가한
　　이인엽李寅燁의 1693년 중간본, 연보도 첨가되었던 것으로
　　보임.
　라) 위 다)의 내용에서 《재사당산고》를 제외한 중간본, 조선시
　　대의 판본
　마) 위 라)의 내용에 습유를 시문 8편으로 확대하고, 연보도
　　일부 첨가한 조선시대의 판본.

　위의 중간 과정들을 보면, 《익재집》의 내용에 계속 부분적인

첨가가 이루어졌다. 규장각 소장본들 역시 이 후대의 중간과정에
서 첨가된 것들이 조금씩 다른 상태임을 위의 표에서 볼 수 있
고, 이것은 간행 연도의 기록이 불충분한 규장각 판본의 간년을
이해하는 데 중요한 사항이다. 그런데 《익재집》에서 《익재난고》
와 《역옹패설》이 판심版心의 책명 표시나 권 번호가 하나의 체
계로 되어 있지 않아 분리해 놓아도 별개의 두 가지 책처럼 보
일 수 있듯이, 후대에 첨가된 것들도 〈습유〉, 〈묘지〉, 〈연보〉 등
이 별도의 단위들로 되어 있고, 장 번호도 나뉘어 있어, 이 가운
데 일부가 누락되어도 알기 어렵게 되어 있다. 따라서 나뉘어져
있는 《익재집》의 다른 부분인 책을 고려해야 하고, 다른 간년과
관련된 여러 가지 서지적 사항을 함께 고려해야 한다.

　이제 《익재집》의 내용 구성에 따라 구분해 보면, 위 ①~⑬에
는 가)에 해당하는 판본은 없으며, 나), 다), 라), 마)에 해당하
는 것만이 있다.

　규장각 소장본 중에서 나)의 구성을 가진 것은 원래 《익재집》
의 《역옹패설》 부분이었던 ⑪과 ⑫가 있다. 다)와 같은 구성을
갖는 것은 ⑧과 ⑨가 있는데, 뒤에서 검토하겠지만 ①, ②, ⑦도
본래 이 계열의 판본이었던 것으로 보인다. 라)의 경우로 분류될
판본은 ⑤와 ⑥이다. 마)에 해당하는 것은 우선 ④가 있고, 검토
를 요하지만 ③도 이에 해당한다고 생각된다.

　나)에 해당하는 판본에는 원래 《효행록》이 포함되었는데, 현
재 규장각에는 "만력萬曆 경자(1600년) 월성중간月城重刊"이라는
간기刊記가 인쇄된 판본(奎1510)이 소장되어 있다. 1600년 당시

《익재집》이 같은 경주지역에서 간행되며, 별도의 《효행록》을 판
각했다고는 볼 수 없다. 이 규장각본은 바로 본래 《익재집》에 포
함되어 있었던 것이다. 奎1510은 통권通卷 1책으로 되어 있어,
이시발의 서문에 《효행록》 1권을 포함했다고 한 것과도 부합한
다. ⑪《역옹패설》은 습유(시문 5편)와 묘지명이 합본되어 있어,
《역옹패설》만으로 간행된 책이 아님은 물론, 1600년 간본과 같은
구성을 보여준다. 그리고 ⑪은 판각된 미려한 자체가 奎1510과
같으며, 둘 모두 '춘방장春坊藏'이라는 장서인이 찍혀 있다. 그런
데 나) 계열의 《익재난고》 부분은 현재는 없다. 현재 남아 있는
판본들에서 보는 바처럼 《익재집》은 이들 세 부분이 각기 별도
의 책들로 제본되어 있다. 그 때문에 필요에 따라 해당 부분만을
보다가 나뉘어 보관되면 현재 규장각본에서 그렇듯이 각기 별도
의 책인 것처럼 여기기 쉽다.

　《효행록》은 권부權溥 등의 저술에 이제현이 서序와 찬贊을 붙
인 책으로, 이제현 개인의 저술이 아니므로 나) 이후의 판본에서
는 제외되었던 것으로 보인다. 다만 뒤에 마)의 중간본에서 습유
부분을 확대할 때 〈효행록서〉가 포함되었다.

　⑫는 필사본인데 구성이 ⑪ 같은 나) 계열의 판본을 필사한
것으로 보인다. ⑬은 광서光緒 연간(1875~1908)에 청나라에서
목판본으로 간행된 《월아당총서粵雅堂叢書》 속에 들어 있는 《익
재집》으로, 묘지명은 빠졌으나 습유가 시문 5편인 나) 계열 판본
을 대본으로 한 것일 가능성이 있다.

　다) 《재사당산고》가 들어간 판본은 우선 ⑧과 ⑨가 있는데,

이들은 서로 다른 판목으로 간행된 것이다. 두 판본은 판각된 자체가 크게 다르다. ⑨가 미려한 자체로 판각된 반면, ⑧은 굵고 좀더 거칠게 판각된 자체로서 라) 이후의 자체들과 흡사하다. 이렇게 보면 다)는 다시 ⑨와 같은 다-1) 계열 판본과 ⑧과 같은 다-2) 계열 판본으로 나뉘어진다.

다-1) 계열인 ⑨는 ①, ②와 같은 판심, 2중테 광곽, 글자의 균형 잡힌 미려한 판각서체가 같다. 특히 판목의 상태가 좋아 ①과 같은 판목 상태를 보인다. ⑨,《역옹패설》 뒤에 습유와 묘지명 등 다른 글들이 붙어 있어 원래《역옹패설》만으로 간행된 것이 아니라, ①과 같은 판목으로 구성된《익재집》의 제4책에 해당하는 것으로 보인다. 완본인 ④, ⑤, ⑥의《역옹패설》 부분도 판심의 서명 표시가《익재집》으로 되어 있지 않고, 전일前一, 후일後一 등으로 표시된 것은 ⑨와 마찬가지이다.

인쇄된 판목의 상태는 ①이 거의 완전한 반면, ②와 ⑦은 일부 자획이 탈락하고 글자가 마멸된 상태에서 찍은 것이다. 이러한 훼손은 ⑦이 특히 심하며, ⑨의 경우 판목의 상태는 ①에 준하는 양호한 상태이다.

⑨의 청구기호는 古複0320으로 되어 있어 ⑧(古0320)의 복본複本으로 오해할 여지가 있으나, 서로 다른 판본이며, ⑧보다 앞선 시기에 미려하고 정교하게 각자刻字된 선본이다.

《익재난고》 부분만인 ①, ②, ⑦은 같은 판목으로 인쇄한 것이다. ⑦은 영본零本이 분명하므로 논외로 하더라도, ①, ②의 경우 기존 목록집에 완본처럼 소개되고 있으나, 처음부터《역옹패

설》을 포함시키지 않은 《익재집》의 완본으로 간행된 것으로는
보이지 않는다. 《익재난고》 자체만으로서는 완본이라 볼 수도 있
으나, 조판된 《익재집》으로서는 부분만인 영본이다. 완본으로서
의 익재집은 ④, ⑤, ⑥을 볼 수 있다. 이들 완본으로서의 《익재
집》에서도 《익재난고》를 수록한 제1~3책과 《역옹패설》을 수록한
제4책으로 구성되어 있어, 이들도 분리되면 쉽게 ①, ②, ③과
같은 《익재난고》만의 《익재집》과 ⑧~⑫와 같은 《역옹패설》만의
책으로 보일 수 있는 것이다. 실제로 ①, ②, ③과 ⑧~⑫는 모
두 두 부분으로 책이 나뉘어져 내려온 판본들로 보인다.

①, ②에 빠진 부분이 있다는 것은 첫째, 중간서나 발문이 없
다는 것이며, 둘째, 《익재난고》만으로 되어 있는 책을 내면서 판
심의 서명을 《익재집》으로 했다고는 생각되지 않는다는 것, 셋
째, 같은 판각상태를 보이는 ⑨와 같은 《역옹패설》이 있다는 것
이다. ①이나 ②는 ⑨를 제4책으로 첨가한다면 《익재집》의 완본
이 된다고 생각된다.

다-1)보다 상태가 좋은 판본은 《한국문집총간2》에 영인된, 해
주海州에서 간행한 판본(고대 중앙도서관 D1-A401A)이 있다.
이색의 서를 포함한 《익재난고》에 발(유성룡), 묘지명, 습유(5
편), 연보, 《재사당산고》, 발(이시발), 발(이인엽) 등이 첨부된
판본이다. 이 판본 역시 ①, ② 등처럼 본래 《익재집》으로 간행
된 것 가운데 《익재난고》만이 남은 영본이다.

이 판본을 보면 ⑨나 ⑧에서 보이지 않는 연보가 첨가되고
있는데, ⑨나 ⑧이 포함된 《익재집》에도 본래 연보가 있었던 것

으로 생각된다.

다-1) 계열 판본들은 후대로 가면서 판목이 마손되면서 새로이 복각을 하며 파손된 판목을 교체해 나갔고, 이 과정에서 점차 자체가 굵고 거칠어져 갔던 것으로 보인다. 그리고 보각된 판목이 주류를 이루게 된 단계에 이르러서는 사실상의 전혀 다른 판본이 되었다. 다-2) 계열 판본이나 라) 계열 판본은 이렇게 만들어진 것으로 보인다.

다-2)의 내용 구성은 ⑧에서 볼 수 있는바, 여기에 포함된 내용 가운데 《재사당산고》는 이제현의 7대손 이원의 글과 행록이어서 얼마 후에는 《익재집》에서 빼내게 되었던 것으로 보인다. 다-1)과는 판목도 다르고 다-2)와는 내용도 다른 라) 계열의 판본이 나타나게 된 것이다.

라)에 들어가는 판본은 우선 《익재집》의 완본인 ⑤와 ⑥을 들 수 있다. 이 두 판본은 판목 상태가 동일했던 때에 인쇄된 것으로 발문, 연보, 중간서, 묘지 등의 순서가 다르게 제본되어 있을 뿐이다. 《역옹패설》만인 ⑧은 잉크의 농담 등을 조절하지 못하고, 마손된 판목의 교체가 덜 되어 ⑤보다 거칠게 인쇄되어 있지만, ⑤와 거의 같은 판목을 사용한 것이 두 판본을 대조해 보면 쉽게 알 수 있다. 《재사당산고》를 제외한 라)계열 판본의 성립과정을 이에서 찾을 수 있다.

마) 계열의 완본으로는 ④가 있다. ③도 《익재난고》 부분만 남은 마) 계열의 판본이다. ③의 경우, 제3책의 끝에 습유와 연보가 붙어 있어 이 자체로 《익재집》의 완본이 아닌가 생각할 수

있지만, 이 판본은 어떤 연유로 책의 차례가 바뀌어 제본된 것이다. 중간지重刊識가 권2의 뒤에 붙어 있고, 발跋은 권5의 뒤에 들어가 있으며, 권10이 권9 상上의 앞으로 가 있는 것이 그것을 잘 보여준다. 습유와 연보도 보통 제4책에 들어가 있었던 것으로 보이는 바, 이러한 순서의 바뀜에 따라 권9 하下의 뒤로 들어가게 된 것으로 보인다. ③은 습유가 시문 8편인 것을 보면, 마) 계열의 판본이다.

③, ④는 ⑤, ⑥에 사용된 판목을 많이 사용하였으나, 판목의 상태가 나빠져 인쇄 상태는 전반적으로 ⑤, ⑥보다 매우 나쁘다. ④는 후대에 인쇄되어 종이 상태가 상대적으로 깨끗하나, 중간본의 판목이 심하게 손상된 경우 다시 복각復刻 형태로 보각補刻을 하여 사용하였는바, 권5의 말미에서처럼 손상된 일부 글자는 자체가 다르게 판각된 것이 발견된다.

③, ④는 연보와 습유의 내용이 ⑤, ⑥보다 약간 보충되었을 뿐 전체적으로는 동일한 내용이며, 인쇄 당시의 판목 상태는 ⑤, ⑥이 훨씬 좋다.

⑩은 습유, 연보 등이 없이 《역옹패설》 부분만이 남은 판본이다. 그러나 ⑤와 같은 판목을 기본으로 하여 훼손이 심한 일부 판목을 새로 보각해 사용하고 있어 오히려 ④쪽에 가깝고, 그러한 면에서 마) 계열의 판본으로 분류된다.

규장각에는 이외에도 《희문암수록喜聞盦隨錄》(古 3428-87)이라는 서명으로 두 책으로 된 필사본이 있는데, 《익재집》에서 일부 시문만을 발췌한 필사본이다.

  《익재집》의 영인판본으로 현재 많이 유통되고 있는 것들을 보면, 역시 문제를 가지고 있다. 《고려명현집2》의 영인본의 저본은 ④와 같은 종류의 판본이며, 완본이다. 좀 더 좋은 선본을 이용하지 못한 아쉬움이 있다. 한편 이보다 후에 간행된 영인본은 《익재집》에서 《익재난고》만 남은 것을 완본으로 여기고 간행하고 있다. 《한국역대문집총서13》의 영인본은 ⑤와 같은 계열의 목판본에서 《익재난고》 부분만이 남은 것을 영인한 것이다. 《한국문집총간2》의 영인본은 ①보다도 자체가 미려하고 보존상태가 좋은 해주에서 간행한 판본의 《익재난고》(고려대 중앙도서관 D1-A401A)를 영인한 것이다. 이들 영인본은 《역옹패설》이 《익재집》에 포함되지 않는다고 생각한 때문으로 보인다. 결국 《익재집》은 현재 제대로 선본을 선정한 완본으로 된 영인본이 하나도 없는 셈이다. 규장각 소장 선본인 ①과 ⑨, 특히 ⑨와 같은 선본이 제대로 이용되지 못하고 있는 것이다.

  《졸고천백拙藁千百》은 최해崔瀣(1287~1340)의 문집으로 규장각에는 필사본 한 책이 소장되어 있다(가람古 819.4-C453j, 2권1책). 《한국문집총간3》과 《고려명현집2》의 영인본은 일본 존경각장본尊經閣藏本을 1930년에 영인한 책(국립중앙도서관 한44-가86)을 다시 영인한 것이다. 이 필사본은 두 영인본과 동일한 내용에 장과 행도 같게 필사하였다. 다만 권2 끝의 장 번호의 37, 38장은 목판 영인본의 오자를 바로 잡아 필사한 것으로 보인다. 최해의 다른 저술인 《동인지문사륙東人之文四六》은 규장각 고서 중에는 소장본이 없다. 근래에 간행된 《졸고천백》의 역주본들은 여러 이본들을 교감한 것을 원문으로 제시하고 있어, 자료 이용에 도움을 준다.[8]

《근재선생집謹齋先生集》은 안축安軸(1282~1348)의 문집으로 규장각에는 다음과 같이 여러 판본이 소장되어 있다.

① 一蓑古 819.4-Anlgb : 목판본, 1책 권1, 2

② 一蓑古 819.4-Anlga : 목판본, 1책 권3, 增補

※ ①, ②는 합하여 본래 한 질이었던 完本임

③ 奎 3135 : 寫本, 3권 2책

④ 가람 : 古 819.4-Anlg 목판본, 4권 2책

⑤ 一蓑古 819.4-Anlg : 寫本. 2권 1책(零本)

위에서 ①, ②, ③은 영조 16년 경신 김재로金在魯의 서문과 후손 경운慶運의 발문이 있는 1740년에 3차로 중간된 판본이다. 목판본인 ①과 ②는 분리되어 별도의 영본零本처럼 청구기호가 붙여져 있으나, 원래는 함께 한 질을 이루었던 책이다. 둘 모두는 우선 송암松菴, 순흥세가順興世家, 안기심인安琦甚印 등의 장서인이 찍혀 있다. 그리고 표지, 제본 끈, 본문 종이 지질, 서체, 판심 등이 동일하다. ①은 서문, 권1, 권2, ②는 권3과 증보, 발

---

8) 채상식 편, 2013, 《최해와 역주 졸고천백》 혜안; 이진한 편, 2015, 《졸고천백 역주》, 경인문화사.

문, 간기 등이 모두 잘 보존되어 있는 1740년 간본의 완본이다. 필사본인 ③은 내용도 ①과 ②와 같은 1740년 판각된 목판본과 일치한다.

④는 1910년에 간행된 목판본으로 ①, ②와 같은 1740년 간행본과는 내용이 조금씩 달라진 것이 있다. 우선 권1 〈관동와주 關東瓦注〉 앞에는 1740년 간본에 없던 이제현이 쓴 〈관동와주서〉가 들어가, 두 시기의 판본은 쉽게 구분이 된다.

⑤는 필사본으로, 저본은 기본적으로 ①, ② 같은 1740년 간행본이나, 그 내용에 일부 첨가를 한 것이다. 이제현이 쓴 〈관동와주서〉는 권1 안에 넣은 것이 아니라 권1 앞에 첨가되어 있고, 권2 〈청동색목표請同色目表〉 뒤에는 〈혹열酷熱〉 등의 시문이 증보되어 있다. 여기서 증보된 내용과 편차는 ④의 1910년본과도 다르다. 이는 필사자가 1740년의 내용에 증보한 것이거나, 아니면 손으로 쓴 증보된 내용을 필사한 것으로, 1740년 간본이 나온 후 1910년본이 만들어지기 전의 중간 과정 필사본임을 알 수 있다.

1910년 간본은 세계도世系圖로 시작되나 1740년 간본에는 1910년본에 없는 서문들이 첫머리에 나온다. 1740년에 쓴 외예손外裔孫 김재로金在魯의 서序, 이제현의 서, 지순至順 신미년에 쓴 최해의 서, 지정至正 24년에 쓴 정양생鄭良生의 서가 그것이다. 1740년 간본은 2책 끝 발문 뒤의 부기附記에 따르면 1740년 겨울 제주에서 판목을 새겨 나주에 옮겨 보관하였다. 1740년본의 구성은 1책(서, 권1 관동와주, 권2 보유), 2책(권3 증보 附;

三先生世稿; 文間公 安宗源, 靖肅公 安純, 文肅公 安崇善, 跋文)으로 되어 있다.

시나 문의 제목이나 세주가 1910년본과 조금씩 다른 경우가 여러 곳에 있다. 권1의 경우 필사본의 '차운次韻'이라고만 표시한 것을 1910년본에서 〈영매詠梅〉라 제목을 붙이고, 사본에서는 〈인삼人蔘〉을 제목으로 하고 "蔘貢太多故云"이라 세주를 붙인 것이, 1910년본에서는 〈삼탄蔘歎〉이라 제목을 붙이고 "蔘貢多弊故云"이라 세주를 붙였으며, 사본의 〈영응詠鷹〉이라는 제목에 "和州鷹坊人羅捕示余"라 세주를 붙인 것은, 1910년본에서는 제목이 탈락하고 세주를 제목처럼 붙이는 등 조금씩 다른 내용이 여러 곳에서 보인다.

또한 본래 권1이 〈관동와주〉로 되어 있는바, 1740년 간본에는 각 지역에서 지은 기記들을 시와 함께 여행한 순서대로 수록하였는데, 1910년본에서는 시만을 앞에 추려 모으고 기는 뒤로 몰아 수록하여 1권을 구성하였다. 1740년본이 원래의 〈관동와주〉의 원형을 가지고 있는 것으로 보인다. 또 권2의 안축이 찬한 안우기의 묘지명은 끝부분의 연월과 안축 찬을 표시한 부분이 1740년본에만 있다. 1740년본이 보다 원형임이 분명하다.

1740년 간본의 권3이 끝난 뒤에 부록된 〈삼선생세고三先生世藁〉는 1910년본에서는 탈락되고, 1910년본 권4는 안축에 대해 다른 유자들이 지은 글이나 조선시대의 제향 등과 관련된 내용을 수록하였다.

《한국문집총간2》, 《고려명현집2》의 영인본은 모두 1910년 간행 목판본이다. 앞에서 보았듯이 규장각에는 1740년 간본의 영본이 아닌, 보존 상태가 좋은 완본이 존재한다. 그리고 〈관동와주〉 등의 자료는 1740년본에서 원형을 유지하고 있다. 이러한 좋은 판본을 활용한 영인본이나 교감본을 만드는 것이 필요할 것이다.

《철성연방집鐵城聯芳集》은 행촌杏村 이암李嵓(1297~1364)과 그 아들 이강李岡(1333~1368), 손자 이원李原(1368~1430) 등의 시문 및 행적에 대한 글을 모아 놓은 책으로, 규장각에는 다음과 같은 책들이 소장되어 있다.

① 奎 7354 : 목판본, 1책
② 古 3422-29 : 목판본, 3권 3책
③ 一蓑古 819.4-Y67c : 목판본, 1책 1권(零本)
④ 一蓑古 819.51-Y58m : 목판본, 1804년, 1책(零本, 권3만 有)

①은 《철성연방집》의 가장 오래된 판본으로, ①의 내용이나 서거정徐居正의 서문에 따르면 15세기에 처음 편찬될 때는 이강과 이원의 시문과 행적을 모아 간행되었다.
②는 ①의 내용에 행촌 이암과 후손 이주의 유문을 더해 1804년에 중간된 것이다. 이 판본에는 권1에 행촌과 평재의 시문과 행적을 수록하고, 부록으로 송설체로 유명한 이암의 글씨들을 실었다.

③과 ④는 ②와 동일 판목으로 인쇄된 판본들이나, 그 일부만
이 남은 영본들이다. ③은 3책 가운데 제1책에 해당하는 영본이
며, ④는 3책 가운데 제3책에 해당하는 영본이다.

이암의 글과 사적은 근대에 들어와서도 1960년에 《행촌선생
실기》라는 제목으로 2권 1책이 간행된 바 있다(이상의 편, 석인
판, 국편 B9I-195).

《가정선생문집稼亭先生文集》은 이곡李穀(1298~1351)의 시문과
당대의 명사들이 이곡에게 지어준 글 등을 모은 책으로 규장각
에는 다음과 같은 다섯 판본이 소장되어 있다.

① 奎 6763 : 목판본, 20권 3책
② 奎 5028 : 목판본, 20권 4책
③ 奎 5029 : 목판본, 20권 4책
④ 一蕙古 819.4-Y55ga : 목판본, 20권 4책
⑤ 一蕙古 819.4-Y55g- : 목판본, 2책(零本)

《가정집》은 서문이나 발문에 따르면, 판각은 1364년(박상충朴
尙衷, 금산錦山), 1422년(유사눌柳思訥), 1635년(이기조李基祚, 대
구大邱), 1658년(윤태연尹泰淵, 완산完山)의 네 차례에 걸쳐 이루
어졌다. 이 가운데 규장각에 소장되어 있는 것은 1635년 간본과
1658년 간본이다.

①, ②, ③은 모두 1635년의 판각본으로 연보 등이 제본되어

있는 순서나, 제본된 책수가 다를 뿐 동일한 판각 상태를 보여준다. 이 1635년 간본은 《가정집》이 임란의 피해를 본 뒤 문집 내용의 일부는 복구를 못하고 누락된 상태로 간행된 것이다. ①, ②, ③은 권2의 3~9장, 권3의 1, 2장 등의 내용이 결실된 상태로 제본되어 있다. 이 1635년 간본의 글제목은 1658년 간본과 비교하면 조금씩 다르게 붙여진 것들이 있고, 8권부터는 목차 구성의 차례도 많이 다르다.

④, ⑤는 1658년의 간본이다. 이 판본은 윤태연이 《가정집》의 완본을 발견하여 완산에서 판각한 것이다. 따라서 1635년 간본에 누락되어 있던 내용들이 모두 복구된 것으로 보인다. 현재 1658년 간본이 영인되어 시중에서 유통되고 있다. 《고려명현집3》과 《한국문집총간3》의 영인본은 모두 1658년 간본의 판목으로 인쇄된 것을 영인한 것이다. 이 가운데 《한국문집총간3》 영인본의 저본(연세대 중앙도서관 811.96-이곡-가-판)은 판목의 상태가 좀 더 깨끗했던 때의 것으로 인쇄 상태가 매우 좋다. 이 선본에 견주면 ④와 ⑤는 판목의 노후화가 상당히 진행된 상태에서 인쇄된 것이다. ④와 ⑤를 비교하면, ④가 완본인 데 대하여 ⑤는 영본이지만 판목의 상태가 덜 노후화된 상태에서 인쇄된 것이다. 영본인 ⑤에 남아 있는 내용은 1책이 연보, 목록, 권1~4이고, 2책은 권14-20, 잡록, 발문들로 되어 있다.

《화해사전華海師全》은 《고려사》나 14, 15세기의 문헌에 보이지 않는 신현申賢(1298~1377)이라는 인물의 언행 등을 원천석元天

錫, 범세동范世東이 모아 편집한 것으로 되어 있는 책이다. 규장
각에는 두 가지 책이 전한다.

① 奎 12393 : 필사본, 7권 4책
② 一簑古 920.051-B45h : 목활자본, 1책 권 6-7(零本)

《화해사전》은 필사본으로 유포되어 있던 것을 일부 교정을 하
여 1857년에 목활자로 간행하였다고 한다. ①은 그러한 필사본
으로 보이며, ②는 1857년 간본이다.

신현이 원, 명, 고려에 걸친 당대의 유명 인사들과 중요한 관
계를 맺고 영향을 미친 것으로 서술된 책의 내용을 고려하면, 그
의 행적이 당시의 문헌에 전혀 나타나지 않는다는 것은 이 책의
신빙성을 의심케 한다.

《경염정집景濂亭集》은 탁광무卓光茂(?~1331~1392~?)의 시문
을 후손들이 여러 문헌에서 수집하여 1850년에 활자본으로 간행
한 책이다. 규장각에는 다음과 같은 한 질의 판본이 소장되어 있다.

① 奎 3637 : 5권, 2책 零本

위 책은 목록집 등에 완본으로 소개되어 있으나, 1책의 서序의
5~8장, 경염정집 목록, 권1의 5~8장이 결락되어 있는 영본이다.

탁광무의 글들은 ①의 판본이 간행되기 앞서, 1789년에 《광산

탁씨세고光山卓氏世稿》라는 명칭의 책 속에 수습되어 간행되었다. 1788년에 이광정李光靖이 쓴 서문에 따르면 이 책은 탁광무와 탁신卓愼의 글을 모아 간행한 것이다. 현재 규장각에는 이 판본은 없다.

1827년에도 《광산탁씨세고》는 상권을 탁광무의 글을 모은 〈경염정일고景濂亭逸稿〉, 하권은 후손 탁신의 글을 모은 〈죽정일고竹亭逸稿〉라 하여 2권 1책으로 간행하였다. 규장각에 소장된 다음의 책이 1827년 간본이다.

② 奎 7085 : 2권 1책

위 ②의 상, 하 양권의 내용은 1788년 간본의 내용을 그대로 수록한 것으로 보이며, 권하의 뒤에 부록한 사실, 방목榜目, 세계世系, 기사 등이 새로이 추록된 것이라 보인다.

1827년의 간본을 낸 지 얼마 후 조선시대 후손 2인의 글(《죽림선생일고竹林先生逸稿》 탁중卓中, 《송암일시松庵逸詩》 탁순창卓順昌)을 더하여, 역시 《광산탁씨세고》라는 서명의 책을 간행하였다. 규장각 소장본 가운데 다음의 책이 그것이다.

③ 古 3441-42 : 2권, 續集 2권, 合2책

위 ③의 제1책 《광산탁씨세고》 권상, 하의 내용은 ②와 같고, 다만 ②의 권하 다음에 부록된 내용은 보다 많이 증보되었다.

③의 제2책인 《광산세고속편》에는 탁광무와 탁신의 글들을 새로이 더 추가하여 발췌 수록하고, 《죽림선생일고》(탁중, 조선)와 《송암일시》(탁순창, 조선)를 더 추가하여 수록하였다.

②, ③에서와 달리, 가장 늦게 편간된 ①에서는 탁광무의 문집을 서명으로 하고, 그 후손의 문집인 《죽정집竹亭集》(탁신)과 《죽림정집竹林亭集》(탁중) 등은 부록으로 편제하였다. 특히 ①에서는 ③의 속집에서 추가된 탁광무의 글들을 하나의 체계로 통합하여 권1, 2에 묶어 간행하였다.

규장각에는 그 외에도 《광산탁씨세적서光山卓氏世蹟書》라는 이름으로 근대에 필사된 책이 있다(奎11974, 필사 1책 20장).

《한국문집총간6》과 《고려명현집5》의 영인본은 ①과 같은 1850년에 간행된 것을 저본으로 하였고, 그 가운데 탁광무 후손들의 문집들은 제외하고 영인하였다.

《담암선생일집淡庵先生逸集》은 백문보白文寶(1303~1374)의 시문을 조선시대 말에 후손들이 여러 전적에서 모아 간행한 것이다. 규장각 소장본(古 3428-737)은 1900년 무렵에 초간된 목판본 1책 3권으로 되어 있으며, 제3권은 부록이다.

《한국문집총간3》의 영인본은 이 규장각본을 저본으로 권1, 2와 세계世系, 발跋만을 영인한 것이다. 《고려명현집5》와 《한국역대문집총서26》의 영인본 저본도 같은 판목으로 인쇄된 판본이다.

《제정선생문집霽亭先生文集》은 이달충李達衷(1309~1384)의 시문을 모아 놓은 책이다. 15세기 전반에 윤회尹淮가 쓴 발문에 따르면, 전해 오던 이달충의 유문들을 그의 손자 이영적李寧商이 모아 초간본을 춘천에서 간행하였다. 그 후 1836년과 1918년(무오)에도 다시 중간이 된 바 있다. 규장각 소장본 가운데 다음 두 질의 책은 1918년에 간행된 목판본이다.

① 古 819.4-Y52j : 4권 1책
② 古 819.4-Y53j2 : 4권 1책

위 ①, ②는 판목의 상태도 동일했을 때에 인쇄된 동일한 판본들이다. 위 두 판본보다 뒤에 석판본石版本으로 간행된 판본도 규장각에 소장되어 있다.

③ 古 819.4-Y53j- : 석판본. 근대

위 ③에는 권1 말미의 보유에 〈종숙익재선생만從叔益齋先生輓〉 등 두 편의 글이 추가되어 있기도 하다.

현재 유통이 되고 있는 영인본 가운데 《한국문집총간3》의 영인본은 1836년에 부석사에서 간행한 목판본을 저본으로 한 것이다(고려대 중앙도서관 만송문고, D1-A284B). 《한국역대문집총서34》의 영인본의 저본(소장처를 밝히지 않음)은 만송문고본과 다른 1836년 간행 목판본으로 인쇄된 것이다. 《고려명현집4》의 영인본은 1836년의 목판본을 저본으로 했다고 소개되어 있으나,

그보다 후대의 판본이다.

《야은선생일고壄隱先生逸稿》는 전록생田祿生(1318~1375)의 시문과 행적 등에 대한 여러 문헌의 기록을 모아 간행한 책이다. 1738년에 후손 전만영田萬英이 초간하였다. 규장각 소장본 가운데 다음의 6권 2책으로 된 목판본이 이 초간본이다.

① 奎 3136 : 목판본, 6권 2책

이 판본에는 제6권의 끝에 전조생田祖生(경은耕隱)을 비롯한 일가 4명의 유사遺事 등을 부록으로 수록하였다.

전록생의 문집은 1890년에는 두 아우인 전귀생田貴生과 전조생田祖生의 시문 및 행적 등을 함께 묶어 《삼은합고三隱合稿》라는 서명으로 4권 2책의 목활자본이 간행되었다. 규장각 소장본에는 이 목활자본도 소장되어 있다.

② 奎 6148 : 목활자본, 4권 2책

위 ②에서는 전록생의 시에 차운次韻한 이색李穡 등의 시를 빼고, 전록생의 시만을 간추리는 등으로 전록생의 유문집도 편차가 달라졌다.

유통되고 있는 영인본을 보면, 《한국문집총간3》, 《한국역대문집총서12》, 《고려명현집4》의 영인 저본은 모두 규장각 소장본인

①인데, 《고려명현집4》를 제외한 나머지 둘에서는 부록인 경은耕隱 등에 대한 기록은 제외하였다.

　《둔촌잡영遁村雜詠》은 이집李集(1327~1387)의 시와 역대 명인들이 둔촌과 관련하여 남긴 글들을 모은 것이다. 1410년 공주에서 초간된 이후 여러 차례 중간이 되며 내용이 늘어난 것으로 보인다. 특히 1686년의 세 번째 간행 때는 종전의 시작詩作의 시간적 순서로 되어 있던 문집의 체제를 시의 종류별로 분류하는 체제로 바꾸었다. 즉 시를 7언과 5언으로 나누고 다시 절구絶句, 고시古詩, 사운율四韻律로 분류하여, 간행하여 종전의 이들 시들이 섞여 있던 체제를 크게 바꾸었다. 이는 시를 장르별로 감상하는 데는 편리할 수 있겠으나 시를 시간적 순서와 함께 자료로 이용하는 것을 어렵게 만든 것으로, 3간본 이후 판본의 한계이다. 이 3간본에 다시 1846년에 약간의 보편補編을 더하고, 이집안 두 아들의 유고 약간을 덧붙여 4간본을 간행하였다. 현재 규장각에 소장되어 있는 목판본 1책 완본(奎 7131)은 4간본이다.

　규장각 소장본은 표지 서명이 《둔촌선생유고遁村先生遺稿》로 묵서되어 있으나, 목판에 새겨진 《둔촌잡영》이 원제목이라 할 것이다.

　《한국문집총간3》의 영인 저본은 규장각소장본이며, 《한국역대문집총서12》의 영인저본도 장서인으로 보아 규장각소장본이다. 《고려명현집4》의 영인본은 규장각본보다 후에 간행된 1916년의 중간본을 저본으로 한 것이다.

《목은집牧隱集》은 이색李穡(1328~1396)의 시문 등을 모은 책으로 규장각에는 다음 같은 몇 가지 판본이 소장되어 있다.

① 古 3428-871 : 목판본, 2책(零本)
② 奎 4976 : 목판본, 55권, 목록, 24책
③ 奎 5771 : 목판본, 55卷, 목록, 24책
④ 奎 4277 : 목판본, 55卷, 목록, 25책
⑤ 奎 4276 : 목판본, 55卷, 목록, 24책
⑥ 一蓑古 819.4-Y63m : 목판본, 2책(零本)
⑦ 一蓑古 819.4-Y63me : 목판본, 1책(零本)

이색의 글들은 1404년에 아들 이종선李種善이 55권의 《목은집》을 간행한 이래로 몇 차례 편찬되어 간행되었다. 1484년에는 후손 이계전李季甸이 12권으로 된 《목은시정선牧隱詩精選》을 전주에서 간행하였고, 1583년에는 후손 이증李增이 《문고文藁》 18권을 홍주洪州에서 간행하였다. 그 뒤 임란의 피해를 본 후에는 《목은집》은 구하기 어렵게 되어 후손 이덕수李德洙의 노력으로 1626년에 초간본을 바탕으로 중간되게 되었고, 그 뒤 1686년에 대구에서 활자본으로 간행되기도 하였다.

규장각 소장본 중에는 2책 영본인 ①이 1404년의 초간본, 좀 더 정확히 말하면 마손磨損이 많은 초간본 판목을 이용한 《목은집》으로 추정되며, ②~⑦은 모두 1626년 중간본이다.

초간본으로 추정되는 ①은 판각된 글자체가 나머지와 다르고,

반광곽의 크기도 가로, 세로 115×180mm로 1626년 중간본들의 143×194mm와 확실히 차이가 난다. 또한 ①에는 전권全卷에 걸쳐 글자, 행의 결락을 판목의 해당 부분을 메워 검게 표시하였고, 면의 결락은 공백의 백지를 채워 넣어 표시하였다. 영본인 ①은 표지 서명이 《목은집》으로 되어 있고, 1책은 〈목은시고牧隱詩藁〉 권22(33장), 권23(34장)이며, 2책은 목은시고 권24(34장), 권25(32장)으로 되어 있다.

①에서 결락되어 있는 부분들은 ②~⑦ 중간본들에서도 결락되어 있는데, 중간본들에서는 새로이 판각을 하면서 결락된 부분을 대체로 공란으로 남겨두는 방식을 취하였다. 중간본에서 문장 중에 글자가 빠진 공란으로 되어 있는 것은, 당시 입수한 《목은집》이 대체로 ①과 같은 초간 판목의 후대 인쇄본이었던 때문으로 보인다. ②~⑦에서 공란으로 남겨진 부분들은 문장 중간에서는 비교적 쉽게 드러나지만, 문장의 끝이나 제목의 앞, 뒤에서는 잘 드러나지 않아, 내용상으로 판별할 수밖에 없는데, 내용상으로도 잘 드러나지 않을 경우는 판별이 매우 어렵다.

특히 ②~⑦에서는 결락된 부분을 제대로 표시하지 않고 이어 붙인 경우들도 있어, 주의를 요한다. 예를 들면 ①의 제25권 제24, 25장은 광곽 표시만 있는 공백면으로 되어 있으나, ②~⑦에서는 이 두 장을 건너 뛰어 제24장 첫머리에 1행과 2행으로 이어 붙였다. 다시 말하자면, ①에서의 제23장의 끝에 제26장의 앞머리를 이어 붙여 조판한 것이다.

②~⑦에서 ③, ⑥, ⑦은 부분만 남은 영본이다. 이 가운데 ③

은 기존 목록이나 해제에서 남은 부분의 소개가 잘못되고 있어,
바로 잡아 정리해 둔다. ③ 奎 5771은 1책 〈목은시고〉 목록 상,
중, 하, 2책 《목은선생문집》 서(권근權近, 이첨李詹), 연보, 신도
비, 행장, 제문(교서), 《목은집》 부록; 《목은시정선》서(서거정)
등, 〈목은시고〉(권1, 2), 3책(권3-5), 4책(권6-8), 5책(권12-14),
6책(권15-17), 7책(권21-23), 8책(권24-26), 9책(권30-32), 10
책(권33-35), 11책 《목은문고》 목록, 문고 권(1-5), 12책(권
11-15), 13책(권16-20) 발(이덕수)으로 구성되어 있다.

현재 유통되고 있는 《목은집》의 영인본들은 모두 ②~⑦과 같
은 1626년의 중간본들을 저본으로 한 것이다. 《한국문집총간 3,
4, 5》의 영인본은 규장각 소장본인 ④를 저본으로 한 것인데,
〈목은시고〉 권22의 제33장은 결락되어 있어, ⑤의 해당 부분으
로 채워 넣었다고 한다. 《고려명현집3》의 영인본도 장서인으로
보아 ④를 저본으로 한 것인데, 〈시고〉 권22의 제33장은 결락을
보충하지 않았다. 《한국역대문집총서 15~20》의 영인본도 같은
계열의 중간본이다.

규장각에는 1484년에 간행된 《목은시정선牧隱詩精選》도 소장
되어 있다(古 3447-21). 목판본, 12권 6책으로 되어 있는 이 책
은 후손 이계전이 간행한 판본이다. 서문과 발문이 없는 본문만
이 남은 책인데, 서거정이 지은 서문은 《목은집》의 부록에서 찾
아 보충할 수 있다.

규장각에는 표지에 《이목은색李牧隱穡 김점필종직金佔畢宗直.
최간이립崔簡易岦. 이월사정구李月沙廷龜》라 쓰인 필사본 책이 소

장되어 있는데, 이색의 글로는 《목은문고》에 들어 있는 일부 글들을 수록하고 있다(가람古 810.82-Y63g : 寫本, 1책 53張).

《운곡행록耘谷行錄》은 원천석元天錫(1330~?)이 1351년에서 1394년까지에 있었던 일들과 그에 대한 자신의 소감을 시로 읊은 《운곡시사耘谷詩史》와 조선 후기에 후손들이 그와 관련된 〈사적록事蹟錄〉을 덧붙인 책이다. 규장각에는 《운곡시사》라는 이름으로 다음의 두 가지가 소장되어 있다.

① 古 3428-359 : 목활자본, 5권 3책
② 古 3428-359A : 필사본, 6권, 부록, 합4책

①은 1858년에 간행된 목활자본이다. 본래 집안에 전해 오던 고본稿本을 바탕으로 한 《운곡시사》가 주된 내용이나, 여기에 후손들이 〈사적록〉을 붙이고, 책명을 《운곡행록》이라 하였는데, 표지에는 《운곡시사》라고 묵서되어 있다. 본래의 고본 《운곡시사》는 조선왕조의 개창과 관련한 기휘忌諱되는 사실들을 읊은 시가 후대의 편집과정에서 산삭散削되었을 가능성도 논의되고 있으므로, 원래의 《운곡시사》와 구별하는 의미에서 ①의 정확한 책명은 《운곡행록》이라 하는 것이 타당할 것이다.

일반에 보급되고 있는 간본들도 대개 ①과 같은 것이다. 《한국문집총간6》의 영인본은 ①을 저본으로 하고 있으며, 《고려명현집5》는 저본의 소장처를 명시하지 않았는데 ①과 같은 1858년

간본이다.

②는 필사본으로 《운곡시사》 부분은 권차卷次와 내용이 ①과 같고, 다만 조선시대 명사들의 운곡에 대한 기록 등을 수록한 부록 부분을 증보하여 부록 1권이 증가한 6권으로 되었다. 을축년 (1865) 원용규元容圭의 발문이 있는바, 증보는 이때에 된 것으로 보인다.

《반양이선생유고潘陽二先生遺稿》(奎3983)는 박상충朴尙衷(1332~ 1375)과 후손 박소朴紹(1493~1534)의 시문 및 그들에 대한 글들을 모아 놓은 6권 1책의 목판본으로, 권1~3의 〈반남선생유고 潘南先生遺稿〉가 박상충의 문집에 해당한다. 권1은 박상충의 시문, 권2~3은 박상충의 신도비문, 묘지명, 행장 등을 비롯한 그와 관련된 글들로 구성되었다.

《송은선생문집松隱先生文集》은 박익朴翊(1332~1398)의 시문과 그에 대한 글들을 모아 놓은 책이다. 규장각에는 두 가지 간본과 한 가지 고본稿本이 소장되어 있다.

① 古 3428-286 : 목판본, 4권 1책
② 古 3428-286A : 목활자, 4권 1책
③ 奎 12023, 稿本 : 1책(46張)

①은 집안에 내려오던 고본稿本을 1839년에 처음으로 간행한

목판본이다.

②는 목활자본으로 내용은 ①과 같고, 서序, 발跋에서도 차이가 없어 간행연대가 드러나지 않는다. 그런데 앞표지에 '정유간'으로 필기되어 있어, 이에 따르면 1897년에 간행된 간본으로 보인다.

③은 ①이나 ②를 옮겨 적은 필사본이 아니라, 내용이나 편차에 적지 않은 차이가 있는 별본이다. ①과 ②의 앞에 붙은 홍명주洪命周와 조두순趙斗淳의 서序 중에서 홍명주의 서만 들어 있고, 박익의 글들 수록 순서도 다르고, 일부는 더 추가된 것들이 있다. 또한 송은의 네 아들 유문들을 〈우당유집憂堂遺集〉(박융朴融, 1347~1424), 〈인당유고忍堂遺藁〉(박소朴昭, 1347~1426, 박융과 쌍둥이), 〈아당유집啞堂遺集〉(박조朴調, 1350~1431), 〈졸당유고拙堂遺藁〉(박총朴聰, 1353~1439)의 유고 약간씩을 모아 부록으로 하였다.

현재 유통되는 영인본은《한국문집총간5》에 ①을 영인한 것이 있다. ③은 간행된《송은집》의 내용을 보충해 주는 고본이다.

《유항선생시집柳巷先生詩集》은 한수韓脩(1333~1384)의 시를 모아 간행한 책으로, 규장각에는 다음의 두 질이 소장되어 있다.

① 奎 3483 : 목판본, 1책
② 奎 5238 : 목판본, 1책

1602년 이준겸李浚謙이 쓴 지識에 따르면, 금산錦山에서 간행된 시간본은 글자가 너무 작아 보기 어려웠고, 그나마 임란을 거친 후 절판이 되었는데, 1599년 호남에서 한 질을 얻어 중간본을 내게 되었다고 한다. ①은 바로 이 1602년 중간본이다. ②는 ①과 동일 판본으로 판목의 마손 상태도 거의 동일한 때에 인쇄된 것이다. 다만 오래된 판본들이라 종이가 부식되어 탈락된 부분들이 있는데, 두 판본에서 탈락된 부분이 각기 다르다.

《한국문집총간5》의 영인 저본은 위 ①이다. 《고려명현집4》의 영인 저본은 성균관대학교 소장본으로 후손 재익在益의 서문과 목록 그리고 약간의 부록을 붙인 조선 말기의 목활자본이다. 《한국역대문집총서33》의 영인 저본은 《고려명현집4》와 같은 판본이다.

《포은선생집圃隱先生集》은 정몽주鄭夢周(1337-1392)의 문집으로 조선시대에서 대한제국기에 걸쳐 10차례 이상 간행되었는바, 규장각에도 다음과 같이 여러 가지 판본이 소장되어 있다. 《포은집》의 판본에 대해 기존 목록집에서는 기본적인 서지사항이 잘못 소개되어 있거나, 알 수 있는 것도 미상으로 되어 있는 것이 많다.

① 가람古貴 819.4-J464p- : 목판본, 2권 1책
② 古 3447-97- : 목판본, 2권 1책
③ 想白古貴 811.4-J464p- : 목판본, 2권 1책
④ 古 3428-38 : 목판본, 2권 2책

⑤ 奎 6220 : 목판본, 6권 2책

⑥ 一蓑古 819.4-J464p : 목판본, 9권, 3책

⑦ 奎 11563 : 목판본, 권4~9, 1책, 零本(9권 3책 중 제1~3권 결)

⑧ 奎 4721 : 목판본, 4권, 續3권, 3책

⑨ 奎 6342 ; 목판본, 4권, 續3권, 3책

⑩ 古 819.4-J464Pa : 목판본, 4권 續3권 3책

⑪ 古 819.4-J464Pb : 목판본, 4권 2책, 零本

⑫ 청구기호 奎 3434 : 목판본, 4권, 續3권, 합4책

⑬ 청구기호 奎 3435 : 목판본, 4권, 續3권, 합4책

⑭ 청구기호 古 : 819.4-J464p, 목판본, 續3권 중 제1, 2권, 1책, 零本

⑮ 청구기호 古 819.4-J464Ps : 목판본, 續3권, 1책, 零本

위의 판본 가운데 가장 오래된 것은 ①, ②, ③으로, 이들은 1533에 신계현新溪縣에서 정몽주의 현손 세신世臣이 간행한 목판본들이다. 세 판본은 표지에 서명을 《포은선생문집圃隱先生文集》(①), 《포은집圃隱集》(②), 《포은시고圃隱詩藁》(③)로 묵서하였으나, 모두 동일 판목으로 찍은 같은 판본이다. 당시의 서문을 보면, 《포은시고》가 초기 간행본의 서명이었던 것으로 보인다. 셋 모두 내용 차례는 연보, 서序(박신朴信), 행장, 발跋(정종성鄭宗誠), 서(권채權採), 권상, 권하, 잡저로 구성되어 있다. 1533년본은 1409년 초판본 다음의 두 번째 간행본으로 알려지고 있는바, 연보는 1533년본에서 첨가된 것이다.

셋 모두 판목 상태가 거의 같았을 때에 인쇄한 것이나, 오래된 판본이라 종이가 삭아 결락되고, 일부 장은 전체가 탈락되었는데, 탈락된 부분이 달라 서로 보충될 수 있다. 잡저雜著 다음 가장 뒤에 붙인 간행 연대를 알려주는 가정嘉靖 계사(1533) 유부柳溥의 발은 ②에만 남아 있다. 셋 중에서는 ②가 가장 보존 상태가 좋은 선본이다. 이 1533년본에 수록된 일부 시문은 임란 후의 판본들에서 보이지 않는 것들도 있다. 어떤 동기에서 빠지게 되었는지 검토를 요하지만 후대의 판본들을 보충해 줄 수 있다.

④부터는 모두 임란 후의 판본들이며, ④는 만력萬曆 36년(1603)에 7대손 정응성鄭應聖이 황주병영黃州兵營에서 간행한 판본이다. 내용의 구성은 권두卷頭 첨가 시문(3편), 연보, 행장, 서(변계량, 박신, 하륜, 권채, 노수신), 권상, 권하, 잡저, 만력 36년 황주병영 간기刊記로 되어 있다. 권두에 첨가된 시문 3편은 선조대 초의 개성각본開城刻本에서부터 유래한 것으로, 이를 제외하면 ④는 기본적으로 ①~③의 체제를 유지하고 있다.

⑤는 1659년에 봉화奉化에서 간행된 판본으로 보존상태가 매우 좋다. 내용 구성은 서문(6편) 목록, 권1(시), 권2(시), 권3(잡저 8편, 습유 4편 발, 간독 4편), 권4 연보, 권5 본전, 권6 행장, 부록(유성룡, 정종성의 발; 공민왕 9년 방목榜目)으로 구성되었다. 이 판본에는 ⑤보다 앞서 간행된 1584년에 유성룡이 선조의 명을 받아 교정하여 개찬한 판본의 내용이 반영된 것으로 보인다. 글씨와 판각 모두 단정하고 미려한 판본이다.

영본인 ⑥과 완본인 ⑦은 같은 계열의 판본이다. ⑥과 ⑦의 책 끝의 간기 정사년은 1677년이다. 1677년 간본은 영천永川에서 간행되었고, 9권으로 편집된 것으로 알려져 있다.

⑥은 권4부터 권9가 남아 있는 영본이지만, 9권으로 된 1677년 간본의 체제를 가지고 있다. 그러나 ⑥을 인쇄한 판목들은 한 차례 조성된 판목들을 기본으로 하면서도, 새로이 보각해 채워 넣은 것들이 많았던 것으로 보인다.

⑦도 9권으로 분권되어, 그 내용은 서,《포은선생문집》목록, 권1 시, 권2 시, 권3 잡저, 습유, 유묵, 유상遺像, 권4 연보고이年譜攷異, 방목, 권5 본전本傳, 권6 행장, 권7 부록, 권8 발, 권9 신증부록으로 되어 있다. 그런데 이 판본 ⑦의 권8 끝에는 숭정崇禎 기원후 4 병인(1854)년 유후조柳厚祚의 발이 수록되어 있다. 이 판본은 1677년 간본을 1854년에 중간한 판본이며, 판목 상태가 좋았을 때 인쇄된 것이다. 서체와 판각 상태는 ⑥과 현저히 다르다.

⑧~⑩은 모두 정찬휘鄭纘輝가 1719년에 보편補編하고, 1769년에 간행된 4권 2책과 속3권 2책, 합3책으로 구성된 책이다. ⑪은 속편 1책이 빠진 영본이다. 완본의 구성은 권수, 목록, 권1 시, 권2 시, 권3 잡저, 권4 연보고이, 부록, 제3책《포은선생집속록 속권1, 2, 3으로 되어 있다.

⑫~⑮는 모두 1900년에 간행된 판본들이다. 1900년 간본은 ⑧~⑩의 1769년 간본을 기본으로 하고, 그 앞 시기 판본들의 내용이 누락된 것을 더하며, 속편에도 새로이 첨가한 자료를 '신증'이라 표시하고 덧붙였다. ⑫, ⑬은 완본이고, ⑭, ⑮는 속편만이

있는 영본이며, 특히 ⑭는 속편 중에서도 두 권만이 있는 영본이다.

현재 유통되고 있는 《포은집》의 영인본은 많은 판본들 중에서 일부 판본이다. 《고려명현집4》의 영인본은 1900년에 간행된 규장각 소장본(奎3435)을 저본으로 하였다. 《한국문집총간5》의 영인은 1607년에서 간행된 목판본(연대 중앙도서관 811:96-정몽주-포-라; 행장 부분 고대 중앙도서관 만송문고 貴345)이 저본이다. 이 1607년본은 규장각에 없는 판본이며, 3권과 부록, 4책으로 구성된 판본이다. 《포은집》은 시기별로도 권卷의 편성과 내용에 차이가 있어, 제대로 된 《포은집》을 만들려면, 여러 판본 전체를 대교한 교감본을 만들어야 할 것이다.

《삼봉집三峯集》은 정도전鄭道傳(1337~1398)의 문집으로 규장각에는 여러 질의 선본들이 소장되어 있으나 소장본의 종류는 크게 두 가지이다.

① 奎 726 : 목판본, 권1~14, 7책 완본

② 奎 2957 : 목판본, 권1~14, 7책 완본

③ 奎 3081 : 목판본, 권1~2, 7~14 外 缺, 5책 영본

④ 奎 3082 : 목판본, 권1~2, 7~8, 9~10, 13~14 外 缺. 4책 영본

⑤ 奎 3083 : 목판본, 卷1~2(1册) 外 缺. 영본

⑥ 奎 3536 : 목판본, 卷1~14, 7册, 卷5~6(1책)은 후사後寫 보충

⑦ 奎 4722 : 목판본, 卷1~14, 7冊 완본

⑧ 奎 3644 : 필사본, 권4~5, 권8, 2책 外缺 영본

위 ①~⑦은 모두 정조正祖의 명에 따라 1791년에 7책 14권으로 간행된 목판본들이며, 비록 일부는 영본들이지만 모두 판목 상태가 최상일 때 인쇄된 판본들이다. 2권씩을 1책으로 제본하여 영본들의 경우도 책수와 권수가 모두 일치한다. 제목 역시 표지와 본문 모두에 《삼봉집》으로 표시되었다. 이 가운데 ② 奎 2957이 《한국문집총간5》에 영인되어 보급되고 있다.

⑧은 위 7질의 책들과 달리 〈경제문감經濟文鑑〉(권4, 5)과 〈경제문감별집經濟文鑑別集〉(권8)만을 모은 필사본이다. 1791년 본에서는 〈경제문감〉이 권5와 6에 들어가 있고, 〈경제문감별집〉은 권11과 12에 들어가 있는 것과 구성이 크게 다르다. 특히 ⑧에서는 〈경제문감별집〉이 권8로 묶여 분권分卷되어 있지 않다. 책의 표지에는 《삼봉집》 상, 하로 표시되어 있으나 본문에는 《삼봉선생집》으로 되어 있다. 책 하의 끝, 〈경제문감별집〉 다음에는 성화成化 23년 정미(1487, 성종18)에 증손 문형文炯이 쓴 발문이 달려 있다. 이 사본은 당시 문형이 〈경제문감별집〉을 증보한 8권으로 된 판본에서 〈경제문감〉만을 발췌한 사본으로 보인다.

규장각에는 정도전의 심기리心氣理에 대한 글에 권근이 주를 붙인 《삼봉선생심기리삼편三峯先生心氣理三篇》이라는 책도 소장되어 있다(奎 3283, 寫本).

《척약재집惕若齋集》은 김구용金九容(1338~1384)의 문집으로 책의 본래의 제목은 《척약재선생학음집惕若齋先生學吟集》이며, 규장각 소장본은 다음과 같다.

① 古 3447-25A : 목활자본, 2권 2책
② 古 3447-25 : 필사본, 2권 2책

①은 김구용의 17세손 김상원金相元의 중간본이며, ②는 ①과 같은 중간본의 필사본이다. 현재 《척약재선생학음집》은 1400년에 간행된 초간 목판본이 전하고 있다. 《고려명현집 4》의 영인은 ①과 같은 중간본을 저본으로 하였고, 《한국문집총간 6》의 영인본은 1400년 간행 초간본이 저본이다.

《춘당집春堂集》은 변중량卞仲良(1345~1398)의 시문과 행적에 대한 자료를 모은 책으로, 규장각에는 1825년에 간행된 목판본 1책이 소장되어 있다(古 3447-87). 《한국문집총서1589》에는 《춘당선생유사春堂先生遺事》라는 제목으로 같은 판본의 책이 영인되어 있다.

《송당선생문집松堂先生文集》은 조준趙浚(1346~1405)의 문집으로, 1669년에 성주星州에서 초간된 바 있다. 규장각에는 1901년(광무光武 5)에 중간한 4권 2책으로 구성된 목판본 두 질이 소장되어 있다(古 3428-109, 奎 15523). 《한국문집총간6》의 영인은 규장각 소장본(奎15523)을 저본으로 한 것이다.

《도은집陶隱集》은 이숭인李崇仁(1347~1392)의 문집으로 초간본은 1406년에 2책으로 간행되었고, 그 후 몇 차례 중간되었는바, 전하는 간기刊記가 없어 확실한 중간 연대들이 알려져 있지 않다. 현재 규장각에는 두 종류의 판본이 소장되어 있는데, 그 가운데 하나는 임란 전에 간행된 중간본이다.

① 古 3447-84 : 목판본, 2권 1책 零本(5권 가운데 제1,2권만 남음)

② 奎 3984 : 목판본, 5권 2책

③ 奎 4266 : 목판본, 5권 2책

④ 奎 4267 : 목판본, 5권 2책

①은 임란 전에 간행된 중간본으로 알려진 고려대 만송문고본 晚松貴265와 동일 판목으로 인쇄된 판본이다. ①과 만송문고본 모두 판목의 상태가 좋았을 때 인쇄되었다. 만송문고본은 《한국문집총간6》에 영인되어 보급되고 있는바, 5권 2책으로 구성된 완본이다. 이에 견주어 ①은 제1책에 해당하는 권두의 서문과 권1, 2부분만이 남은 영본이며, 권2의 54장 좌측 면과 55장 전체가 탈락되어 있다. 거의 모든 장의 종이가 낡아 판심 부분에서 나뉘어 좌우 면이 떨어져 있다. 책명은 표지와 본문 모두에 《도은선생시집陶隱先生詩集》으로 표시되었다.

②, ③, ④는 모두 조선시대 말 이후에 판각된 것으로 알려진 동일 목판으로 인쇄된 판본들이다. 세 질 모두 판목 상태가 좋은 때에 인쇄되었으나, 보존 상태는 ②가 약간 좋다.

모두 5권으로 되어 있으나, ②와 ④는 권1~3을 1책, 권4~5를 2책으로 분책하였고, ③은 5권 모두를 1책으로 제본한 것이 다를 뿐이다. 이 책들은 모두 표지의 서명을 《도은집》이라 하였다. 권1~3은 〈도은선생시집〉, 권4~5는 〈도은선생문집〉이라 하였다. 장서인으로 보아 《고려명현집4》 영인본의 저본은 위 ③이다.

규장각에는 이조년李兆年, 이인복李仁復, 이숭인李崇仁의 사적을 모아 1920년에 활자로 간행한 《삼현기년三賢紀年》(奎 15664, 4권 1책)이라는 책도 소장되어 있다.

《구정선생유고龜亭先生遺藁》는 남재南在(1351~1419)의 시문과 사적事蹟을 후손들이 조선 후기에 여러 전적에서 수집하여 간행한 책이다. 규장각에 소장된 책(古 3428-451)은 1869년에 남재의 손자 두 명의 사적을 부록으로 붙여 전사자全史字 활자본 2권 1책으로 간행한 것이다. 《한국문집총간6》 영인본의 저본은 이 규장각 소장본이다.

《양촌선생문집陽村先生文集》은 권근權近(1352~1409)의 문집으로, 규장각에는 양촌집의 중요한 판본들이 소장되어 있다. 기존 목록집에는 이 판본들의 간행 시기 등이 잘못 정리된 경우들이 있었다.

① 奎 7473 : 목판본, 40권 7책

② 古貴 3428-630 : 목판본, 1책 권29~33, 零本

③ 奎 6329 : 목판본, 40권10책

④ 一蓑古 819.51-G995y : 목판본, 1책, 零本

⑤ 古 3428-296 : 목판본, 40권 8책

①의 권1~40의 구성은 ③과도 같으나, 권두의 맨 앞에 나오는 세계는 세종조에 간행된 초간본에만 들어 있는 것으로 이 판본이 초간본임을 알 수 있다. 그러나 판심 부분이 '양촌', '문집', '양촌선생문집' 등으로 되어 있고 서체도 조금씩 달라, 세월이 경과되어 초간본의 판목이 많이 훼손된 때에 보각 판목들을 채워 넣어 인쇄된 것으로 보인다.

①은 1책(세계, 연보, 목록, 명 황제 시, 권1~3), 2책(권6~10), 3책(권11~16), 4책(권11~23), 5책(권24~28), 6책(권29~33), 7책(권34~40)으로 구성되어 있다. 그런데 이 가운데 제6책이 필사본이다.

②는 ①과 판심, 행 및 글자수, 서체, 본문 지질, 표지 지질 등이 같은 동일 판본이다. ②는 권29~33으로 바로 ①에 필사본으로 채워 넣은 제6책에 해당한다. 아마도 ②는 본래 ①과 함께 한 질을 이루었던 것일 가능성이 크다. ①, ②는 ③~⑤와 서체도 현저히 다르고 종이도 심하게 변색되었으며 매우 낡아 판심 쪽 접힌 부분이 대부분 갈라져 있다.

③, ④는 모두 1672년에 중간된 동일 판목으로 된 판본이다.

판심은 물론 서체 등이 두 판본은 완전히 일치하며, 거의 판목 상태도 같았던 때에 인쇄된 것이다. 다만 ③은 40권을 10책으로 분책하여, 제4책이 권9~11, 제5책이 권12~15이나, ④는 권11~15 가 한 책으로 묶여 있는 영본이다. ③은 완본이나 제40권의 제 10장이 훼손되었다. 《한국문집총간7》영인의 저본이 ③이다.

⑤는 ③, ④와 같은 중간본이 간행되고 40여 년이 경과된 사 이 수재水災로 많은 판목이 유실되자, 1718년에 빠진 부분을 새 로이 판각하여 채워 넣어 간행한 판본이다. 일부 판목은 ③, ④ 와 완전히 같고, 일부는 그를 복각한 상태를 가졌으며, 어느 면 은 거의 완전히 다른 판각 상태를 가지고 있다.

규장각에는 이상과 같은 《양촌집》외에도 《양촌선생입학도설 陽村先生入學圖說》(古貴 181.11-G955y : 목판본 1책)이 소장되어 있다.

《만육선생유고晚六先生遺稿》는 최양崔瀁(1351~1424)의 유고집 이라고는 하나 그의 글로는 시 6수만이 실리고, 나머지는 그의 사적과 관련된 글을 모아 놓은 책으로 연대 등을 알 수 없는 필 사본이다(奎 15379 : 1冊).

《교은선생문집郊隱先生文集》은 정이오鄭以吾(1347~1434)의 문 집으로 규장각에는 조선 말에 간행된 것으로 보이는 목활자본 한 질이 소장되어 있다(奎 15611 : 1책 2권). 비록 늦은 시기에 간행되었지만, 시 60여 수에는 고려 말의 중요 인물들과 교류한 것을 보여주는 시들이 포함되어 있고, 그 밖에도 서, 전, 기 등 여러 편의 글들이 상, 하 양권에 수록되어 있다.

《기우선생문집騎牛先生文集》은 이행李行(1352~1432)의 문집으로 규장각에는 1872년에 간행된 목판본 한 질이 소장되어 있다(奎 12045 : 3권 1책). 이 규장각 소장본은 《한국문집총간7》 영인본의 저본이다. 《고려명현집4》의 영인 저본은 1872년 간본에 보유를 붙여 1964년에 간행한 책이다. 《기우선생문집》은 59장 분량의 얇은 책으로, 규장각에 소장되어 있는 이행과 그 집안의 문집, 행적 등을 모은 책인 《철감록掇感錄》(奎 4457, 奎 12004 : 목판본. 5권 2책)에 들어 있는 권1: 기우선생유고에도 같은 내용이 들어 있다.

《야은선생언행습유冶隱先生言行拾遺》는 길재吉再(1353~1419)의 시문과 행장 등을 모은 책이다. 1573년에 초간되었고, 1615년에 일부 후대의 사적이 첨가된 중간본이 간행되었다. 1858년에는 목판본과 활자본 두 가지가 간행되었다. 이휘녕李彙寧이 발문을 쓰고, 후손 길민헌吉民憲 등이 간행한 4권으로 구성된 목판본과 송래희宋來熙가 교정을 맡아 지識를 쓰고, 후손 길면주吉冕周 등이 간행한 본집 3권에 속집 3권을 더한 목활자본이 그것이다. 규장각에는 현재 1615년 간본과 1858년에 간행된 목판본과 활자본이 소장되어 있다.

① 想白古 923.2-G37 : 목판본, 本集 3권 1책

② 古 4650-115- : 목판본, 本集 3권 1책

③ 古 921.91-G37g-v.1/2 : 목판본, 1책 續集 4권 중 1, 2권
 (零本)

④ 奎 4257 : 목활자본, 6권(本集 3권, 續集 3권) 2책

⑤ 古 4650-142- : 목활자본, 本集 3권 1책(零本)

⑥ 奎 12492—1-3 : 寫本, 6권(本集 3卷, 續集 3권) 3책

①과 ②는 서문과 발문에 따르면 1615년에 간행된 목판본이
다. 특히 ①은 종이가 많이 닳고 낡아 네 귀퉁이가 마멸되었고
판심쪽 접은 부분이 모두 갈라져 있으나, 판목의 상태가 비교적
좋을 때 인쇄된 것이다. 이에 견주면, ②는 판목의 상태가 나빠
진 상태에서 ①과 상당한 시차를 갖고 인쇄된 것으로 보인다.

③은 1858년 목판본으로 이휘녕이 발문을 쓴 4권짜리 속집의
앞 1, 2권만의 영본이다. 이 1858년 목판본은 속집 부분만을 증
보한 것으로 본집 부분은 ①, ②와 같은 1615년 판목을 그대로
사용하였던 것으로 보인다. ③의 서체는 1615년 간본의 것과 같
지는 않지만, 광곽의 크기와 형태, 글자의 크기나 자획의 굵기
등은 비슷한 느낌을 주도록 만들었다. 이는 새로이 증보된 속집
이 1615년 판목을 이용한 것과 한 질의 책을 구성하기 위한 의
도가 있었던 때문으로 보인다. 1815년 당시 1615년 판목으로 인
쇄된 판본의 상태는 아마도 거의 ②와 같았을 가능성이 있다.

④는 1858년 목활자본의 완본이며, ⑤는 그 가운데 본집 3권

만이 남은 영본이다. ⑥은 송재희의 지가 포함된 1858년 목활자본을 저본으로 한 필사본이다.

《한국문집총간7》의 영인 저본은 목활자본인 ④이다. 《고려명현집3》의 영인 저본도 장서인으로 보아 ④이다.

《진산세고晉山世稿》는 강회백姜淮伯(1357~1402)과 그 후손들의 시문 및 사적을 모아 놓은 책으로, 제1권에 강회백의 시 90여 수와 행장이 들어 있다. 규장각에는 다음과 같은 두 판본이 소장되어 있다.

① 奎 6691 : 목판본, 4권 1책
② 奎 6859 : 목판본, 4권, 續集 4권 2책

①은 1650년대에 간행된 판본이며, ②는 그보다 후대에 간행된 판본이다. ①의 체제와 내용은 ②의 제1책과 거의 같다.

《인재유고麟齋遺稿》는 이종학李種學(1361~1392)의 문집으로 규장각에는 필사본 1책(33장)이 소장되어 있다(奎 12454). 이 책은 1650년에 간행된 초간본이 국립중앙도서관에 소장되어 있고(古3648-文62-370), 그 초간본이 〈한국문집총간7〉에 영인되어 수록되었다. 규장각 소장 필사본의 내용은 초간본의 내용과 같다.

《선암선생문집仙菴先生文集》은 유창劉敞(?~1371~1421)의 문

집으로 규장각에는 1903년 무렵에 간행된 목판본 4권 2책이 소
장되어 있다(奎 6851). 권1~3에는 유창의 시문은 몇 편 안되나,
그와 관련된 비교적 다양한 기록들이 수록되어 있고, 권4는 강릉
유씨 관련 자료 및 후손들의 글을 모은 것이다.

　　이상에서 검토한 바와 같은 고려시대 문집의 여러 판본들을
현재의 학계에서는 대부분 제대로 활용하지 못하고 있다. 이들
문집자료의 활용은 그 가운데 비교적 선본에 해당하는 판본을
영인하여 연구자들에게 보급하는 선에서 그치고 있다. 역주도 계
속 진행되어 여러 문집들의 역주본이 간행되고 있다. 그러나 기
초적인 문헌학적 조사·정리를 토대로 한 자료집 간행은 매우 부
족하다.

　　고려시대 문집은 연대가 오래되어 파손도 많이 되고, 중간을
거치는 동안 오자나 탈자도 많아진 경우가 대부분이다. 예컨대
하버드대학 옌칭도서관에는 고려시대에 간행된 판본인 임춘의
《西河集》의 권4와 권5 부분이 소장되어 있는데,9) 이를 그간에
알려진 국내의 조선시대 중간본들과 대조해 보면 중간본의 오자
나 탈자가 발견되어, 문맥이 통하지 않던 부분이 제대로 읽히는
곳들이 발견된다. 이러한 차이는 중간본의 이판본들 사이에서도

---

9) 《西河集》 Harvard Yenching Library, TK 5568.2/ 494(하버드대학교
　　옌칭도서관의 귀중본 서고 소장). 《西河集》의 옌칭도서관 소장본 이외
　　에도 고려시대 간본은 전체 6권 가운데 나머지 권1~3과 권6의 고려
　　시대 간행본의 일부가 국내 개인 소장가에게 있는 것으로 알려져 있다.

많이 나타난다. 이처럼 고려시대 문집 자료들을 제대로 이용하려면, 이판본의 대교·교감이 필수적이다. 더구나 문집 중에는 본인의 사후 세월이 많이 경과된 상태에서 후인들에 의해 편집되고, 뒤에 새로이 발견된 누락된 자료를 추가하거나, 후인들의 관점에서 체제를 다시 짜서 편찬한 경우들도 있다. 이러한 현상은 조선시대에 간행된 문집들에서 특히 심한데, 이러한 문제점을 보완하는 가장 기초적인 작업이 이판본들의 대교이다.

가장 좋은 선본을 저본으로 하여, 다른 모든 판본의 내용을 대조하여 주注를 달아 내용을 통합하고, 이본 사이의 차이점을 명시해 주며, 판본 사이의 빠진 시문들도 표시하고 한 권의 책 속에 통합해 주는 작업이 필요하다. 한 권의 책을 통해 해당 문집의 모든 판본들의 내용을 함께 볼 수 있게 한다면, 그 자체만으로도 탈자나 오자가 저절로 드러나고 판본에 따라 누락된 내용을 놓치는 일도 없게 될 것이다.

규장각에는 고려시대인들의 문집이 다른 어느 기관보다도 많이 소장되어 있으므로, 규장각의 자료를 중심으로 하여 다른 소장처의 고려시대 문집 판본들을 함께 통합 정리하는 것이 바람직하다. 고려시대인들의 문집 가운데 소규모로 흩어져 있는 외부의 소장본들도 누락 없이 판본 대교 통합에 이용되어야 한다. 이렇게 하면, 현재 거의 사장되다시피 이용되지 못하고 있는 여러 판본들은 모두 긴요하게 활용될 수 있을 것이다.

이본들의 대교·교감은 문집자료의 문헌학적 기초 정리의 첫 단계이며, 다음 단계로는 연관되는 다른 역사서나 문헌 등과의

비교 검토를 통한 기초적인 사료비판을 통한 정밀 교감 작업을
해야 한다. 이 정밀 교감 작업은 문집에 수록된 시문들이 언제,
어디서, 어떠한 상황에서 쓴 것인지를 밝혀 주는 작업이다.

　이는 우선 각 시문들이 실제로 본인의 글인지를 확인하는 결
과가 된다. 조선 후기에 간행된 고려시대 사람들의 문집류에는
고의든 오류에 의한 것이든 본인의 글, 또는 당시대의 글이 아니
거나 개작된 것으로 보이는 경우도 적지 않다는 점에서 신빙성
이 문제되므로 이 작업은 특히 중요하다. 그렇다고 조선 후기에
편찬된 문집들을 모두 신빙성이 없다고 버려두어서는 안 된다.
조선 후기에 편찬된 고려시대 사람들에 대한 책 중에도 중요한
자료들이 수습된 경우를 볼 수 있다. 예를 들면, 고려 예종이 고
려 초의 태조 6공신인 신숭겸申崇謙과 김락金樂을 애도하여 〈도
이장가悼二將歌〉를 지었다는 사실은 《고려사》에도 나오지만 그
가사 자체는 전하지 않고 있는데, 평산 신씨申氏 문중에서 신숭
겸을 기리는 《장절공유사將節公遺事》를 편찬하며 전해 오던 도이
장가의 가사를 수록해 놓은 것을 볼 수 있다.[10] 정도의 차이는
있지만, 신빙성의 문제는 앞 시대에 편찬된 문집들의 경우에도
존재할 수 있다. 문집 자료 중에서 잘못된 것들을 가려내고 나면
모두 소중한 자료들로서 이용될 수 있는 것이다. 따라서 이러한
문제에 대한 기초적인 검토를 한 교감주를 붙이는 것은 문집자
료 이용에 반드시 필요하다.

　정밀 교감을 통해 각 시문이 작성된 시기, 장소, 상황에 대한

10) 박병채, 1994, 《고려가요의 어석 연구》, 국학자료원, pp.399-400.

기초적인 사항을 교감주로 붙여 준다면, 문집자료의 활용 가치가 몇 배 더 커질 것이다. 이러한 정밀 교감은 고려시대 전공자라면 그다지 어려운 일이 아니지만, 해당 개인의 시문 전체와 행적 전체에 대한 조사를 집중적으로 수행해야 하는, 시간과 노력이 요구되는 부담이 있다. 연구를 하다가 어떤 시기, 어떤 곳에서 일어난 사실과 관련된 내용이 어떤 문집 속의 시문 가운데 들어 있을 가능성이 있다고 하여, 개인 연구자들이 모두 본격적인 정밀 교감에 해당하는 작업을 할 수는 없다. 그러나 약식으로 부분적인 그러한 작업을 개인마다 반복하는 것은 소중한 연구인력의 낭비이기도 하고, 약식 검토인 만큼 그 정밀도는 크게 떨어질 수밖에 없다. 문집자료의 사료로서의 이용이 어렵고, 그 활용도가 크게 떨어지는 것도 이러한 이유 때문이기도 하다.

　문집자료의 문헌학적 기초정리는 극히 부진한 반면, 국역 사업은 의외로 활발한 편이다. 고려시대 문집들도 이미 여러 종이 국역되어 출판되었다. 시문의 내용은 정밀한 교감본을 토대로 그것이 언제, 어디서, 어떤 상황에서 작성된 것인지를 알 때에 그 의미도 제대로 드러나게 되어 있다. 이러한 기초작업을 소홀히 하고 국역 사업부터 추진하는 우리의 연구 풍토는 기초 공사를 제대로 하지 않고 건축물을 세우는 부실 공사와 다를 바가 없다. 기초 작업을 소홀히 하는 데서 오는 낭비와 부실의 문제를 심각히 고려해야 한다.

5. 맺음말

이상에서 고려시대 연구의 기본사료인 《고려사》, 《고려사절요》, 문집들의 규장각 소장본을 새로이 정리하여 보았다. 《고려사》를 비롯한 많은 규장각 소장 판본들에 대해 잘못 알려져 있는 것을 바로잡을 수 있었다. 결권으로 되어 있었던 것이 사실은 소장되어 있거나, 뒤 시기 간본의 영본들로 파악된 판본들이 사실은 완본인 앞 시기의 좋은 선본을 두 부분으로 나누어 놓은 것임을 발견한 경우도 있었다.

그러나 이 연구는 소장 판본들에 대한 일종의 지표조사와 같은 가장 기초적인 파악을 한 것에 지나지 않으며, 앞으로 각 서적별로 이러한 판본에 대한 기초조사에 입각하여 이본들의 내용을 정밀 대교하는 조사·연구가 이루어져야 할 것이다. 그리고 그러한 작업을 바탕으로 제대로 된 현대 한국사학의 교감본들을 고려시대 자료총서로 간행할 수 있어야 할 것이다.

규장각에는 이상에서 검토한 서적들 이외에도 많은 고려시대 자료들이 소장되어 있다. 문집 중에는 《대각국사문집大覺國師文集》 등 승려들의 문집도 몇 종 있으며, 《여사제강麗史提綱》·《휘찬여사彙纂麗史》 등과 같은 고려시대 역사를 서술한 사서들, 《동문선東文選》을 비롯한 시문선집류詩文選集類, 주로 조선 후기에 후손들이 사적事蹟을 모아 놓은 실기행록류實記行錄類, 열전류列傳類, 기타 《고려고도징高麗古都徵》 등 국내의 서적이나 《원고려기사元高麗紀事》 등의 중국의 책 등 여러 가지가 있다. 이러한 자료들 역시 판본의 기초적인 조사부터 정밀 연구가 필요하다. 또한 《조선왕조실록》이나 각종 지리지류 등에는 고려시대 사료들이 방대하게 포함되어 있고, 그 밖에도 각종 조선시대 서적들에도 고려시대 관련 자료들이 산발적으로 포함되어 있다. 이에 대한 전반적인 조사·정리도 필요하다. 서적은 아니지만 규장각에는 많은 고려시대 금석문들의 탁본이 소장되어 있기도 한바, 오자가 없는 제대로 된 고려시대 금석문 자료집의 편찬에 중요하게 이용될 수 있을 것이다.

영문초록(Abstract)

I−1. 'Recording the Facts Directly'(以實直書) in the Koryŏsa(高麗史) Concerning 'Acts of Imperial Imposture'(僭擬之事) and 'Universal Amnesty'(大赦天下) : the Excision of the Core of the Koryŏ Imperial System

Despite the objection of many ministers, during his reign of 32 years, King Sejong(世宗) pursued the principle of 'recording the facts directly'(以實直書) in the Koryŏsa(高麗史), concerning the Koryŏ imperial system. They called it 'acts of imperial imposture' (僭擬之事), and wanted to change the facts of emperor into those of king in the description of the Koryŏsa.

There were two leading motives for Sejong's pursuit of the principle of 'recording the facts directly'. One of them was to legitimize naming the myoho(廟號) of the kings of Chosŏn(朝鮮) with 'jo(祖)' or 'jong(宗)', by securing the historical precedent. It was something directly connected to the realistic politics that is significant to ensure the authority of the King of Chosŏn. Another was to describe history without changing the facts, and to make a substantial history book.

The existing understanding about the principle of 'recording the facts directly' must be changed from the root.

The principle of 'recording the facts directly' was for the name of ancillary of imperial system except for the core of the Koryŏ imperial system such as whangje(皇帝), chŏnja(天子), and chŏnha (天下) etc. Such words were tabooed words in all the process of compilation of the Koryŏsa. In reality, the principle of 'recording the facts directly' was that of 'recording directly the restricted facts'.

In order to ensure the historical legitimacy of naming the myoho(廟號) of the kings of Chosŏn(朝鮮) with 'jo(祖)' or 'jong (宗)', King Sejong didn't necessarily have to record directly these tabooed words. Furthermore, it was impossible to record directly these words for situations of severe restrictions at home and abroad. The strong opposition of many ministers and the relation with Ming(明) china were insuperable obstacles. In the Koryŏsa which was described through the principle of recording directly the restricted facts, the core of the Koryŏ imperial system was excised, and only the fragments of it remained as inconspicuous here and there.

However, the principle of recording directly the restricted facts had been applied well, and the ancillary of imperial system remained well in the Koryŏsa. Further, based on it, it is possible to some extent to put the fragments of the core of the imperial system together.

Keyword : Koryŏsa(高麗史), Recording the Facts Directly(直書), Koryŏ Imperial System, Universal Amnesty(大赦天下), Acts of Imperial Imposture(僭擬之事), Koryŏkuksa(高麗國史), Sukyokoryŏsa (讎校高麗史), Koryŏsajŏnmun(高麗史全文)

I-2. A New Understanding of Korŏysajŏryo(高麗史節要) and Sukyokoryŏsa(讎校高麗史) with new sources.

Koryŏsajŏryo inherited almost all of the editorial guidelines and the contents from Sukyokoryŏsa except two aspects which brought only trivial change. The editors of the former reduced a little records in the later such as the records of king's visiting Buddhist temple, and changed the form of describing the chronicle of king U-wang(禑王) and Chang-wang(昌王).

Both books were originated from Koryŏguksa(高麗國史). The editor of Sukyokoryŏsa revised and modified it. Two kinds of records of Koryŏguksa were changed. The records, in which its editor Jŏng Dojŏn(鄭道傳) changed the names and facts of the Emperor system(皇帝制度) of Koryŏ from 10th to 13th Century into those of Jehu system(諸侯制度), were retrieved their original name and facts which were in the sentences of Koryŏsillok(高麗實

錄). The records on the political history in the late 14th Century, which were described with the view point of Jŏng Dojŏn, were redescribed with the view point of King Taejong(太宗) and Sejong (世宗).

Sukyokoryŏsa wasn't distributed because King Sejong accepted reluctantly the persistent demand of Byŏn Gyeryang(卞季良), who believed in Sadaemyŏngbun(事大名分) and desperately opposed recording the facts directly(直書) about the Emperor system of Koryŏ, in 1425. After Byŏn Gyeryang died, from 1432, King Sejong began a new work editing the History of Koryŏ Dynasty and allowed some officers to print Sukyokoryŏsa for personal use. Since then, the way of utilization of it was discussed among them.

In 1438, Hŏ Hu(許詡) suggested revising Sukyokoryŏsa into Saryak(史略) besides editing official history(正史) of Koryŏ Dynasty in the form of Gijŏnche(紀傳體). After 13 years, Hŏ Hu's suggestion of Saryak was implemented and Koryŏsajŏryo was published in 1452.

Although its editing was finished within only six months, its editorial guidelines were implemented all over the records thoroughly. It was possible, because Koryŏsajŏryo was a slightly revised version of Sukyokoryŏsa. Therefore, all of characteristic expressions, terms and excerpt ways, which editor of Sukyokoryŏsa preferred to record the facts about the Emperor system of Koryŏ passively, are found in Koryŏsajŏryo whose editors had different tendency.

In comparison with the records in Koryŏsa, many records in Koryŏsajŏryo were written differently in detail for the same facts. Each of two history books rooted in different primary basic data file for editing a history book(本草).

Keyword: Koryŏsajŏlryo(高麗史節要), Sukyokoryŏsa(讎校高麗史), different versions of Kabinja Koryŏsajŏryo(甲寅字 高麗史節要 異本), Recording the Facts Directly(直書), Primary Basic data file for editing a history book(本草)

II-1. A New Understanding of Koryŏsa(高麗史) and Koryŏsajŏryo(高麗史節要) : As an Illustration of Tasks of Researches on Korean History

The investigation into different versions of Koryŏsa and Koryŏsajŏryo as well as the historical source criticism of them have stagnated since 1970s or 1980s. The photo prints of each of those books were made with one selected version without understanding the differences among diverse versions of each of them, and digital text files were created based on the photo prints. However, overlooking the differences among them is losing many useful informations.

The dynastic traditional view point of history and the reduced description of facts related to Buddhism have been noticed as important results of historical source criticism of those books. Accordingly, the historical recognition of them has been supplemented in the two aspects by many studies.

The editors' ideological view point built on Neo Confucianism caused more basic problems of biased description of those books. They allocated excessive space to describe the details of the institutional elements of Confucian culture as precedents of their ideological institution, even though some of those were not able to be enforced from the beginning. Consequently, the weight of Confucian cultural elements among the whole cultural elements in Koryŏ period was exaggerated.

They considered the indigenous or localized culture called gukpung(國風) as heretical culture that had to be firmly excluded. Therefore they allocated no or very little space to describe elements of gukpung themselves. Almost all of those were found as fragments concomitant with descriptions of other facts. However, gukpung was main culture in individuals' everyday life, family system, organization of local society and even the most sacred royal ritual etc.

They made and stated an editorial principle, 'recording the facts directly'(以實直書) to describe the Koryŏ imperial system. The principle has been misunderstood as unlimited to all the elements of the Koryŏ imperial system. But in those books, we can find only the names of ancillary elements except the core of the Koryŏ imperial system such as whangje(皇帝), chŏnja(天子), and chŏnha (天下) etc. So the Koryŏ imperial system has been known as acts of imperial imposture or meaningless facts. According to the records of Taejong Silok(太宗實錄) and Sejong Silok(世宗實錄), the principle recording the facts directly was limited to the names of ancillary elements of imperial system.

With more accurate understanding different versions and historical source criticism of those books, the study on the History of Koryŏ period will be able to advance.

Keywords : Koryŏsa(高麗史), Koryŏsajŏryo(高麗史節要), gukpung(國風), Tasks of Researches on Korean History, historical source criticism

II-2. Interrelations between Historical Materials and the Conceptual framework in the New Study Area of the Koryŏ Dynasty History: A Study by Way of Illustrations

The conceptual frameworks are one kind of the elements which have been introduced by modern or contemporary historians, and have been important bases in the new study accomplishments on the Koryŏ dynasty history. Some of them are derived from theories or specific views of history, and some are not. The former concepts have unavoidably subjective or hypothetical thoughts. The latter concepts are found as ones based on objective facts or ones that were the important conceptual frame work in the times of the Koryŏ dynasty.

With the conceptual framework that is based on sufficient objective facts to be verified and is logical, we are able to avoid mistakes in interpretation of the historical materials and in finding out the facts. In the incomplete conceptual framework, there are conceptual blind spots where some differences of facts are not able to be distinguished. Some of the historical materials containing the fact that is in the conceptual blind spot are interpreted incorrectly or the others are left indifferently not to be used in the study.

Keywords : conceptual framework, conceptual blind spot, historical material, classical social evolutionism, Topung(土風)

III−1. Editions of Koryŏsa(高麗史) and Koryŏsajŏryo(高麗史節要) in the Chosŏn Dynsty

Recording the facts concerning the Koryŏ imperial system caused not only arguments for decades in the government of Chosŏn but also an insuperable obstacle to the distribution of Koryŏsa(高麗史) and Koryŏsajŏryo(高麗史節要).

The first edition of Koryŏsa was printed only for keeping in Naebu(內府) in 1452. No copies of this edition are remained. Its second edition was published by printing a limited number of copies with Ŭlhae type(乙亥字) in 1456. After that, no more copies were printed with Ŭlhae type.

All of the four copies of Koryŏsa Ŭlhae Type edition in the Kujanggak(奎章閣) collection, all of which are odd volumes, are the second edition published in 1456. There are no known other copies of this edition.

Yang Sŏngji(梁誠之) suggested several times to print and to distribute more copies of its Ŭlhae Type edition. However his suggestions were not accepted to the last. During the Japanese invasion in 1590s, all its copies except only a few and almost all the archives on the history of Koryŏ dynasty were burned to ashes. In 1610, Gwanghaegun(光海君) hurried to publish its woodblock printing edition. The woodblock printing edition was made with the texts of proofreading the second edition, though not a few wrong characters were carved by mistakes and some characters which had been lost in the damaged original copy were carved as spaces. All the copies of its woodblock printing edition were printed by the same woodblocks. However, the later printed copy had more lost characters and broken strokes of characters because woodblocks got damage as the time went by.

Four editions of Koryŏsajŏryo, all of which were printed by metal movable type, are remained. Three of them were printed with Kabin type(甲寅字), and one was printed with Ŭlhae type. The second and the third Kabin type edition were revised versions from the former editions. There are many wrong characters in its Ŭlhae type edition. Each of its edition was published by printing a limited number of copies.

Keywords : Editions of Koryŏsa(高麗史), Editions of Koryŏsajŏryo (高麗史節要), Koryŏsa Ŭlhae type edition, Editions of Kabin type Koryŏsajŏryo, Edition of Ŭlhae type Koryŏsajŏryo

III-2. Koryŏsa(高麗史), Koryŏsajŏryo(高麗史節要) and Munjip(文集) in Kujanggak(奎章閣)

There are 18 copies including odd volumes of Koryŏsa in Kujanggak. Those are most of the 20 known copies of its editions which were published by the Chunchugwan(春秋館). All of the four copies of its Ŭlhae type edition and the best condition copies of woodblock printing edition are among the 18 copies in Kujanggak.

Three copies of Kabin type edition of Koryŏsajŏryo and one copy of its Ŭlhae type edition are in Kujanggak. In addition to those four copies, three copies of Kabin type edition are known. One odd volume is in Hakbongga(鶴峯家), another odd volume is in Kyŏnggido Museum(京畿道博物館), and the other complete volume is in Japan Hosabungo(蓬左文庫). All of these copies including odd ones are important because all of the three Kabin type editions of it are revised versions.

Kujanggak has the largest collection of Koryŏ period Munjips which are the books edited with collection of a person's works and records about him. Most of the Munjips of the persons who worked in Koryŏ government or society are in Kujanggak. There are the best condition copies of them. More over many different editions of each Munjip are in the collection.

Keywords : Extant Copies of Koryŏsa, Extant Copies of Koryŏsajŏryo, Koryŏ Munjip(文集) in Kujanggak

참고문헌

1. 자료

김기섭 외, 2005, 《일본 고중세 문헌 속의 한일관계사료집성》, 혜안.

김용선, 1993, 《고려묘지명집성》(2012 제5판), 한림대출판부.

노명호 외, 2000, 《한국고대중세고문서연구 상》, 서울대출판문화원.

_____ 외 편간, 2016, 《교감 고려사절요》, 집문당.

불교전서편찬위원회, 1992, 《한국불교전서》, 제4,5,6권 및 보유편.

이근명 외, 2010, 《송원시대의 고려사 자료 1, 2》, 신서원.

장동익, 1997, 《원대려사자료집록》, 서울대출판부.

_____, 2004, 《일본고중세 고려자료연구》, 서울대출판부.

_____, 2014, 《고려사세가초기편보유1,2》, 경인문화사.

2. 저서

김병인, 2001, 《고려 예종·인종대 정치세력 비교연구》, 경인문화사

권순형, 2006, 《고려의 혼인제와 여성의 삶》, 혜안.

노명호, 2009, 《고려국가와 집단의식: 자위공동체·삼국유민·삼한일통·해동천자》, 서울대출판문화원.

_____, 2012, 《고려태조 왕건의 동상: 황제제도·고구려문화전통의 형상화》, 지식산업사.

박용운, 2003, 《고려사회와 문벌귀족가문》, 경인문화사.

박재우, 2005, 《고려국정운영의 체계와 왕권》, 신구문화사.

변태섭, 1982, 《高麗史의 硏究》, 삼영사.

안지원, 2011, 《고려의 국가불교 의례와 문화》, 서울대출판부.

이광규, 1975, 《한국가족의 구조분석》, 일지사.

이종서, 2009, 《고려·조선의 친족용어와 혈연의식: 친족관계의 정형과 변동》, 신구문화사.

장동익, 2016, 《고려사 연구의 기초》, 경인문화사.

정동훈, 2015, 《고려시대 외교문서 연구》, 서울대 문학박사학위논문.

정순일, 2014, 《고려 팔관회의 의례문화 연구》, 원광대 박사학위논문.

최승희, 1989, 《증보판 한국고문서연구》, 지식산업사.

최재석, 1983, 《한국가족제도사연구》, 일지사.

한영우, 1981, 《朝鮮前期史學史硏究》, 서울대출판부.

3. 논문

구산우, 2015, 〈고려시기 제도와 정책의 수용과 배제: 성종대 화풍과 토풍의 공존과 갈등을 중심으로〉, 《한국중세사연구》 42.

김경록, 2007, 〈공민왕대 국제정세와 대외관계의 전계양상〉, 《역사와 현실》 64.

김광철, 2011, 〈《고려사》 편년화와 고려실록 체제의 재구성〉, 《한국중세사연구》 30, pp.155~8.

김난옥, 2012, 〈《고려사절요》 卒記의 기재방식과 성격〉, 《한국사학보》 48.

_____, 2013, 〈공민왕대 기사의 수록양식과 원전자료의 기사 전환 방식: 《고려사》 세가와 《고려사절요》를 중심으로〉, 《한국사학보》 52.

김상기, 1960, 〈묘청의 천도운동과 칭제건원론〉, 《국사상의 제문제》 6.

_____, 1960, 〈高麗史節要解題〉, 《高麗史節要》, 동국문화사.

김석형, 〈서적해제 : 고려사와 고려사절요〉, 《력사과학》 1965 - 2.

노명호, 1981, 〈고려의 오복친과 친족관계 법제〉, 《한국사연구》 33.

_____, 1989, 〈고려시대의 토지상속〉, 《중앙사론》 6.

_____, 1994, 〈高麗史와 高麗史節要〉, 《한국의 역사가와 역사학 上》, 창작과 비평사.

_____, 1997, 〈동명왕편과 이규보의 다원적 천하관〉, 《진단학보》 83.

_____, 1999, 〈고려시대의 다원적 천하관과 해동천자〉, 《한국사연구》 105.

_____ 외, 2000, 〈고려시대의 공신녹권과 공신교서〉, 《한국 고대·중세 고문서연구 (하)》, 서울대학교출판부.

_____, 2002, 〈규장각 소장 《고려사》·《고려사절요》·고려시대 문집〉, 《규장각》 25.

_____, 2014, 〈고려사의 '僭擬之事'와 '大赦天下'의 '以實直書' : 핵심이 삭제된 고려의 황제제도〉, 《한국사론》 60.

_____, 2015 〈새 자료들로 보완한 《高麗史節要》와 《讎校高麗史》의 재인식〉, 《진단학보》 124.

민현구, 1980, 〈고려사에 반영된 명분론의 성격〉, 《한국고전심포지움 1》, 일조각.

박원호, 1975, 〈명초 문자옥과 조선표전문제〉, 《사학연구》 25.

박재우, 2003, 〈고려전기 왕명의 종류와 반포〉, 《진단학보》 95.

변태섭, 1977, 〈高麗史·高麗史節要의 史論〉, 《史叢》 21·22합집.

_____, 1980, 〈고려사 편찬에 있어서의 객관성 문제 : 고려사 평가의 긍정적 시각〉, 《한국고전심포지움》 1, 일조각.

_____, 1984, 〈'高麗史'·'高麗史節要'의 纂修凡例〉, 《韓國史硏究》 46.

신채호, 1929, 〈조선역사상 일천년래 제일대사건〉, 《朝鮮史硏究草》(《개정판 丹齋申采浩全集》中, 형설출판사, 1977 수록)

오항녕, 1999, 〈조선초기 '고려사' 개수에 관한 사학사적 검토〉, 《태동 고전연구》 16.

윤국일, 1991, 〈고려사절요의 저본에 대하여〉, 《력사과학》 1991-1.

윤용혁, 1986, 〈高麗時代 史料量의 시기별 對比 ; 高麗史節要를 중심으

로〉,《공주사대논문집》 24.

이강한, 2009, 〈공민왕 5년(1356) '반원개혁'의 재검토〉,《대동문화연구》 65.

_____, 2010, 〈'친원'과 '반원'을 넘어서:13~14세기사에 대한 새로운 이해〉,《역사와 현실》 78.

이기동, 1975, 〈신라중고시대 혈족집단의 특질에 관한 제문제〉,《진단학보》 40.

이기백, 1972, 〈고려사해제〉,《고려사(영인본)》, 연세대동방학연구소.

이문웅, 1985, 〈신라친족연구에서 혼인체계와 출계의 문제〉,《한국문화인류학》 17.

이병도, 1980, 〈태조 십훈요에 대한 신고찰과 거기에 나타난 지리도참〉,《개정판 고려시대의 연구》, 1980.

_____, 1927, 〈인종조의 묘청의 서경천도운동과 그 반란〉,《사학잡지》 38-9(《고려시대의 연구》 을유문화사, 1948 수록).

이윤정, 2009, 〈고려시대 귀족가문 연구의 성과와 과제〉,《한국중세사연구》 27.

이익주, 2015, 〈1356년 공민왕 반원정치 재론〉,《역사학보》 225.

이정란, 2013, 〈'고려사'와 '고려사절요'의 修史 방식 비교: 예종대 '왕언' 기록을 중심으로〉,《한국사학보》 52.

임민혁, 2011, 〈조선시대의 묘호와 사대의식〉,《조선시대사학보》 19.

장동익, 2010, 〈고려사의 편찬과정에서 개서〉,《퇴계학과 한국문화》 46, 경북대 퇴계연구소.

_____, 2015, 〈고려사의 편찬과정에서 발생한 오류의 제양상〉,《역사교육논집》 56.

전용우, 1986, 〈고려사 악지의 사학사적 검토〉,《호서사학》 14.

정두희, 1985, 〈朝鮮前期의 歷史認識〉,《韓國史學史의 研究》.

채상식, 2015, 〈고려시기 연등회의 운영과 추이〉,《한국민족문화》 54.

채웅석, 2014, 〈고려중기 외척의 위상과 정치적 역할〉,《한국중세사연구》 38.

최종석, 2012, 〈고려사세가 편목설정의 문화사적 함의의 탐색〉,《한국

　　사 연구》159.

최호영, 2005, 〈고려시대의 묘지명과 고려사열전의 서술형태〉, 《한국중
　　세사연구》19.

한영우, 1979, 〈高麗史·高麗史節要의 比較研究〉, 《震檀學報》48.

_____, 1979, 〈高麗史와 高麗史節要의 歷史認識-그 差異點과 共通點
　　-〉, 《韓國史論》6(국사편찬위원회).

한정수, 2014, 〈고려 태조대 팔관회 설행과 그 의미〉, 《대동문화연구》86.

황향주, 2011, 〈고려 起復制와 14세기말 起復論爭〉, 《한국사론》57.

今西龍, 1918, 〈高麗太祖訓要十條に就きて〉, 《東洋學報》8권 3호.

_____, 1944, 《高麗史研究》, 近澤書店.

旗田巍, 1957, 〈高麗時における土地の嫡長子相續と奴婢の子女均分相續〉,
　　《東洋文化》22.

中村榮孝, 1969, 〈高麗史節要の印刷と〈傳存〉, 《日鮮關係史の研究》, 吉川
　　弘文館.

찾아보기

ㄱ